丛书主编：谭云明

财经传播研究系列丛书

MEDIA CAPITAL
MARKET
& OPERATION

传媒资本市场和资本运营

莫林虎　等◎著

中国经济出版社
CHINA ECONOMIC PUBLISHING HOUSE
北京

图书在版编目（CIP）数据

传媒资本市场和资本运营／莫林虎等著．
—北京：中国经济出版社，2020.1
ISBN 978-7-5136-5486-9

Ⅰ.①传… Ⅱ.①莫… Ⅲ.①传播媒介—资本经营—研究—中国 Ⅳ.①G219.2

中国版本图书馆 CIP 数据核字（2019）第 233433 号

责任编辑　孙晓霞
责任印制　马小宾
封面设计　久品轩

出版发行　中国经济出版社有限公司
印 刷 者　北京艾普海德印刷有限公司
经 销 者　各地新华书店
开　　本　710mm×1000mm　1/16
印　　张　18.5
字　　数　260 千字
版　　次　2020 年 1 月第 1 版
印　　次　2020 年 1 月第 1 次
定　　价　58.00 元
广告经营许可证　京西工商广字第 8179 号

中国经济出版社　**网址** www.economyph.com　**社址** 北京市东城区安定门外大街 58 号　**邮编** 100011
本版图书如存在印装质量问题，请与本社销售中心联系调换（联系电话：010-57512564）

PREFACE
总序

追赶财经信息传播的时代潮头

无与伦比的北京奥运会虽已远去，但“我和你，心连心，同住地球村……”主题曲的旋律早已回荡在亿万人的心里。随着互联网的快速发展，在全世界形同一个“村落”的时代，经济全球化在加速推进。在全球化经济浪潮的影响下，我国的社会主义市场经济异常活跃，经济取得了突飞猛进的发展。今日之中国，早已成为了世界第二大经济体；今日之中国，前所未有地在靠近世界舞台的中心。

正因如此，全球化带来的财经信息传播越来越得到人们的关注。然而，我国的财经信息传播内容、传播方式以及相关的传播体制和机制等，均与其大国经济地位和国际影响力不匹配。今日中国既缺少具有国际影响力的财经媒体，也缺少真正意义上的财经信息传播人才。不仅如此，我们财经信息传播的相关研究也相对滞后。虽然这些都是我们的短板和挑战，但也为我们努力去追赶世界财经信息传播的时代潮头，提供了难得的机遇。

财经信息传播，当以传播财经信息为首要目的和任务，它致力于为受众和用户提供实时的、专业的、全方位的财经资讯、事件报道和财经深度分析，其内容涉及宏观经济、微观经济、金融市场、证券市场、商业动态、产业经济、上市公司、投资理财等。它既要解读国家有关经济发展的大政方针，积极引导社会舆论，同时又要针对财经领域的各种现象和问题，运用相关政策予以分析评估，以揭示财经事实中所饱含的本质意义，分析经济活动的发展走势，总结经济运行的基本规律等。总之，相对于政治传播、体育传播、娱乐传播等而言，财经信息传播固然有其自身的个性、特点和规律，需要我们认真地总结、归纳和梳理。正因如此，它给我们留下一片巨大的学术研究“蓝海”。

曾几何时，在传媒业界从事财经信息传播者因其待遇不菲，被认为是“高富帅”“白富美”“高大上”的代名词。新中国成立70年来，财经信息的传播者、研究者和践行者，见证和记录了中华民族从站起来、富起来到强起来的伟大飞跃，见证并参与了改革开放的壮阔历程。改革开放40多年来，财经信息传播渐趋成熟发展的进程，也是财经知识和财经信息日渐进入民众生活，由被少数人掌握的专业技能，成为大众生活常识的伟大历程。

然而，网络新媒体时代的到来，对传统媒体的冲击无疑是重大的。在媒介融合、人工智能、大数据、云计算的大背景下，作为与人们经济生活和日常生活密切相关的财经信息传播和财经媒体，如何立足国内、放眼全球，在新挑战下实现突围和转型，正日益引发人们的思考和忧虑。

素有“财经黄埔”美誉的中央财经大学，自1998年始就开办了全国最早的财经新闻专业，20多年来，利用自身优势，充分整合资源，不断探索，在财经新闻传播的教学理念、课程设置、业界合作、师资建设、学科研究等方面处于国内领先地位。这套“财经传播研究系列丛书”的及时策划和出版，无疑是这些年来我们研究成果的一个集成和汇报，它将极大地改善国内财经信息传播研究相对滞后的现状，也可弥补财经信息传播研究缺乏系统性之不足，同时也应和了面对网络新媒体挑战下财经传播如何突围和转型的“忧思”和启迪。

财经信息传播研究一度被认为是经世致用的“显学”和“实学”，是极具指导性和应用性的学科。正如300多年前，资本和能源取代土地和劳动力一样，极富价值的财经信息，成为了资本市场风云大佬和投资者商业判断的依据，财经信息传播因之正成为资本的衍生物，而成为人类创造财富的智慧驱动。

面对财经信息传播研究的这片学术“蓝海”，我们始终给予期待，充满信心。我们衷心期待同行专家学者一起来研究和探讨，为中国经济发展和财经信息传播提供更多的智库支持。

中央财经大学新闻传播系主任、教授

谭云明

PREFACE 序

中国传媒产业从20世纪90年代开始，在IT技术和互联网技术的推动下，开始了媒介融合、产业融合的征程。这种融合在最初的十几年时间里，主流社会、传媒业的主流力量都缺乏足够的重视。但这种融合却如同春风化雨，润物无声地、深刻地改变了传媒业的格局和发展方向。

青山资本高级投资经理孔萌指出："国外互联网像比萨饼，底层的基础设施是完善的，创业者只要在上面撒佐料就可以了。中国的互联网像千层饼，从底层到上层都是很复杂的，都是需要互联网去逐步改造的。"孔萌这段话的意思是，中国互联网创业者用IT与互联网技术，从边缘地带入手，逐渐改变了陈旧的传统行业。但互联网创业者之所以能够改变陈旧的传统行业，绝不仅依靠IT与互联网技术，还有伴随着IT技术与互联网技术一同进来的风险投资，以及这些互联网公司发展过程中融到的各种资金。因此，中国互联网发展是技术与金融双轮驱动的结果，而中国传媒产业的媒介融合、产业融合过程也同样如此。

我国传媒业开始关注传媒资本市场和资本运营大致就是在21世纪初传媒产业媒介融合、产业融合的最初阶段，一批新闻传播学界和业界的人士对这一课题进行了难能可贵的拓荒式的研究，使传媒业认识到了资本对传媒业发展的重要性。

2010年被称为中国移动互联网元年，从2010年开始，随着移动互联网的普及，中国传媒产业的产业格局、竞争态势、发展趋势都发生了巨大变化。2013年被国外媒体称为"大数据元年"，与大数据相关的云计算也成为推动传媒业发展的重要力量。近年来，人工智能、虚拟现实也开始寻找与传媒业的结合点。与此同时，资本大规模进入与互联网有关的新兴传媒业态中，自媒体、音频分享平台（网络电台）、网络直播、视频网站、文学网站等与IT技术和互联网技术相关的板块成为吸金业态。也正是在技术和金融双轮渠道下，我国传统的图书出版业、电影业、电视业有了迅猛的发展，而与互联网联系更为密切的传媒业新兴业态更是百花齐放、蒸蒸日上。

以2015年为例，文化传媒类PE/VC融资案例93起，总规模14.82亿美元，其中影视、音乐细分领域以37起排名首位，占全部融资案例数量的39.78%，规模达8.09亿美元。在国内PE/VC设立的私募股权基金中，设立初期定位于影视投资方向的基金有50余只，规模达500多亿元。大规模资金的涌入推动了影视业的迅猛发展。从2010年起，我国电影票房收入继续以30%以上的速度提升，2014年，我国电影票房收入达296亿元，同比增长35.78%。2015年突破440亿元，比2014年增长48.7%。2017年为55911亿元。

2014年被称为网络自制剧元年，出现了《匆匆那年》等口碑和点击量俱佳的作品，到2015年和2017年，网络自制剧迅速升温，出现了《盗墓笔记》《余罪》等播放量在30亿次左右的剧作，而《老九门》更是突破了100亿次播放量大关，其中一部分剧作实现了网台联播，开启网络剧反哺电视媒体的先河。

正是基于2010年以来中国传媒业发展的新趋势，我们这个团队在充分吸收以往研究成果的基础上，对传媒资本市场和资本运营这一课题做了更进一步的研究，补充研究了国内外传媒资本市场和资本运营的最新情况，完成了这部书稿。

我们的团队中，既有新闻传播学专家，也有金融学专家，这些人员目前有的是在高校任教的教授，有的是在金融机构、传媒机构工作的资深从业者，较好地实现了学科融合、产学研融合。

传媒资本市场和资本运营这一课题属于交叉学科，还有很多问题需要进一步深入发掘、深入探讨。我们拿出这部书稿，也是为了得到各界专家的批评指正。

是为序。

莫林虎

2019年8月26日

CONTENTS
目录

第一章 绪论

自1978年党的十一届三中全会以来，我国传媒产业和其他产业一样开始了它的改革开放历程。从20世纪90年代开始，我国传媒产业开始进行集团化建设的尝试，一些“敢为天下先”的实力较强的传媒企业开始上市融资。于是，“资本”“资本运营”这类的专业词汇开始频繁出现在专业报告、新闻报道中，成为时髦、热门的概念。与此相应，股份制改造、上市融资、债券融资、风险投资、资产重组、兼并收购、资产剥离与分立、债务重组、无形资产运营等资本运营的具体操作方式在传媒产业中逐渐付诸实施，促使传媒产业的产业格局、发展方向不断变化，成为推动我国传媒产业发展的重要手段。

第一节

资本市场和资本运营

自1992年党的十四大确立社会主义市场经济体制以来，随着我国经济市场化程度不断提高，我国宏观经济运营以及微观的企业经营中，市场机制的作用越来越明显。市场经济体制下企业所生产、提供的产品和服务主要由市场的价格机制所引导，在这种体制机制下，从微观到宏观的经济运营都强调投入、产出的效率，这时，作为经济活动的基本要素的资本及其运营手段、效率也就日益受到关注。

严格地说，从西方经济学的理论上说，所有的经济活动都是资本运营。因此，无论是实物资本、金融资本、人力资本、无形资本等，在西方经济学的背景下，都要尽可能地将其中能创造财富的潜质充分发挥出来。这就是为什么近几十年来，西方经济管理界在股票市场、债券市场、私募股权基金、兼并收购、人力资本与无形资本运营等领域不断探索创新的根本原因。

相形之下，我国经济在长期的计划经济体制下对上述资本及资本运营的内涵是缺乏认识的，因此，在生产经营之外，又创造出“资本运营”这样一个词语，实际上是要弥补此前的不足。从这个意义上看，“资本运营”概念的提出有其价值。

一、资本的概念与功能

（一）资本的概念

据语言学家考证，“资本”一词是从以家畜计算财富的时代流传下来的，当时人们的收入主要取决于家畜的数量及其繁殖能力，因此后来在表述资本增值时习惯称之为“增殖”。“家畜能够通过把价值较低的物质转化成一批价值较高的产品（包括牛奶、皮革、羊毛、肉和燃料），来调动其他行业，进而创造出剩余价值。家畜还可以繁殖。这样，‘资本’这个词开始同时具有两个含义——表示资产（家畜）的物质存在和它们创造剩余价值的潜能。”①

马克思在《资本论》中认为，资本是能够带来剩余价值的价值，是资产的价值形态，是能够带来未来收益的价值。在马克思看来，资本是理解工业革命以来现代社会本质的一个重要元素，是解释自由市场经济运行的利器。

资本的深刻内涵及其多样化的表现形式，是在西方市场经济不断发展过程中得到展示和发展的。赫尔南多·德·索托认为：“资本并非积累下来的资产，而是蕴藏在资产中、能够开展新的生产的潜能。当然，这种潜能是抽象的。”② 这种抽象的潜能在市场经济中获得了最佳的展示、发展的机会。赫尔南多·德·索托指出：“在西方国家，每一块土地、每一幢建筑物、每一件设备、每一件存货都在所有权中得到表述。这些资产和经济的其他方面紧密相连；所有权文件成为这个庞大的潜在联系过程的可见标志。由于这一表述过程，资产就能产生出与它们的物质存在相平行的一种不可见的存在方式。资产能够用作贷款的抵押物，在美国，用于开办新企业的资金的一个重要的来源就是抵押企业家的房屋。资产还能用作联系资产所有人的信用历史的纽带，用作偿还债务和纳税的记账地址，用作公共

① ［秘鲁］赫尔南多·德·索托. 资本的秘密［M］. 南京：江苏人民出版社，2001：32.

② ［秘鲁］赫尔南多·德·索托. 资本的秘密［M］. 南京：江苏人民出版社，2001：33.

设施机构向资产所有人提供服务所需的可靠基础，用作发行有价证券（例如背书抵押债券）的基础——这些有价证券然后又能在二级市场上再贴现和销售。由于这一潜在的、不可见的联系过程，西方国家能够为资产注入活力，使之成为通用的资本。”① 这段话对资产转变为资本作了精当的阐述。这段话告诉我们，只有在现代的与资产所有权有关的法律制度健全的前提下，资产才能够将其自身中的资本潜能充分发挥出来。在这种健全的经济法律制度之下，资本实质上是有关资产的一系列社会关系。正因如此，在《新帕尔格雷夫经济学大辞典》中，资本被定义为两个含义；一个是“作为一种生产要素的资本”；另一个是“作为一种社会关系的资本”。

只有认识到这一点，我们才能理解，为什么西方发达国家在最近一百多年时间里飞速发展，为什么我们国家最近十几年来资本、资本运营成为企业界、经济学界、财经新闻界的热门话题。

在此前提下，资本作为能够创造剩余价值的价值，开始了它扩张、盈利的过程。在这一过程中，资本的内涵及其表现形式不断丰富，人们对它的认识也不断深入、全面。人们最开始认为实物资本（企业设备、厂房等）、金融资本（货币、有价证券等）是资本，继而发现专利技术、劳动生产的技能与知识、企业品牌也是可以使企业盈利的资本（无形资本），到20世纪60年代，发现经过教育、培训、实践经验等方面的投资后获得知识和技能积累的人才也是资本（人力资本），甚至企业的组织架构、企业文化、企业家的声望及人脉，当它们能够大大提升企业的竞争力、盈利能力的时候，实质上也成了资本。

在市场经济体制中，资本的扩张、盈利的冲动体现在企业家对资本的运营之中，换言之，资本的扩张、盈利的特质体现为企业家的市场竞争行为。因此，马克思把资本家称作“人格化的资本”。正是在这种资本扩张、盈利的冲动中，企业家通过裁减冗余人员、提高管理水平、提高劳动者工作效率、增加生产过程中的科技含量、扩大规模、有序多元化等措施，降

---

① ［秘鲁］赫尔南多·德·索托. 资本的秘密［M］. 南京：江苏人民出版社，2001：6.

低成本、提高收益，继而提高整个行业乃至整个国家的经济效率。当一个国家的市场竞争达到较高水平，市场需求已经完全得到满足并出现产能过剩时，企业并购、产业整合就成为现实。而并购、整合的目的还是提高资本的盈利水平。当发达国家的企业并购、产业整合达到较高水平时，资本的跨国流动也就成为必然。因此，吕炜指出："熊彼特认为，资本主义从本质上来说不是静止和固定不变的，而是经济变动的一种形式和方法。不断从内部对经济结构进行技术革新，从而破坏旧的经济结构所引起的'产业突变'，对于打破'循环流转'的均衡状态至关重要。引起这种产业突变的关键是企业家精神，而'资本'就是企业家为了实现生产要素的新组合而使用的一种手段或'杠杆'。"①

对于国内的企业家来说，由于长期的计划经济影响，对资本的内涵及表现形式缺乏深刻体认，这对他们在企业经营和资本运营中是十分不利的。近十多年来，很多曾经风光一时的企业纷纷遭遇重大挫折甚至败亡，其中不少就是因为有不了解资本的实质，不了解资本运营的规则和风险。从资本的基本概念入手，了解其实质及其功能，可以使企业家们在企业经营和资本运营中规避风险，更好地发挥资本的潜力。

（二）资本的功能

关于资本的功能，学者已有很多论述，如资本的保全功能、增值功能、流动功能、乘数功能等。曹尔阶认为："资本的基本功能，一是用以创办企业并维持持续运营；二是要求高回报（它是比贷款利息价格更为昂贵的稀缺资源）；三是用以形成相应的负债能力；四是体现所有权，它按照出资的多少体现对企业的控制力。"② 在这些功能中，增值功能是最基本的功能。

1. 保全功能

保全功能的关键在于资本能否得到足额补偿。由于资本是企业家用以

---

① 吕炜.资本的生产力效率假说[M].北京：商务印书馆，2005：49.

② 曹尔阶.资本是个好东西[M].北京：中国人民大学出版社，2012：398.

创办企业并维持持续运营的经济资源，它必须及时地得到足额补偿才能达到这一目标。

2. **增值功能**

资本最基本的功能就是通过投资实现价值增值，没有被用来投资实现价值增值的任何经济资源都不是资本，而只是有待开发出其资本潜力的资金、资产而已。

比如，当我们将自己的现金珍藏在箱子底时，这时的现金只是货币资金，而不是资本，因为这些资金没有被用来投资实现价值增值。当我们将现金存入银行时，银行付给我们存款利息，这个时候，这些现金开始发挥资本的作用，利息就是银行将我们的存款通过放贷作为资本投放到企业经营中获得的利润的一个部分。但需要指出的是，现金被我们存入银行时，这些钱仍然不是资本，只有在这些钱被银行通过贷款给企业作为投资的本钱时，它们才是资本。换言之，将资金转变为资本的关键在于银行对存款的运营，银行使本来处于呆滞状态（如珍藏于箱子底）的金钱进入需要资金的企业中去了，从而使资金开发出了价值增值的功能。

3. **流动功能**

资本的增值功能必须通过资本的流动来实现。不流动的资本无法发挥其创造剩余价值的潜力，这种资本就变成了呆滞的资本、无效用的资本。

资本流动不仅局限于以资金的形式流动这一种，实际上，土地、高端人才、专利、特许经营权等都可以作为经营的资本进行合理合法的流动，从而提高资本收益，继而提升整个社会的经济效益。当前我国农村的土地承包权流转、高端人才的流动、专利技术入股、特许经营权有偿出让等，从资本流动的角度去分析，会看得更清晰深刻。

“资本的运动，涉及生产、流通、资本补偿、融资集资、企业重组、产业整合，乃至破产重整、资产证券化等。”① 在现代社会里，资本的流动

① 曹尔阶. 资本是个好东西[M]. 北京：中国人民大学出版社，2012：41.

早已越过了早期的简单运动阶段，在资本盈利的冲动下，在现代自由市场经济体制的制度鼓励下，资本流动的形式日益复杂、日益创新，这些创新形式所创造出来的能量既可能极大地促进社会经济的高速发展，也可能带来巨大风险。这些问题更多地属于资本运营问题，我们将在下面的资本运营的部分再详细讨论。

4. 乘数功能

乘数是宏观经济学的一个术语，指每单位外生变量（如政府支出或银行储备）的变化所带来的引致变量的变动情况（如 GDP 或货币供应）。

二、资本市场的概念与功能

（一）资本市场的概念

资本市场是企业资本运营的外部市场环境之一。施蒂格勒曾说："早在并购运动发生之前，许多产业已经具备了能使之在垄断时有利可图的条件。为什么并购运动姗姗来迟？我所发现的唯一有说服力的理由是现代公司与现代资本市场的发展。"①

资本市场是长期资金市场。是指证券融资和经营一年以上的资金借贷和证券交易的场所，也称中长期资金市场。

资本市场的参与者包括筹资者、投资者、中介机构等。

（二）资本市场的功能

1. 融资功能

融资功能是资本市场的基本功能。资本市场能够担负传统银行所不能胜任的角色，不但可为成熟的企业提供资本，还可为新创小企业募集发展资金。如通过"二板股票市场"（美国纳斯达克和香港创业板），或通过高收益率债券市场（也称垃圾债券市场），通过天使投资、风险投资募集资

① ［美］乔·J. 施蒂格勒. 产业组织与政府管制［M］. 上海：上海人民出版社，上海三联书店，1996：9－10.

金，微软就是在纳斯达克融资并迅速发展起来的例子。

2. 价格发现功能

资本市场依靠其强大的信息收集和信息处理能力，发挥着企业价格发现的功能。

（1）资本市场基本制度保证了信息的完整披露。

（2）资本市场上，存在大量以收集信息为职业的专门机构，如穆迪和标准普尔公司，他们从企业的财务报表、资产负债表、季度和年度报告中采集信息，把结果提供给投资者。

（3）资本市场上的投资银行、各种投资基金，存在众多专业分析研究人员，专门从事对某一国家、某一行业或具体负责某家公司的信息收集和跟踪分析工作，这使资本市场上集中的信息比传统金融中介机构所能收集的信息更充分、完善。

市场参与者可以利用以上各种信息作出投资决策，而资产价格也可以在相当程度上反映该资产的相关信息。

3. 配置功能

资本市场通过资金流向的引导实现资源优化配置。在一个治理完善的资本市场中，通过建立有效的评价、选择和监督机制，引导投资者将资金投向高效益部门，以实现资源优化配置。

4. 分散风险功能

风险分散可以改善资源分配效率，提高社会福利水平。公司上市成为公众公司就可以分散风险，将公司的商业风险和法律风险（如产品缺陷风险、反托拉斯法律制裁的风险）等分散给众多股东。

5. 产权功能

资本市场的产权功能是指通过对企业提供资金融通、传递产权交易信息和提供产权中介服务，使企业产权通过交易重组。产权功能是资本市场的衍生功能。

三、资本运营概说

从上面的论述中，我们可以看到，在市场经济环境下，企业的经营实际上也就是资本经营：企业家必须将企业经营中涉及的所有经济资源都看作资本，使这些“资本”产生出最大的经济效益。但由于我国特殊的历史发展进程，资本的深刻含义和多样化的表现形式仅仅在20世纪90年代中期以后才逐渐为国人所知。在此基础上，国人创造出“资本运营”这样一术语，以凸显资本及其运营的特质，也就顺理成章了。

（一）资本运营概念的缘起

西方经济学认为，资本的各种运作是自然而然的经营活动，资本的逐利、增值，是其题中之义，西方也产生出了产权制度、资本市场、市场中介、政策法规等各种制度、机构，为资本运营提供条件、服务，在这种环境下，他们认为无须专门为此命名。

“资本运营”概念在我国的诞生与我国国企改革紧密相连，是推动国企改革的重要途径。

自1978年我国实行改革开放以来到1990年代初，我国完成了对国企的三步改革。

第一步是以放权让利为主的改革，使国企由一般生产型企业转变为生产经营性企业；第二步是为了调动企业积极性推行承包制；第三步是从1992年开始的股份制试点工作。

这些改革在取得成绩的同时，也存在一系列问题：改革基本上集中在生产经营领域，没有涉及产权所有问题，不存在产权激励，出现了企业缺乏硬的预算约束、行为短期化、负盈不负亏的行为，国有资产流失严重。

为解决上述问题，开始尝试运用资本运营手段对国企进行资本重组、改制，试图通过发挥资本市场的资源配置功能来促进企业产权关系转化，并按照现代企业制度要求来明确企业的产权关系，进而把企业拥有的各种资源当作资本来运营，使企业改革深入，达到国有资产保值增值的目的。

与此同时，国内金融界的资深从业者和学者也开始就资本运营主题撰写相关著作，普及相关知识，资本运营概念从那以后成为中国企业界和经济学界的热门词汇。在这些论著中，赵炳贤于1997年1月出版的《资本运营论》，是国内第一部系统论述资本运营的专著，出版当年就成为畅销书，此后，资本运营的有关论著不绝如缕，直至今日。

值得欣慰的是，由国企改革产生的资本运营的理念在中国企业家以及学者思想中扎根、开花，越来越多的企业家学会了运用资本的手段提高企业竞争力，成为行业领军企业。这一理念从国企到民企，从大型企业到中小企业，从传统制造业到服务业再到文化产业。

（二）资本运营的内涵

资本运营是指通过投融资、资产重组和产权交易等手段，对包括货币化资本和资本的各种变化形态进行优化配置和有效使用，从而实现资本增值最大化的活动过程。资本运营可以从宏观和微观两个层面来进行观察。

1. 从整个社会经济运行的宏观角度上看

资本运营是市场经济条件下社会资源配置的一种重要方式，它通过资本的流动达到优化社会资源配置的目的。

在市场经济体制下，各种经济资源如厂房、设备、土地及其他自然资源、劳动者、专利、资金等都可以转化为资本的形式进行运营，因此，从宏观的层面建立资本市场使资本得以畅通流动，就可以达到优化社会资源配置的目的。在这一过程中，资本市场的融资功能、产权界定功能、风险定价功能、风险分散功能、信息获取功能及监督功能等与社会经济同步发展，当然，也伴随着创新与试错、纠错与规范运营、再创新与再试错、再纠错与进一步规范运营的螺旋式上升的过程。在此过程中，企业家、金融家、资本市场中介机构、政府、新闻界、投资者及公众形成了相互博弈、相互妥协的机制，不断提升资本运营水平和规模。

美国的经济发展史可以充分证实这一点。美国1776年独立，独立之初由于此前与英国的战争，国家面临大量的各种名目的战争债券。美国政府通过发行新债券、回收旧债券的方式，解决了这一问题。随之而来的就是华尔街债券市场的兴盛。此后 19 世纪 60 年代的美国南北战争、南北战争之后的运河开挖、铁路兴建、钢铁业的兴起，债券市场、股票市场都起到了重大作用。正是借助资本市场配置经济资源的强大优势，1900 年，美国 GDP 首次超过英国，成为世界第一强国。20 世纪 70 年代以后，美国和其他西方发达国家一样，经济发展出现了不同程度的“滞胀”现象，而日本以“丰田生产方式”为代表的企业管理模式打造了日本经济的强劲竞争力，一时间美国人惊呼日本经济将超过美国。但美国再次通过以风险资本为代表的金融创新将高科技与资本市场的资源配置优势结合起来，创造了延续至今的高科技产业浪潮。

从我国近十几年来与数字技术、互联网相关产业的发展情况看，可以清楚地得出结论，没有国内外风险投资、私募股权基金的支持，搜狐、新浪、百度、腾讯、阿里巴巴、京东、小米、优酷、土豆、映客等是很难发展到现在这种水平的。

2. 从企业运营的微观层面上看

资本运营是通过对资本的增值潜力进行全方位的、深度的挖掘，以实现资本增值、效益增长的经营方式。

广义的企业资本运营是指通过对企业全部资本和生产要素的优化配置和产业结构的动态调整，使企业的全部资本进行综合有效运营的一种经营方式，这一意义的资本运营包括生产经营。

狭义的企业资本运营是指以能够独立于生产经营而存在的，以价值化、证券化了的资本（或可以按价值化、证券化操作的物化资本）为基础，通过流动、裂变、组合、优化配置等来提高运营效率和效益的经济行为和经营活动。这种运作其实质是对企业产权进行交易，结果会引起企业产权发生转移或重新划分，引起企业资产控制权和剩余索取权的转让和重新划分。

在本书中，为了突出重点，我们主要在狭义概念的范围内讨论资本运营的各种形式，但我们的论述逻辑完全遵循广义的资本运营概念进行，因此，在具体讨论中，为了将问题阐释得更加清楚、透彻，我们也会涉及生产运营。

在研究中，我们发现，越来越多的中国企业已经学会将生产经营与资本经营结合起来，以实现企业发展战略。我国高科技领域的领军企业华为就是这样一个典型。作为以 2 万元人民币起家的民营企业，在最初的发展中，遭遇到了融资渠道不畅、技术水平不高、竞争对手强大、市场垄断严重的诸多问题，华为通过优秀员工入股的方式，扩大企业资本来源，同时将作为人力资本的员工与企业结成利益共同体，使包括研发人员和高管在内的员工将工作与创造潜能发挥到最大，将企业做大做强。为了打破国际电信设备企业的市场垄断，华为通过与电信运营商、电信设备制造商组建合资公司，结成利益共同体，进行业务拓展。值得一提的是，华为与其他公司的合资，大部分采取的是以设备、技术、人员入股的方式进行，也就是说，设备、专利技术、人员在华为的合资中作为投入资本加以运营。正是在这样的运营中，华为从 1987 年仅有 14 人的小作坊，发展成为世界一流大型电信设备制造企业，三次入选世界财富 500 强。

四、资本运营与资本市场的关系

资本运营与资本市场具有互动关系。资本市场是企业资本运营的外部环境，决定企业资本运营的方式及效率，成熟的资本市场为企业资本运营提供了高效率的前提，而企业资本运营对资本市场的完善具有促进作用。

（一）资本市场对企业资本运营的作用

1. 有助于对并购目标企业的寻找

资本市场能够反映进入资本市场的各家企业的资产结构和资产质量，并对之做出市场评价。

资本市场的信息公开原则，不仅有助于并购企业获取和判断目标企业的信息，而且有助于并购企业进行自我评判。因为资本市场同样也对并购企业进行市场评价，也要求并购企业向社会公布其经营信息。

2. 在并购融资安排上提供服务

企业为并购而进行的直接融资一般利用各种金融工具来完成，不同的融资安排体现了企业的不同意图。例如，发行股票进行融资，意味着企业以部分所有权来换取他人对并购风险的承担。

当股票的发行对象限定于目标股东时，就是换股收购，风险由并购双方的股东承担。

发行企业债券使企业将债权人所获得的收益固定在一定范围内，不希望收益过多流失。处于股权融资和债权融资之间的可转换债券融资也相应地反映了企业对并购收益的预期和态度。

成熟的资本市场可以为企业提供多种融资组合，成熟资本市场中的各种中介机构也可以为企业提供多样化的融资服务。

3. 有助于对并购目标企业的价格确定

成熟的资本市场中有足够多的市场主体，还有不断完善的各类制度，在这种较为成熟的环境下，并购目标企业的价格往往经过多方博弈、频繁互动之后才能确定，这样就可以使对并购目标企业的价格确定更加科学、合理。

4. 可获得投资银行等中介机构的支持

西方发达国家资本市场的发展证明，投资银行、会计师事务所、审计师事务所、律师事务所、信用评级机构等中介机构在资本运营中起着重要作用，可以使资本运营更加规范、透明、高效，促进实体经济健康发展。

（二）资本运营对资本市场创新发展的引导促进作用

1. 企业资本运营扩大了资本市场的规模，提高了质量

（1）企业并购不仅发生在资本市场的上市公司中，还发生在非上市公司中。非上市公司的并购扩大了资本市场的覆盖范围，提高了资本市场中企业产权交易的数额。

（2）资本运营会产生出一些优质公司，形成资本市场新生主体，改善了整体公司的质量。

2. 企业资本运营的巨额资金需求激励资本市场进行创新和提高运行效率

在这样的资本运营活动中，通过新的金融工具和融资手段可以达到融通巨额资金的目的，可增进全社会资源的优化配置。

3. 促进投资银行的发展

资本运营范围的扩大、复杂程度的提高一定会要求投资银行提供更加广泛、更加精细化的服务，这就促使投资银行不断发展。以我国传媒产业为例，风险投资、上市、海内外并购等资本运营活动越来越频繁，为境外投资银行带来商业机遇的同时，也为中国本土的投资银行发展创造了契机。

第二节
传媒资本、传媒资本市场与传媒资本运营

一、传媒业的特点

（一）独特的盈利模式

传媒业与其他产业相比，具有独特的盈利模式，具体体现为广告与内容双重出售模式。

广告出售模式就是传媒企业通过提供优质内容吸引受众，然后再将受众出售给广告主，以此获益。内容出售模式就是传媒企业通过出售优质内容直接获益。

在新媒体的冲击下，尽管传统媒体的广告收益模式受到严重冲击，但传媒业的广告与内容双重出售模式仍然是基本模式。

（二）传媒产业链相对复杂，投入大，风险大

例如，一部电影项目包含内容生产、宣传、发行、广告、衍生品等环节。每个环节出现问题，都可能导致失败。

从内容上来说，传媒业以“内容为王”，而优质内容的创造、核心受众的吸引和巩固，具有很大的不确定性，这是传媒业高风险的关键。

（三）较好的增值性

摩根·斯坦利1998年全球投资报告，对11种产业建立起世界竞争力的大企业所需年限的统计中，传媒业所需年限是8年，快于医药业、日常消费品、银行、电力、能源和建筑行业。

在一个社会进入中高收入发展阶段，文化消费成为社会经济增长的重要支点，在这种情况下，传媒业较好的增值性会体现得更加明显，我国传媒产业近年来的发展充分说明了这一点。

二、传媒资本

传媒资本是指传媒经营性资产，具体分类如下。

（一）人力资本

人力资本是在人力资源基础上形成的，包括传媒管理人才、名主持人、名记者、名编辑、名策划、名演员、名导演等。

传媒业既是资金、技术密集型行业，更是智慧密集型行业，优秀人才的聚集对于企业的发展具有重大意义。

胡舒立及其团队之于财新传媒、王中军之于华谊兄弟、王长田之于光线传媒，吴晓波之于吴晓波频道、赵依芳之于华策影视，以及马化腾、李彦宏、罗振宇、高晓松，都是传媒业中人力资本重要性的例子。

（二）实物形态资本

实物形态资本包括传媒业的办公大楼、广电业的节目制作设备及传输设备、信号播出设备、接收设备等。

（三）价值形态资本

价值形态资本包括货币资本、金融资本。

1. 货币资本

货币资本有以下几种行式。

（1）国家和主管部门财政拨款。

（2）经营收入中的现金部分，如广告收入和报刊发行收入。

（3）其他以货币形式存放的资金。

2. 金融资本

金融资本以股票、债券等形式存在。

（1）传媒企业为获取盈利而购买的各种债券和股票。

（2）企业或其他经济实体给传媒的投资。

（3）传媒企业可以利用或能够利用的各类社会闲散资金与传媒资本相融合而形成的资本。

（四）无形资本

无形资本的核心是商誉，此外还有特许经营权、媒介品牌、关系渠道、营销渠道、节目形式和内容、播出时间等。

三、传媒资本市场

传媒资本市场是传媒业进行中长期资金融通的市场。在传媒资本市场上，资本的供求双方通过金融产品的买卖实现各自目标，传媒企业通过出售金融产品筹集资金，资本供给者通过购买传媒企业发行的各种金融产品进行投资。

西方传媒业的发展，与传媒资本市场有着密切关系。新闻集团、路透、汤姆森、时代华纳、美国在线、维亚康姆等的并购、重组，都是在资本市场上通过与目标企业、投资银行等中介机构的反复磨合才得以实现的。

成熟的传媒资本市场，要求有成熟的传媒企业（产权明晰、具有核心竞争力、具有明确发展战略、具有较好的增长点）、成熟的投资者（了解传媒产业特性、熟悉传媒产业格局和未来发展趋势）、成熟的中介机构（既熟悉资本市场，又了解传媒产业特性了解、熟知传媒产业格局和未来发展趋势）。从这个要求看，中国传媒资本市场远未成熟。

四、传媒资本运营

传媒资本运营就是将传媒所拥有的可经营性资产，包括广告、发行、印刷、出版等资产，作为具有经营价值的资本，通过多种途径进行运作，优化传媒资源配置，扩张传媒资本规模，进行有效经营，以实现最大限度增值目标的一种经营管理方式。

（一）传媒资本运营的特点

1. 传媒资本运营是以资本导向为中心的企业运作机制，追求资本与制度的效率性

与传统的产品导向为中心的运作机制不同，资本运营以资本作为运作的对象和导向中心，要求企业在经济活动中始终以资本的保值增值为核心。

它不仅关注企业经济活动中的资本保值，更关注资本的安全性和效率性，关注资本的投入、产出的比率和资本结构的优化。要实现以上目的，就要有完善企业制度和高效的经营机制。

2. 传媒资本运营十分注重资本的流动性

资本的闲置和沉淀是最大的浪费，通过资本的流动实现资源的优化配置和资本的增值。

3. 传媒资本运营是一项创新性活动，具有高风险、高收益的特点

1985 年，首府传播公司筹资 35 亿美元收购美国三大商业广播电视公司之一 ABC（美国广播公司）。经过 10 年努力，首府传播公司成功地整合了 ABC，首府—ABC 经营效益在 1994 年位居美国三大电视网之首，年收入达 44 亿美元。首府—ABC 形成了强大的渠道优势，但内容制作上尚有欠缺。于是，具有优质内容而渠道有欠缺的迪斯尼于 1995 年 7 月 190 亿美元兼并了首府—ABC。合并后市值达 400 亿美元，年营业收入达到 165 亿美元。这两次收购都是成功的案例。

但传媒业中失败的例子也不少。例如，维旺迪的大肆收购、时代华纳与美国在线的合并。

因此，在传媒资本运营中，如何有效防范风险，保证资本运营的创新得以实现预期收益，是一个关键问题。

4. 传媒资本运营注重对资本的支配和使用，力图通过对资本的组合来规避经营风险

传媒资本运营主要通过兼并、控股、收购、合资等手段，获得对更多资本的支配权，并以这种不同的产品组合、企业控制形式和业务组合的多元化、多产业化的经营来支撑企业的运作，降低和分散企业的经营风险，从而达到减轻由外部环境的不确定性带来的风险的目的。

世界传媒集团的国际化、跨媒体、跨行业的发展就是这个意图。

5. 传媒资本运营是以人为本的活动

传媒资本运营的成功，关键在于传媒资本运营人才。这种人才不仅要了解资本运营的一般规律，还要了解掌握传媒业的特点和经营规律。近年来，中国传媒资本运营开始出现专门人才，并取得了不错的业绩。

（二）媒介资本运营的分类

1. 按媒介资本运营对企业规模的影响划分

按媒介资本运营对企业规模的影响可分为扩张型资本运营、收缩型资本运营和内变型资本运营。

（1）扩张型资本运营。

扩张型资本运营是指通过兼并、收购、联营等活动，使企业规模增长。

（2）收缩型资本运营。

收缩型资本运营是指通过不良资产的剥离、资产出售和公司分立等活动，使企业规模缩小。

扩张和收缩的资本运营往往同时使用，达到调整企业发展战略，优化资源配置的效果。例如，加拿大汤姆森集团在2007年出售其教育集团，同时收购路透就是如此。

（3）内变型资本运营。

内变型资本运营是指在企业规模不发生变化的情况下，企业内部的产权结构、治理结构发生变化的一种资本运营方法。西方国家中的企业由公开上市转为非上市公司、由非上市公司公开上市转变为公众公司、由公司内部人发起的对公司的控制、企业租赁、承包和托管，以及我国的国有企业改制等都属于这一类型。

2. 按照资本运营的形式和内容划分

按照资本运营的形式和内容可以分为实业（实体）资本运营、金融资本运营、产权（股权）资本运营和无形资本运营。

（1）实业（实体）资本运营。

实业（实体）资本运营是以实业（实体）为对象所进行的资本运营，它通过投入增量资本对企业实业（实体）的存量资本进行调整和重组，使之形成新的生产经营能力，并获取收益和实现资本的保值增值。

（2）金融资本运营。

金融资本运营指以金融商品（各种有价证券等）为对象的运作活动，以实现资本的价值增值。

（3）产权（股权）资本运营。

产权（股权）资本运营是以产权为运作对象的资本运营活动，主要方式是产权交易。通过企业合并（吸收合并）、股份回购、可转换公司债券、分立等手段，实现资本的集中或分散，从而达到优化资本结构，提高资本使用效率的目的。

在现实生活中，常常采用合资经营、吸收合并、企业分立、投资控股、产权转让或收购、兼并、参股、租赁、发行企业债券和可转换债券、直接上市融资等多种方式来实现资本的保值增值。

产权（股权）资本运营的主要目的是对企业的各种经济资源进行优化配置，以控股等方式来增强企业的实力，盘活企业闲置资产或进入新的、有发展前途的行业。

（4）无形资本运营

无形资本运营是对媒介的无形资本为对象的运作活动。

3. 按照资本的运动状态划分

按照资本的运动状态可以分为存量资本运营和增量资本运营。

（1）存量资本运营。

存量资本运营是对已经投入企业中形成资产的这部分资本，通过各种手段进行优化组合，使之产生更大的价值增值的活动过程。手段有：资产重组、资产剥离、资产处置、分立、兼并、租赁、联合甚至破产。

（2）增量资本运营。

增量资本运营是指企业所进行的投资活动，主要包括对投资所进行的策划、谋划和管理工作。

第三节
国外传媒资本运营的发展

一、2010 年之前欧美传媒业资本运营情况

欧美传媒业资本运营从 19 世纪末 20 世纪初就开始了，这一时期报业集团开始横向兼并，形成了赫斯特、普利策等报业集团。

20 世纪 20 年代末，以摩根、洛克菲勒等财团为代表的金融资本集团开始介入报业，购买报业集团，并且对所属报业集团进行政治上的支持。1919—1940 年，美国报纸总数从 2430 家减少到 1848 家，1914 年以前形成的大报系继续扩张，直到 1940 年才停止膨胀。

在美国电影业，华尔街金融资本对好莱坞电影企业的发展起到了重要作用。1919 年，查理·卓别林和默片巨星道格拉斯·范朋克、玛丽·璧克馥以及著名导演大卫·格里菲斯一起，组建了联艺影片公司（United Artists），主要进行电影信贷与发行业务。

制片人通过取得规模巨大的连锁影院以求得市场的保障；规模巨大的连锁影院则以开始占有的电影厂而获得稳定的货源。为筹措这些商业活动所需资金，一些公司开始与华尔街接触。劳乌、百代、福克斯公司开始发行股票；1925 年，米高梅和环球公司也发行了股票。华尔街金融资本借此进入了电影产业，它们派来了大批受过金融教育的人才，成为电影企业的

监督者。例如，劳乌公司的两位厂长，一为杜兰特，当时兼任通用汽车经理，一为哈维·吉布逊，兼任国家银行行长。

电影制作—发行放映一体化的商业体制的建立，使大型电影企业获得了良好的发展环境，利润丰厚。这又刺激了电影制作朝向大制作、高收益的方向发展。而资金的巨额提升，使电影业对资本市场的依赖更深。1926年有声电影的诞生使金融界对电影业的控制更紧，制片人取代导演的中心位置，掌控了电影的生产领导权。

1929 年美国纽约股市的崩溃，不但没有影响好莱坞电影业，反而由于“口红效应”，获得了更大的发展。20 世纪 20 年代末，好莱坞电影业基本上被摩根财团和洛克菲勒财团控制。他们或者通过对录音设备的控制，或者直接依靠金融控制和支持，拥有了电影业。

到 1930 年，好莱坞影业实际上由八家电影公司垄断。

这八家公司中“五大公司”是：洛伊（米高梅）影业公司、派拉蒙影业公司、华纳兄弟影业公司、20 世纪福克斯影业公司、雷电华影业公司。五大公司形成一个整体，每年的重要电影几乎都由它们制作，它们控制了全世界的影片发行系统，拥有院线系统，保证它们生产影片的放映。与“五大公司”有业务联系的是“三小公司”：环球影业公司、哥伦比亚影业公司和联美影业公司。

欧美传媒业大规模的资本运营主要从 20 世纪下半叶的开始，大致经历了 20 世纪 60 年代至 70 年代的通过资本运营形成传媒集团公司、80 年代通过资本运营进一步强化大型传媒集团势力、90 年代通过资本运营形成了以若干个传媒集团在不同领域中垄断经营的产业格局。

1996 年，美国修订电信法，允许电信运营商与有线电视运营商相互进入，经营电信业务无须获得许可，经营有线电视业务需获得许可，为三网融合创造了条件，也引发了传媒业大兼并浪潮。同时，数字技术、网络产业的兴起，也加速了传媒业竞争整合和行业内外的兼并。

二、2010 年以来欧美传媒业资本运营状况

欧美传媒业近年来资本运营发生着频繁的并购、分立活动，形成了传媒企业出售资产出局、归核化、通过并购强化核心业务或向数字化方向转型等趋势。

进入 21 世纪后，由于移动互联网等新技术的迅猛发展和广泛运用，欧美传媒业又进行了新一轮的资本运营过程。这一轮传媒业的资本运营，是对 20 世纪 90 年代以来形成的传媒产业格局的重构，是对存量的传媒资产的进一步优化，具有与 20 世纪下半叶的传媒资本运营不同的特点，具有不同的运营效应。

2010 年以来欧美传媒业资本运营有三大趋势。

（一）出售资产出局

出售资产出局是近五六年间欧美传媒业的一个重要趋势。在出售资产的传媒企业中，传统传媒企业占了大头，原因就是在互联网特别是移动互联网的冲击下，传统纸媒（报纸、期刊）经营困难，被迫出售资产出局。但雅虎这一当年的互联网标杆企业在 2016 年 7 月也被迫出售核心资产出局，这说明，即使是当年的互联网领军企业，如果不与时俱进，照样会被淘汰。

1. 传统传媒企业通过出售资产出局

2014 年 7 月 18 日，福布斯公司公告称，已将《福布斯》杂志所属的福布斯媒体公司大部分股权卖给了一家来自香港的财团——本汇鲸媒体投资有限公司。

2013 年亚马逊创始人杰夫·贝索斯（Jeff Bezos）出价 2.5 亿美元收购了《华盛顿邮报》；美国职棒大联盟球队波士顿红袜的老板约翰·亨利（John Henry）以 7000 万美元的价格从纽约时报公司收购了《波士顿环球报》。2013 年，IAC 公司把《新闻周刊》卖给了美国数字新闻公司 IBT 传媒。

2. 互联网企业通过出售资产出局

2016 年 7 月，曾经的世界互联网标杆企业雅虎以 48 亿美元的价格将核心互联网业务出售给美国电信巨头 Verizon。

雅虎在搜索、电子邮件、即时通信、网页广告、门户网站等互联网业务方面曾领风气之先，成为诸多后来者学习的榜样。但在移动互联网开始成为互联网发展主流时，由于雅虎未能及时跟上这一新潮流，逐渐衰落，最终出局。

（二）归核化

这里的归核化是指欧美传媒业从多元化经营战略重新回归核心业务的趋势，这一趋势的出现有其内在逻辑。欧美传媒业在 20 世纪末形成了基本的产业格局后，竞争态势日趋激烈，而 IT 技术和互联网技术的广泛应用则进一步加剧了这种态势。因此，在最近五六年中，欧美传媒集团通过资产出售、资产剥离分立来实现归核化战略。

2012 年 6 月，在集团内部高管和华尔街股票分析师的压力下，默多克宣布将新闻集团分拆，一家是以报业和图书出版为主的新闻集团，另一家是以影视娱乐业为主的 21 世纪福克斯公司。通过分拆，提升 21 世纪福克斯公司这部分影视娱乐资产在股市上的价值，使其不再受业绩增长缓慢的报刊图书资产的拖累。

时代华纳也在走归核化道路。它在 2008 年就分拆它的有线电视业务，2009 年又把美国在线业务剥离了出去。2014 年 2 月，时代华纳将子公司时代华纳有线出售给美国最大的有线电视公司康卡斯特。2014 年 6 月，时代华纳又将杂志集团 Time Inc 分拆，作为独立的上市公司挂牌交易。经过一系列的资产出售和资产剥离分立，时代华纳将其业务由原来的多元化战略转变为主打电影、电视节目制作发行的娱乐集团。

归核化战略并非只有资产出售剥离，也有资产的并购。如时代华纳 2016 年 8 月 4 日，时代华纳宣布，该公司将以 5.83 亿美元的现金收购视频服务提供商 Hulu10% 的股权，显示出时代华纳在传统的有线电视网、卫星付费电视市场之外，拓展互联网视频市场的雄心。目前，美国 Netflix 和 Amazon 主导的互联网付费视频服务市场不断壮大，吸引了越来越多的年轻用户，时代华纳希望通过对 Hulu 的投资，获得立足之地。

在归核化战略中表现得最典型的是英国培生集团。培生集团可追溯到 1844 年创立的培生父子建筑公司，在 175 年的发展史中，它通过持续的资产收购、出售，在 20 世纪末形成了教育出版、财经新闻与资讯服务、大众出版三个板块，并分别在这三个板块中居于世界领先地位。

但进入 21 世纪以来，世界传媒业的竞争态势日趋白热化和数字化的冲击，使培生集团在多方努力效果有限的情况下决定收缩战线，走归核化道路。

2012 年 10 月，培生集团和贝塔斯曼宣布，将企鹅和兰登书屋合并，以应对数字化浪潮。合并后的企业名为企鹅兰登书屋，贝塔斯曼拥有新公司 53% 的股份，培生集团持有 47%。该合并案在 2013 年 7 月全部完成。从各种迹象看，培生将主打大众出版的企鹅出版社和兰登书屋合并，很可能是全部剥离出售的先声。2017 年 7 月，培生集团将企鹅兰登书屋的 22% 的股份售予德国贝塔斯曼集团，交易完成后，培生仅持有企鹅兰登书屋的 25% 的股权。

大众出版业务通过合并的方式实现了某种程度的剥离后，培生紧接着剥离财经新闻业务。2015 年 7 月，培生将旗下《金融时报》以 8.44 亿英镑的价格出售给日本最大的传媒集团日本经济新闻（Nikkei）。2015 年 8 月，培生将旗下经济学人集团股份 50% 以 4.69 亿英镑出售给意大利阿涅利家族。经济学人集团拥有《经济学人》杂志、《经济学人》智库以及 CQ Roll Call 等资产，此次出售，宣告培生集团彻底退出了财经新闻及资讯行业。在这两桩交易中，培生集团都要求以现金交易，以将交易中获得的收入投资于数字化学习、教育服务和新兴市场。

从培生 2015 年 7 月发布的中期报告中我们可以看到，培生认为未来国际教育市场机会巨大，增长点主要在教育服务、数字化及高增长经济体三个方面。而培生是从 2013 年就开始这一转型，2014 年完成了主要的结构调整。通过梳理、剥离与教育无关的业务，培生将变成“一个培生”，在经营目标上更加专注聚焦。

与欧美很多传统传媒集团出售资产不同的地方在于，培生的企鹅出版社、《金融时报》《经济学人》等出版传媒资产都属于优良资产，在合并或出售时仍然保持较好的盈利状态。因此，培生的这些资产合并、出售，在相当程度上是基于明晰科学的战略思考。

培生的前任 CEO 玛乔丽・斯卡尔迪诺是新闻记者出身，1997 年就职以来，出于对新闻事业的情怀，她竭尽全力地将《金融时报》扭亏为盈。尽管在她的整个任职期间，有关剥离《金融时报》资产的讨论和传闻就从未停止过。但她十分清楚，培生的营业收入和利润都主要来源于教育出版及服务板块，因此，她在全力挽救发展《金融时报》和《经济学人》的同时，也将重要的资源注入教育板块，使培生教育成为全世界教育出版及服务的第一品牌。在她离任前，她将企鹅出版社与贝塔斯曼的兰登书屋合并。而在新任培生 CEO 范岳涵就职后，水到渠成地就剥离了《金融时报》和《经济学人》。

培生将大众出版和财经新闻及资讯业务剥离，将教育出版与教育服务归核化为战略发展方向，有其充分的理由：其一，英语是世界普通话，经济全球化使英语教育及相关考试及服务的需求日益上升。英国是英语的母国，任何国家都无法与其争夺这一地位。其二，北美的美国、加拿大与英国在文化教育、经济、政治上有千丝万缕的联系，仅北美的教育市场就可以使培生教育集团获得了 50% 以上的营业收入。但教育出版与教育服务具有相当复杂的细分板块，除了传统的教材教辅图书出版外，还有语言培训板块、在线教育板块、考试服务板块等，这些板块都需要专门的人才进行产品与服务的创新研发，需要加大力量进行政府公关、市场拓展与推广。

（三）通过并购强化核心业务或向数字化方向转型

通过并购强化核心业务是近五六年来欧美传媒业资本运营的第三个趋势。在这个趋势中我们可以分两种情况进行分析：传统传媒企业如迪士尼、阿克塞尔・施普林格报业集团（Axel Springer Publishing Group），互联网企业如亚马逊、苹果、脸书等。这两类企业由于各自的资源情况不同，发展战略不同，其并购的具体目的也有差异。

在传统传媒企业中，迪士尼的战略是通过并购使其原有核心竞争力得到进一步加强。而阿克塞尔·施普林格出版集团则是通过并购使其业务向数字化方向转型。

1. 通过并购使其原有核心竞争力得到进一步加强

迪士尼是近五六年中通过并购强化核心业务做得最好的传统传媒集团之一。

从1923年迪士尼兄弟成立迪斯尼公司，专事动画创作，到现在成为全球著名的综合娱乐集团，拥有传媒网络、影视娱乐、主题乐园、消费品和互动媒体五大主营业务，并购在迪士尼的发展中发挥着重要作用。这种并购基因在近五六年中继续发扬光大，同时，因应数字化冲击，近年来迪士尼的并购也有其新的特点。

迪士尼是从动画创意和制作起家的传媒企业，它的核心竞争力首先来源于迪士尼的一系列动画形象和动画电影、电视剧。围绕这些脍炙人口的动画形象和动画作品，迪士尼打造出完整的动漫产业链：影视动画片的创作生产—电视台、电影院的播出与放映—动漫图书的出版发行—音像制品的发行—形象版权的授权代理—衍生产品的开发与营销—主题公园，形成了目前的综合娱乐集团的业务架构。在迪士尼的发展过程中，迪士尼兄弟还发现，优秀内容还需要畅通的多样化的传播渠道的支持。

基于以上考虑，迪士尼从20世纪90年代开始了进一步的一系列大型收购，使迪士尼由以内容创意为主的公司转变为内容创意制作为核心资产同时拥有传播渠道的综合性娱乐传媒集团。

1996年，迪士尼以190亿美元的价格收购美国广播公司（American Broadcasting Company，ABC），而ABC拥有全球最大的娱乐与体育节目电视网ESPN（Entertainment and Sports Programming Network）80%的股份，这意味着在完成收购后迪士尼就控制了ESPN。2001年，迪士尼以52亿美元的价格收购了FOX家庭频道，并在收购后改名为ABC家庭频道。2006年和2009年，迪士尼分别以74亿美元、42亿美元的价格收购了皮克斯动画、漫威工作室。

2010年前后，由于移动互联网的普及，传媒产业格局再次重构。新技术对传统传媒企业的冲击体现在两个方面：第一，由于移动互联网的普及，基于移动互联网的新媒体、新渠道如雨后春笋般出现，这些新媒体、新渠道以其便捷、互动、时尚、平民化、海量内容、可自主选择等特点很快吸引了大批年轻受众。传统的传媒渠道受到极大冲击，不仅纸质图书、报纸、杂志的受众和广告大幅下降，而且原本是影视娱乐业主要传播渠道的影院、有线电视、卫星电视等也大受影响。第二，基于移动互联网的新媒体、新渠道的大量出现，凸显内容资产的稀缺性、珍贵性。

面对这些新情况，迪士尼保持了住了产业战略上的理性精神，以一系列资产收购来应对。

2009年，迪士尼以大约3500万美元的价格收购了视频网站Hulu 29%的股权，2012年由于Hulu赎回部分股东权益，其持股比例进一步增至32%。迪士尼投资Hulu，就是为了在互联网媒体中尽快入局，在新一轮传媒产业格局重构中占据先机。

在2014年以后资本运营中，我们可以看到迪士尼对新技术和新媒体的高度重视。迪士尼希望通过对新技术和新媒体的投资以及资产收购等，加强其在新技术和新媒体领域的话语权。

2014年8月，迪士尼就通过迪士尼与赫斯特合资成立的风投机构A&E Networks以2.5亿美元的价格收购了新媒体公司Vice Media 10%的股份。2015年11月至12月，迪斯尼又接连两次投资Vice Media，两笔投资共4亿美元。Vice Media 1994年创立于加拿大蒙特利尔，最初以朋克杂志起家，后来通过大量投资转型为多媒体平台。目前Vice Media已发展成为“全球青年文化之声”的全媒体公司，其业务包括出版、网站、新闻、影视、广告及音乐厂牌等。

2014年12月，迪士尼以近10亿美元的价格收购了Maker Studio，Maker Studio是Youtube最大的视频供应商，拥有3.8亿的订阅用户，每月有超过 55 亿次的观看次数。通过收购 Maker Studio，迪士尼获得了进入互联网新媒体的通道，同时也拥有了 Maker Studio 的更了解年轻受众的创意制作人才。

2015 年 9 月，迪士尼公司与来自上海的华人文化领投了位于美国硅谷的 VR 企业 Jaunt，此次投资共 6600 万美元。这轮融资过后，Jaunt 总融资金额达到了约 1 亿美元。这是虚拟现实领域独立创业公司的最高融资金额。Jaunt 是集硬件、软件、工具、应用开发及内容生产于一身的 VR 行业领先公司，为世界一流的创意制作人提供影视娱乐的开创性表现手段。

除了上述投资和资产收购外，迪士尼从 2014 年起还推出了创业孵化器吸项目，吸引与其核心传媒业务相关的新技术、新媒体公司加入，以进一步强化迪士尼核心竞争力。截至 2016 年 7 月，迪士尼创业孵化器共支持了 29 个创业团队，其中 2014 年和 2015 年各 10 个，2016 年 9 个。迪士尼创业孵化器支持的团队有以下特点：①多数面向年轻用户；②聚焦于 VR 技术、3D 打印技术等新技术领域，同时进行独创内容的创意制作；③向年轻人、儿童、体育爱好者、游戏爱好者等提供服务的垂直领域在线平台，涵盖媒体娱乐领域多个细分环节。

迪士尼创业孵化器为这些入选的创业团队提供资金支持、专业的指导培训，还将迪士尼旗下卡通形象的使用权授予这些公司，允许它们进行内容和技术创新，在机会成熟时还将为这些企业举行项目路演，帮助它们获取进一步的融资。通过这些支持和帮助，迪士尼获得这些公司 3% 的股权，同时还可以从这些企业中获得许多更具创意的新故事、新产品、新业务。[①]

2. 通过并购使其业务向数字化方向转型

如果迪士尼是通过并购强化其原有核心竞争力，那么阿克塞尔·施普林格报业集团则是通过并购使其业务向数字化方向转型，以与亚马逊、谷歌、脸书等美国互联网巨头相对抗。阿克塞尔·施普林格报业集团是德国

---

① 三文娱．迪士尼看好怎样的创业公司？三年来它孵化了这 29 家[EB/OL]．(2016－07－14)[2016－08－23]．http://3wyu．baijia．baidu．com/article/540030．

报刊出版商，拥有240份报纸和杂志，遍及欧洲35个国家。阿克塞尔·施普林格对数字化转型可以追溯到2002年，在阿克塞尔·施普林格CEO马塞亚斯·多夫纳（Mathias Döpfner）的主导下，就明确了数字化和国际化转型的战略。这两个战略的推进在近五六年中不断加速，并结出了可喜的成果。2014年阿克塞尔·施普林格30.3亿欧元总收入中53.2%（超过16亿欧元）来自数字业务，经营利润中72.1%来自数字业务。[①] 2015年阿克塞尔·施普林格的营业收入和利润继续保持了这种良好态势。

2005年，阿克塞尔·施普林格参股了一家初创企业——求职网站Stepstone，虽然因为投资不大，收益不明显，但阿克塞尔·施普林格切切实实看到了数字化媒体的巨大潜力。经过审慎考虑，为了使集团的数字化战略推进得更加稳健、高效，阿克塞尔·施普林格建立了数字投资公司（Axel Springer Digital Ventures），统筹数字化项目的投资、并购业务。同时，引入硅谷模式，吸收硅谷合作伙伴，在德国柏林投资建立创业“加速器”和“孵化器”。经过对一系列数字化媒体的入股投资和资产收购，到2012年，阿克塞尔·施普林格的数字航母正式成形，位居欧洲出版传媒集团前列。

自2012年以来，阿克塞尔·施普林格又对数字化业务进行了频繁的资本运营，进一步强化其实力。

2012年，美国私募股权投资公司General Atlantic看好施普林格旗下的数字化分类广告资产，他们与施普林格合资组建了“施普林格数字分类广告公司”（Axel Springer Digital Classifieds，ASDC），施普林格把数字分类广告资产注入公司，占股70%，General Atlantic出资2.37亿欧元占股30%。2014年12月8日，施普林格宣布以4.46亿欧元（5.479亿美元）现金从合资企业股东General Atlantic手中购买15%的股份，使自己的持股从70%提升至85%。同时，施普林格保留在未来几年内以4.46亿欧元的价格购

① 杰罗姆. 全球传统媒体谁最数字化？这故事不在美国！[EB/OL].（2015-10-20）[2016-08-23]. http://jerome.baijia.baidu.com/article/198586? utm_source=tuicool.

买 GA 剩下 15% 股份的优先选择权。

2013 年，施普林格为了加快数字化转型步伐，卖掉了几份经营状况较好的报刊，获得约 10 亿美元资金，为进一步的投资并购做了资金准备。

由于美国是世界互联网业最发达的国家，阿克塞尔·施普林格近年来把资产收购的目光集中到了美国。自 2014 年以来，施普林格在美国投资或收购了如下数字化资产：美国新闻文化在线杂志 OZY. com、视频新闻机构 NowThis Media、政治新闻网站 POLITICO、时尚数字媒体 Livingly Media、数字媒体 A Plus（A +）、青年新闻站点 Mic. com、虚拟现实技术公司 Jaunt、关注 IT 和创业的重量级博客媒体 Business Insider、面向男性用户的新闻生活商务门户网站 Thrillist，此外，施普林格在美国还投资了两家基金公司：数字媒体导向基金莱勒西伯风险基金（Lerer Hippeau Ventures）、硅谷天使投资基金（SV Angel）。

与这些并购同时进行的，是施普林格对数字化业务经营管理人才的培养和训练，马塞亚斯·多夫纳将施普林格 79 多位高管陆续派到硅谷，让他们实地体验、考察、学习硅谷人的思维方式、互联网知识、数字化业务的经营模式等，使施普林格在思想观念上、文化上进行彻底变革，以适应集团的数字化转型的要求。[1]

---

① 杰罗姆．到美国圈地、扫货，德国报业巨头 Springer 打造全球“最数字化”传统媒体[EB/OL].(2015-12-10)[2016-08-23]. http://www.tmtpost.com/1453472.html.

第四节 我国传媒资本市场与资本运营的发展

本节中，笔者把我国传媒资本市场与资本运营发展以2010年为界分为前后两段。之所以把2010年作为分界线，是因为2010年是中国移动互联网元年。从2010年开始，随着移动互联网的普及，中国传媒产业的产业格局、竞争态势、发展趋势都发生了巨大变化，这些变化直接影响了我国传媒资本市场与资本运营情况。

一、2010年之前我国传媒资本市场与资本运营情况

我国传媒业资本市场和资本运营的起步大致可以从20世纪90年代中期算起，到2010年之前属于前期。这一阶段的特点是：传统传媒业还处于主导地位，而传统传媒业的条块分割的管理格局使传媒资本市场发展和资本运营的潜力受到较大的制约。这一阶段可以算我国传媒资本市场与资本运营的探索、尝试阶段，实际效果有限。

（一）传媒集团的设立

从20世纪90年代中后期开始，我国国有传媒机构以造大船为目的，掀起建立传媒集团的浪潮。由于当时国有传媒业还是条块分隔管理模式，因此，这些国有传媒集团大多呈现为报业集团、广电集团、出版集团、发

行集团等。

在这批传媒集团的建立过程中，大多是采取行政划拨的方式组建的，在建立之初，我国的传媒资本市场还刚刚起步，国有传媒集团的资本运营的意识还不强，资本运营能力和效益不高。

（二）传媒企业上市

从20世纪90年代中后期开始，我国国有传媒企业开始进行上市融资。最早的几家公司是：

1994年，上海东方明珠股份有限公司上市，成为第一家由传媒发起设立的股份公司。

1999年湖南“电广传媒”上市，掀起了媒介投资的热潮。

1999年7月，成都博瑞投资有限责任公司（控股方为《成都商报》）受让四川电器的国家股2000万股（占总股份的27.65%），实现了《成都商报》的间接上市。

2007年，上海新华传媒在上海上市，四川新华文轩在香港上市。

2007年12月，辽宁出版传媒在上海上市，该公司现已更名为北方联合出版传媒（集团）股份有限公司。

在传媒企业上市的开始阶段，传媒类上市公司大多远离媒介的本质核心业务，其出版编辑、节目播出业务仍然受到很大限制，使上市企业的业务处于分裂状态，影响了资本运营效果。

（三）投资合作

从20世纪90年代中后期开始，我国国有传媒企业开始和业外资本进行合作，合作方式包括业外资本投资国有传媒机构合作经营、成立合资公司对电视频道合作经营等。但根据当时的政策规定，行业外资本投资媒介只能获得一定期限的经营权和收益权，不能获得相应的实际控制权和国家认可的媒介产权，不能拥有媒介的品牌，在这种情况下，业外资本在国有传媒机构面前处于弱势地位，一旦双方合作出现问题，投资方就可能血本无归。

《中国经营报》的产权纠纷就是这样一个案例。该报从1984年8月创办以来，报纸获得长足的发展，但产权却没有明确的法律法则予以界定。直到1999年产权纠纷出现后，在有关部门的复函中，对“报刊中存在的无主资产”的问题有了一个清晰的答复，其中明确指出，在我国目前没有个人或集体出资创办或者拥有刊物的规定。若有个人或集体自筹启动资金的，不能认定为对报刊的投资，而应按照债权债务关系处理。

（四）并购

从2007年开始，我国一些出版业上市公司开始进行资产并购活动，如：

2007年12月，江西出版集团重组中国和平出版社。

2008年，吉林出版集团与中国工商联出版社达成协议，重组成立一家出版控股公司。

2008年新华文轩收购安徽新华发行集团6232万股7.79%股权，总价值为1.8亿余元；同年，投入2700万元，与贵州出版集团合作，成立贵州新华文轩连锁股份有限公司，专营图书零售书城（店），实现了商业模式的跨区域复制、示范效应。

2009年12月29日，四川新华文轩出资9800万元，与海南省财政厅合作，改造海南出版社并成立海南出版社有限公司。新公司注册资本为7600万元，其中，海南省财政厅下属的海南出版社与新华文轩各占50%的股本权益，分别持有新公司总投票权的49%及51%。这是新华文轩自2009年6月16日宣布调整业务策略、实现公司出版发行产业链一体化经营、积极发展传媒及文化教育相关业务后，首次大规模的资本运营，被业界看作其瞄准区域市场、向出版产业链上游延伸的实例。

2009年，北方联合出版传媒在资本运营上动作频出。8月底，宣布拟以收购部分股权的形式收购内蒙古新华发行集团有关发行业务和资产；11月中旬，又与天津出版总社达成合作方案，股权收购其出版、发行主营业务及资产。至此，北方联合出版传媒集团“北扩发行、南扩出版”的大格局基本定形。时代出版的外延式扩张步伐也不断加快，收购大股东旗下资产安徽人民出版社，接着又对中国文联直属的中国文联出版社、大众文艺出版社实施资产重组。

由于我国国有传媒资产实行条块分割管理格局，因此上述这些传统的传媒资产的并购需要满足很多条件，因此在不多的几个并购案例完成后，就没有更进一步的发展。

二、2010 年之后我国传媒资本市场与资本运营情况

2010 年是我国移动互联网元年，与移动互联网相伴而行的还有大数据、云计算，最近几年还有人工智能、虚拟现实等，这几项新技术改变了中国传媒产业的产业格局、商业模式、竞争态势、发展趋势，传媒业开始向融合方向发展。2010 年之前存在的条块分隔限制、政策限制，在相当程度上被新技术打破。因此，资本开始涌入传媒产业，我国传媒资本市场一下迅猛发展起来，传媒资本运营也变得空前活跃。

（一）国家对传媒产业政策不断放宽，对传媒与资本的结合大力支持

2010 年之后，国家对传媒产业政策不断放宽，对传媒与资本的结合大力支持，使传媒资本市场与资本运营的政策环境不断改善，促进了我国传媒资本市场与资本运营的发展。

在近年来国家发布了涉及传媒产业发展的政策，在很多这些政策中，国务院《关于促进信息消费扩大内需的若干意见》、党的十八届三中全会通过的《中共中央关于全面深化改革若干重大问题的决定》、党的十八届五中全会通过的《中共中央关于制定国民经济和社会发展第十三个五年规划的建议》等尤为重要。

2013 年 8 月，国务院发布《关于促进信息消费扩大内需的若干意见》（以下简称《意见》），提出要实施“宽带中国”战略，加快网络、通信基础设施建设和升级；提出要大力发展数字出版、互动新媒体、移动多媒体等新兴传媒产业，促进数字文化内容消费。按照《意见》的规划目标，到

2015年，信息消费规模要超过3.2万亿元，其中基于互联网的新型信息消费规模达2.4万亿元，年均增长30%以上。《意见》还提出了深化行政审批制度改革、加大财税政策支持力度、切实改善企业融资环境等六个方面的支持政策，对传媒产业产生了积极作用。

党的十八届三中全会通过的《中共中央关于全面深化改革若干重大问题的决定》在第十一部分“推进文化体制机制创新”中一共包括四个方面，其中（38）、（39）和（41）都对传媒产业的发展有直接影响。

“推进文化体制机制创新”中的（38）提出：“完善文化管理体制。按照政企分开、政事分开原则，推动政府部门由办文化向管文化转变，推动党政部门与其所属的文化企事业单位进一步理顺关系。建立党委和政府监管国有文化资产的管理机构，实行管人管事管资产管导向相统一。”

“推进文化体制机制创新”中的（39）提出：“建立健全现代文化市场体系。完善文化市场准入和退出机制，鼓励各类市场主体公平竞争、优胜劣汰，促进文化资源在全国范围内流动。继续推进国有经营性文化单位转企改制，加快公司制、股份制改造。对按规定转制的重要国有传媒企业探索实行特殊管理股制度。

“鼓励非公有制文化企业发展，降低社会资本进入门槛，允许参与对外出版、网络出版，允许以控股形式参与国有影视制作机构、文艺院团改制经营。支持各种形式小微文化企业发展。推动文化企业跨地区、跨行业、跨所有制兼并重组，提高产业规模化、集约化、专业化水平。

“在坚持出版权、播出权特许经营前提下，允许制作和出版、制作和播出分开。建立多层次文化产品和要素市场，鼓励金融资本、社会资本、文化资源相结合。完善文化经济政策，扩大政府文化资助和文化采购，加强版权保护。健全文化产品评价体系，改革评奖制度，推出更多文化精品。”

“推进文化体制机制创新”中的（41）提出：“理顺内宣外宣体制，支持重点媒体面向国内国际发展。培育外向型文化企业，支持文化企业到境外开拓市场。”

党的十八届五中全会通过的《中共中央关于制定国民经济和社会发展

第十三个五年规划的建议》（以下简称《“十三五”规划建议》）指出，到2020年，文化产业将成为国民经济的支柱性产业，包括传媒产业在内的我国文化娱乐产业有望达到1万亿元的市场规模，行业进入快速发展期。为实现这一战略目标，《“十三五”规划建议》也提出了相应的保障措施，而各地政府也纷纷出台相关的支持政策，为传媒产业发展带来了空前利好条件。

（二）中国社会财富不断增加，为传媒产业发展提供了资金条件

《“十三五”规划建议》指出，“十二五”时期，我国已经发展成为全球第一货物贸易大国和主要对外投资大国。“十二五”期间，我国对外直接投资规模是“十一五”的2.3倍。2015年，我国对外直接投资实现连续13年快速增长，达到1456.7亿美元，并超过同期中国实际使用外资1356亿美元的数额，实现资本项下净输出。2015年我国对外直接投资规模占到全球流量份额的9.9%，同比增长18.3%，金额仅次于美国，位列世界第二。2016年，我国对外直接投资1701亿美元 同比增长44.1%

我国在近年来之所以由对外引资大国逐渐向利用外资和对外投资并重的国家转变，其背景是中国社会财富不断增加，可用于投资的资金规模不断扩大。

我们仅以我国储蓄存款数额变化情况为例，就可以管窥中国社会财富增加的速度与规模。2005年底，我国城乡居民储蓄存款为14.1万亿元，2007年底这一数额增长到17.2万亿元，2014年为113.86万亿元，2015年底为135.70万亿元。从2005年到2015年，我国城乡居民储蓄存款的规模增长了近10倍。

与社会财富增长伴生的是消费的升级，文化娱乐消费在质与量上的需求都迅猛提升。在这种情况下，传媒产业成为资金投放重点关注的对象。

（三）中国资本市场不断完善，资本运营水平提高

党的十六届三中全会提出要大力发展多层次的资本市场体系，建立统一互联的证券市场。尽管到目前为止，我国企业的融资仍然以银行间接融

资为主，直接融资特别是股本融资远未达到理想的程度。但经过20余年的发展，我国已初步形成多层次、多元化的资本市场，资本市场中的投融资者，在复杂多变的环境中，不断提升资本运营水平。

在我国资本市场不断完善的同时，我国的职业投资人队伍也不断壮大，投融资水平不断提高，带动了中国各行业资本运营水平的提高。

以传媒产业为例，近年来，传媒企业较为娴熟地运用主板和创业板上市、新三板挂牌交易、吸收合并和定增等方式进行融资，促进了传媒业优秀资源的有效整合，推动了传媒产业的发展。例如，浙报传媒近年来确定了传统媒体与新兴媒体融合发展之路，积极拥抱互联网与新媒体，在资本市场主动出击，并购了一系列与新媒体相关的资产并进行了有效整合，业绩可观。

传媒企业和传媒经营者的资本运营能力不仅体现在股市上，而且开始运用到股市之外更广泛的领域里。

2016年底，南方都市报发起设立“南都新传媒产业基金”，为南方都市报转型发展提供项目及产业深耕、市场引导、服务价值挖掘、资产证券化及国有资产保值增值的资本平台。基金完全按照市场化管理，选择南都的优势行业、成熟产品线，以新设项目公司+项目产业基金为配套模式，对外投资契合南都发展战略需要及所属行业产业链上下游的优质项目和企业，采取小步快跑的升级思路进行运营。

著名媒体人吴晓波在2014年11月，将其名下的杭州蓝狮子文化创意有限公司45%的股份出售给皖新传媒。借助上市公司皖新传媒，蓝狮子股票2015年11月在新三板挂牌。2015年，吴晓波又联合创立狮享家新媒体基金，重点投资自媒体，已投资的项目包括微信公众号“餐饮老板内参”“酒业家”“十点读书”“12缸汽车”“车早茶”“车找茬”“B座12楼”等。

（四）传媒业经营管理水平的提高，进一步吸引了资本的进入

2010年以来，我国传媒业在IT技术和互联网技术的推动下，传统媒体与新媒体的有机融合有序推进，深刻改变了中国传媒业的产业格局和发

展走向，中国传媒业已经出现“弯道超车”的迹象。在这种情况下，传媒业经营管理水平明显提高，产业发展整体态势向好，进一步吸引了资本的进入。

在最近几年的传媒产业发展中，不仅原本就有传媒业资产的百度、腾讯加大了其投资力度和拓展范围，而且原本与传媒业关系不大的电商巨头阿里巴巴也大规模投资于传媒业，这充分说明传媒产业的未来发展的巨大潜力。

（五）中国传媒资本向海外投资

中国传媒业近年来还有一个重要趋势，就是传媒资本向海外投资。传媒产业作为内容产业，在国际化拓展中，会遇到文化折扣的难题。但任何一个国家传媒产业发展到较高水平，必然要走向国际化。通过国际化，可以有效提升本国传媒产业国际竞争力，有效拓展国际市场，从而提升本国文化软实力。

近年来，中国传媒资本开始向海外投资，并取得了初步成效。随着中国经济进一步发展，中国传媒产业经营管理水平进一步提高，中国文化自信日益强化，这一趋势将日益迅猛。

但由于中国文化与西方文化差异较大，而中国传媒企业目前的经营管理水平与世界先进水平相比还有较大距离，因此中国传媒企业国际化资本运营活动还应当谨慎展开，可以先从自己熟悉的领域入手，先从小项目入手，积累经验后再逐步展开。

第二章　传媒资本市场与投融资

第一节
传媒资本市场概说

资本市场通常指期限在 1 年以上的资金融通活动市场，包括期限在 1 年以上的证券市场以及 1 年期以上的银行信贷市场。资本市场上的金融工具很多，其中，股票、中长期债券在资本市场中起主导作用。

传媒资本市场是媒介进行中长期融资或投资的市场。在传媒资本市场，资本的供求双方通过金融产品的买卖实现各自的目标。媒介通过出售金融产品来筹集资金，资本供给者则通过购买传媒企业发行的各种金融产品进行投资。因此，传媒资本市场应该包括证券市场、长期信贷市场、衍生工具市场等，其中衍生工具市场包括企业产权市场，权益市场等内容。其中证券市场是传媒资本市场中最重要、最活跃和最有影响力的组成部分，在我国，证券市场承担了比较多的经济结构调整与体制转轨的任务，因此与融资结构变更，治理结构的再造，产权制度改革联系在一起。

一、当下中国传媒资本市场的特点

（一）传媒资本市场的运作尚不发达，市值占比较低

我国新媒体上市公司在市值上已经全面超越了传统媒体。

首先，从整体来看，传媒资本市场的运作尚不发达。目前我国传媒企

业融资的主要渠道，还是通过银行贷款，但由于我国目前缺少专业的评估机构和责任机构、传媒业融资体系尚不健全，传媒企业从银行获得贷款的融资方式还是存在很多的不便之处。这更需要加大传媒资本市场的发展，推动传媒企业进入股市和债市融资。

美国、日本、欧洲等发达国家大型传媒集团早已进入资本市场运作阶段，这无疑为国内传媒产业发展提供了诸多借鉴。据统计，国际知名的文化传媒或全球500强企业，几乎没有一家是完全靠自身积累发展完成的，都是靠资本市场运作达到快速扩张和发展的。毋庸置疑，未来中国文化产业的发展也离不开资本市场。中国传媒企业的纷纷上市，预示着中国传媒产业的资本意识觉醒及其文化传媒产业发展的巨大空间。我们应继续加大传媒资本市场的发展力度，鼓励更多的传媒企业进入股市和债市融资。

其次，我国新媒体上市公司在市值上已经全面超越了传统媒体。

目前我国新媒体上市公司发展迅速，仅腾讯一家的市值就已经超过了5000亿美元，更不用说百度、搜狐、小米等互联网公司市值。

（二）我国传媒公司资本运作存在对股权融资的过度偏好

一般来说，“融资优序”将股票融资排在最后，是因为股票融资的成本是最高的。企业更喜欢的是采取内部融资（多保留利润）或无风险举债融资或非高风险债券融资，而不采取发行股票融资，原因就是为了节省融资成本，其优先顺序是：内部融资—举债融资—股票融资。

在中国，我们可以发现一个与理论相悖的现象：即中国的公司，尤其是上市公司，较之内部资金融资与债权融资，更偏好于股票融资。之所以会选择成本最高的融资方式，跟中国的现实特点有关。第一，在中国的资本市场上，机构投资者力量较弱，对上市公司的资金运用无法形成有力的约束；第二，投资者的主要着眼点在于短期资本利得，而非长期的经营绩效。这样的特点使上市公司在运用募集资金时，几乎没有任何约束与监督，也就是说其资金成本近乎为零。因此，企业更偏好股票融资（即俗称的“圈钱”）也就不足为奇了。

（三）中国已上市传媒公司同世界其他上市传媒公司比较而言，存在业务相对单一、规模小且行业集中度偏低以及产业链不完整的特点

我国媒介上市公司的产业链尚不完整。传媒行业的产业链由上至下为内容制作、渠道销售、消费者衍生品。上游业务为消费者提供内容或者功能服务，下游是将消费者的注意力转化为经济效益（广告、衍生消费品）。我国的传媒上市公司目前盈利大多还是依靠产业链中某一环节，盈利模式较为单一。未来应围绕内容和渠道进行整合，将两者融合，打造出全媒体、多渠道的完整产业链。可喜的是，越来越多的传媒上市公司已经在这方面发力，如华策影视近年来的资产收购以及企业经营战略，就已经是朝向打造完整产业链的方向发展。

二、传媒资本市场的参与者

传媒资本市场的参与者，主要包括各种市场工具的发行主体、市场的投资主体、沟通发行主体和投资主体的各种中介机构、市场的组织者和监管机构。

（一）证券发行人

发行人，又称发行主体，是指发行某种金融证券以募集资金的机构。根据身份性质的不同，资本市场中的证券发行人可分为政府部门、金融机构、公司和投资基金机构。

对于传媒行业的公司来讲，通过发行公司债所募资金，是公司的债务性资金，发行人必须承担按期付息和到期还本的法律责任。通过发行股票所募资金，是公司的资本性资金，发行人必须承担维护股东权益的责任，保障资本金的安全增值。通过发行可转换债所募资金，在债券未转化为股票之前属债务性资金，在债券转化为股票之后属资本性资金。

（二）投资者

传媒市场投资者主要包括政府、个人投资者及机构投资者。其中，政

府投资主要通过各类产业投资基金进行，目前规模不大；个人投资者在此不做详细讲述；我们重点谈谈机构投资者。

投资于资本市场的目的主要有四种，即资本增值、资产增值、资金保值和融通资金。目前资本市场的投资者主要包括共同基金、保险公司、社保基金、私募基金。共同基金也就是公募基金，是目前规模最大的投资者。截至 2018 年底，我国公募基金规模已超过 13 万亿元，影响力越来越大。

保险公司目前可投资股票的上限是保费收入的 10%，根据统计，2018 年全国保险公司保费收入 3.8 万亿元，按投资上限计算，投资股票市场的资金大概在 3800 亿元左右。2017 年底，全国基本养老、基本医疗、失业、工伤、生育保险五项社保基金收入为 6.64 万亿元。这两者正日益成为重要的机构投资者。

中国私募基金近年来发展很快，已经成为重要的机构投资者。2004 年，赵丹阳与深国投合作成立第一只阳光私募基金，到目前为止中国私募基金行业已走过 12 年，无论从私募从业人数，还是产品数量、管理规模来说，都得到了飞速发展。2018 年底，我国私募基金认缴规模突破 12 万亿元。

机构投资者不仅为股票市场提供了融资资金来源，而且在公司治理方面发挥了越来越重要的作用。由于机构投资者规模较大，持股较多，因此能从自身利益出发，对上市公司的经营决策发挥有效的监督作用。当公司的经营投资决策偏离正常轨道时，机构投资者可以投票反对。如果反对无效，也可以选择“用脚投票”，卖出股票。由于机构持股量较大，卖出时，往往对公司股价形成较大的打压作用，使公司再融资面临较大的困难。由于这些原因，上市公司越来越重视与机构投资者的沟通。

（三）中介机构

证券市场中介机构是指为证券的发行与交易提供服务的各类机构。中介机构是连接证券投资人与筹资人的桥梁，是证券市场运行的组织系统。在证券市场起中介作用的机构是证券公司和其他证券服务机构，通常把二者合称为证券中介机构。证券市场功能的发挥，在很大程度上取决于证券中介机构的活动。通过它们的经营服务活动，沟通了证券需求者与证券供应者之间的联系，不仅保证了各种证券的发行和交易，还起到了维持证券市场秩序的作用。

（1）证券公司又称证券商，是指依法设立可经营证券业务的、具有法人资格的金融机构。证券公司的主要业务有代理证券发行、代理证券买卖、自营性证券买卖以及其他咨询业务，如兼并与收购等。证券公司一般分为综合类证券公司和经纪类证券公司。

（2）证券服务机构是指依法设立的从事证券服务业务的法人机构，主要包括证券登记结算机构、证券投资咨询公司、会计师事务所、资产评估机构、律师事务所、证券信用评级机构等。

（四）市场组织及管理监督机构

证券交易场所、政府监督管理部门是主要和基本组织、管理和监督机构。

证券交易所，是依据国家有关法律，经由政府证券主管机关批准而设立的证券集中竞价交易的有形市场，是证券市场的核心机构。其主要功能有：①为交易双方提供一个完备、公开的证券交易场所，使交易能迅速合理地成交；②保证证券交易的连续性；③证券交易所随时公布市场成交数量、价格等行情信息，及时、准确地传递上市公司的财务状况、经营业绩，正确反映股票的供求关系；④组织和调控证券交易活动的重要机构。

场外交易市场，是一种非集中的证券交易市场。与证券交易所相比，场外交易市场具有三个主要特点：①非集中市场；②开放式市场；③证券种类繁多。

中国人民银行、国务院证券委员会、中国证券监督管理委员会等，是中国政府监管资本市场和证券业的主要机构。

第二节
传媒企业融资概说

本节主要从债权、股权两种方式来论述传媒企业融资的主要方式。近年来，我国资本市场发展迅速，创新的融资工具不断涌现，在债权融资方面，我们主要介绍信贷融资、债券融资及信托融资三种方式；在股权融资方面，我们主要介绍首次公开上市融资、资本市场再融资及各类私募股权融资三种方式。传媒企业融资后，会对企业的资本结构产生影响，进而对企业价值产生影响，在第三节我们将对企业资本结构理论做简单介绍。

一、传媒企业债权融资

（一）信贷融资

信贷融资是指企业为满足自身生产经营的需要，同金融机构（主要是银行）签订协议，借入一定数额的资金，在约定的期限还本付息的融资方式。信贷融资按期限可以分为短期贷款、中期贷款和长期贷款三类，按有无担保品可分为信用贷款和担保贷款两类，按资金来源不同可分为政策性银行贷款、商业银行贷款和保险公司贷款等。由于传媒企业主要是从商业银行贷款获得资金，故本书只讨论银行信贷融资。

银行信贷融资一直是包括传媒企业在内的我国企业的主要融资方式，

近年来金融机构的贷款余额一直呈现快速发展的态势，尤其是2018年新增贷款额达到16.17万亿元，创历史新高。

相较于其他融资方式，信贷融资有其自身优点：一是办理方便，办理时间较短；申请贷款时，传媒企业可以直接找到银行谈判协商，一般只需提供企业的财务报表等资料即可，不必像发行债券或股票那样准备额外的申报文件，也不必等监管部门的批准。二是不会稀释现有股东的控制权；使用贷款时，银行只需按照协议收取相应的利息费用，对企业的利润没有额外的索取权，不会稀释股东的财务及行政权力。

信贷融资也存在如下的缺点。一是相较于发行债券或信托融资，其融资成本较高；银行的贷款利率较债券利率高出不少，如果企业规模较小，银行一般会在基准利率的基础上进行上调，加重企业的财务负担。二是期限较短。银行贷款的时间一般都在5年或5年以内，10年以上的企业贷款比较少见，因此企业如果投资一些期限较长的项目，对贷款的使用会有较多限制性。三是用款限制条件较多。在贷款协议中，银行一般会约定资金的用途，对企业的额外投资或额外借款也会有限制。2009年底，原银监会出台政策，银行贷款将采取受托支付的模式，直接由银行打入借款方指定的交易对手账户，企业贷款的使用受限更大。四是受国家宏观政策影响较大；近年来，国家宏观调控的力度和频度都较以往更大，银行信贷政策的松紧度变化较大，相应的企业申请贷款的难度也随之变化较快。

总体而言，如果传媒企业日常流动资金出现困难，向银行申请信贷是较为适宜的，在进行长期投资时，可以适当申请使用银行贷款，但比例与额度需要控制，因为银行贷款的期限与项目投资期往往不匹配。

（二）债券融资

我国企业债券市场经过近20年来的发展，已经形成了比较完善的市场体系。包括短期融资券、中期票据、企业债、公司债、可转债及可分离债等在内的各类债券都已登陆我国债券市场。在本节内容中，我们首先介绍一下短期融资券、中期票据、企业债、公司债等传统的债券品种，然后再分别介绍可转债、可分离债及债券融资的总体特点。

1. 传统债券融资

传统债券包括短期融资券、中期票据、企业债、公司债。这些债券的特点是权利单一，只有债权的属性，不附加其他属性。下面分别予以阐述。

短期融资券是指具有法人资格的非金融企业，依照规定的条件和程序在银行间债券市场发行并约定在一定期限内还本付息的有价证券。短期融资券是由企业发行的无担保短期本票。在中国，短期融资券是指企业依照《短期融资券管理办法》的条件和程序在银行间债券市场发行和交易并约定在一定期限内还本付息的有价证券，是企业筹措短期（1 年以内）资金的直接融资方式。按发行方式分类，可将短期融资券分为经纪人代销的融资券和直接销售的融资券；按发行人的不同分类，可将短期融资券分为金融企业的融资券和非金融企业的融资券；按融资券的发行和流通范围分类，可将短期融资券分为国内融资券和国际融资券。

中期票据是英文 Medium - term Notes 的缩写，市场间通常简称其为 MTN。中期票据是指期限通常在 5 ~ 10 年的票据．公司发行中期票据，通常会通过承办经理安排一种灵活的发行机制，通过单一发行计划，多次发行期限可以不同的票据，这样更能切合公司的融资需求。1981 年美林公司发行了一期中期票据，用来填补商业票据和长期贷款之间的空间。此后福特公司作为第一个非金融机构也发行了中期票据。2008 年中国人民银行批准推出了我国的中期票据。中期票据最大的特点是发行灵活，体现在：第一，发行规模极其灵活；中期票据通常采取的是多次、小额发行，具体发行时间和每次发行的规模依据当时市场的情况而定。第二，发行条款（如期限、定价及是否包含衍生品合约等）极其灵活；不仅同一次注册下的中期票据可以有不同的期限和定价，而且，中期票据的本金和/或利息支付可以盯住其他金融资产、非金融资产的价格或者价格指数。第三，发行方式极其灵活；中期票据的发行方式非常多样化。早期主要是靠投资银行尽力推销，或者发行人自行销售。目前，有些中期票据的发行也开始采取承销方式，但与公司债券最大的不同在于所谓的“反向调查” （Reverse

Inquiry）方式：投资银行先去征求潜在的投资人对发行价格、期限等条款的意见，然后再依据这些潜在投资人的意见发行相应的中期票据。与重视筹资人的传统金融活动不同，这种以投资人需求而非筹资人需求作为起点的发行方式代表了一种新的金融服务理念。

企业债与公司债从字面上容易混淆，但二者是不同的债券。公司债券是公司依照法定程序发行的、约定在一定期限还本付息的有价证券。它反映发行债券的公司和债券投资者之间的债权、债务关系。企业债券是指企业依照法定程序发行，约定在一定期限内还本付息的有价证券。二者的区别在于：第一，发行主体不同。公司债是由股份有限公司或有限责任公司发行的债券，我国2005年《公司法》和《证券法》对此做出了明确规定。企业债是由中央政府部门所属机构、国有独资企业或国有控股企业发行的债券。公司债券的发行属公司的法定权力范畴，无须经政府部门审批，只需登记注册，发行成功与否基本由市场决定。第二，发债资金用途不同。公司债是公司根据经营运作具体需要所发行的债券，发债资金如何使用是发债公司自己的事务，无须政府部门审批。但在我国的企业债中，发债资金的用途主要限制在固定资产投资和技术革新改造方面，并与政府部门审批的项目直接相联。第三，信用基础不同。由于发债公司的资产质量、经营状况、盈利水平和可持续发展能力等的具体情况不尽相同，公司债券的信用级别也相差甚远，与此相应，各家公司的债券价格和发债成本有着明显差异。而我国的企业债券，不仅通过“国有”机制贯彻了政府信用，而且通过行政强制落实着担保机制，以至于企业债券的信用级别与其他政府债券差别不大。第四，管制程序不同。在市场经济中，公司债券的发行通常实行登记注册制，即只要发债公司的登记材料符合法律等制度规定，监管机关无权限制其发债行为。在这种背景下，债券市场监管机关的主要工作集中在审核发债登记材料的合法性、严格债券的信用评级、监管发债主体的信息披露和债券市场的活动等方面。而我国企业债券的发行，发债需经国家发展和改革委员会报国务院审批。

对于传统债券的发行，监管机构列出了明确的条件。短期融资券和中期票据的发行实行注册审核制，由中国银行间交易商协会接受注册文件，并决定是否最终发行。企业应提交的注册文件包括：①注册报告；②主承销商推荐函及相关中介机构承诺书；③企业的拟披露文件；④证明企业及相关中介机构真实、准确、完整、及时披露信息的其他文件。

根据《证券法》第十六条及2008年1月4日发布的《国家发展改革委员会关于推进企业债券市场发展、简化发行核准程序有关事项的通知》的规定，公开发行企业债须符合以下条件：①股份有限公司净资产额不低于人民币3000万，有限责任公司和其他类型企业的净资产额不低于人民币6000万元；②累计债券余额不得超过发行人净资产的40%；③最近3年平均可分配利润足以支付债券1年的利息；④筹集的资金符合国家产业政策；⑤债券的利率不得超过国务院规定的利率水平；⑥已发行的企业债或其他债务未处于违约或延迟支付本息的状态；⑦最近3年没有重大违法违规行为。

根据《公司债券发行试点办法》，发行公司债须满足以下条件：①公司的生产经营符合法律、行政法规和公司章程的规定，符合国家产业政策；②公司内部控制制度健全，内部控制制度的完整性、合理性和有效性不存在重大缺陷；③经资信评级机构评级，债券信用级别良好；④公司最近1期未经审计的净资产应符合法律、行政法规和中国证监会的有关规定；⑤最近3个会计年度实现的年均可分配利润不少于公司债券1年的利息；⑥本次发行后公司债券余额不超过最近1期末净资产额的40%。

2. 可转债融资

可转换债券（Convertible Bond）是一种既具有固定收益证券特性，又具有权益特性的混合型金融产品。按照摩根斯坦利的定义："可转债是指具有固定面值和一定存续期限的，并且持有人有权在规定期限内按照一定比例将其转换成发行公司普通股票的债务凭证。"从经济学的角度看，可转债的发行实际上是一个资源交换的过程，可转债契约签订前，发行人拥有的资源是公司的股权和未来公司的现金流，投资者拥有的资源是货币。可转债契约的签订，可以看作发行人将一组权利打包换取投资者的一组权利的过程。发行人拿出的权利包括债权、转股权、回售权等，投资者用以交换的权利则包括对投资人资金的使用权、附条件股权和赎回权等。可转债所包含的这些权利交换是建立在发行人与投资者基于共同意思表示约定的契约基础之上的。

可转债是兼具股票和债券双重特性的创新金融产品。其具体特点如下：一是债权性，与其他债券一样，可转换债券也有规定的利率和期限。投资者可以选择持有债券到期，收取本金和利息。二是股权性，可转换债券在转换成股票之前是纯粹的债券，但在转换成股票之后，原债券持有人就由债权人变成了公司的股东，可参与企业的经营决策和红利分配。三是可转换性，可转换性是可转换债券的重要特性，是区别于普通债券的重要标志。可转换性是指可转债持有者可以按约定的条件将债券转换成股票。转股权是投资者享有的、一般债券所没有的选择权。可转换债券在发行时就明确约定债券持有者可按照发行时约定的价格将债券转换成公司的普通股票。如果债券持有者不想转换，则可继续持有债券，直到偿还期满时收取本金和利息，或者在流通市场出售变现。

1843 年，美国纽约 Erie Railway 公司发行了世界上第一只可转债，当时正值美国铁道业的快速发展时期，有旺盛的融资需求。20 世纪 80 年代以来，可转债取得了迅速发展，成为一个全球性的金融产品，特别是进入 21 世纪后，由于网络股神话的破灭引发全球性的股灾，可转债的风险防范优势被充分地显示出来，受到投资者的欢迎；又由于各国利率水平不断下调，可转债的融资成本较大幅降低，全球可转债市场的规模因此日益扩大。

1991 年 8 月琼能源发行了我国第一只可转债，由于兼具债权与股权的属性，故可转债的发行规模受股票市场表现制约较大。

根据《上市公司证券发行管理办法》的规定，可转债的发行须满足以下条件：①具备健全的法人治理结构；②股份有限公司的净资产不低于人民币 3000 万元，有限责任公司的净资产不低于人民币 6000 万元；③最近 3 个会计年度加权平均净资产收益率平均不低于 6%；④最近 3 个会计年度经营活动产生的现金流量净额平均应不少于公司债券1年的利息；⑤最近3年以现金或股票方式累计分配的利润不少于最近3年实现的年均可分配利润的20%；⑥财务会计文件无虚假记载且无重大违法行为；⑦募集资金的运用符合国家政策规定。

3. 可分离债融资

可分离债券（Warrant Bonds），是“认股权和债券分离交易的可转换公司债券”的简称。2006年5月7同，我国证监会在《上市公司证券发行管理办法》中首次将可分离债券列为上市公司再融资品种。它将公司债券与认股权证捆绑发行，上市后拆分交易，即可简单地理解为“买债券送权证”。2006年马钢股份发行了我国第一只可分离债，目前已经成为上市公司的主要融资手段之一。

对发行公司而言，发行可分离债券主要有下列优势：

第一，降低融资成本。由于可分离债券的投资者在将来可能赚取股票利差，因而上市公司可以适度降低该产品债券部分的价值，使可分离债券票面利率低于普通公司债，较之增发、配股等融资方式，它的成本较低。

第二，拓宽融资渠道。作为金融创新产品，可分离债券的独特优势是包含认股权证和公司债券两部分，这两类金融品种均可实现融资，只是时间上有先后顺序。除了可以吸引传统的固定收益投资者外，还能吸引大量积极的权证投资者参与，可以满足不同风险偏好者的需求，因此拓宽了上市公司的融资渠道。

第三，提供长期低息资金。发行方可通过发行可分离债券来获取长期的低利率资金。在发债后利率长期走高的情况下，传统可转债可能因投资者的转股而使公司无法继续享有低利率的优惠；而可分离债券的低利率优惠则不受权证被行使的影响，权证执行后原债券部分的低利率成本仍执行到债券期满。

第四，实现有序化融资。可分离债券可以实现“一次发行，两次融资”。两次融资，一次是发行可分离债券时的债权融资，只不过附有认股权证：第二次则是认股权证行权时的股权融资。这便同时具有分期融资和序贯融资的特点。在满足上市公司筹资需要的同时，能在一定程度上发挥市场对上市公司募集资金使用的监督作用，提高募集资金的使用效率。

第五，向优质上市公司倾斜。《上市公司证券发行管理办法》对上市公司提出了较高的发行要求，只有现金流稳定、未来有还本付息能力的公司才能发行可分离债券。因此发行公司可以此方式代替银行贷款，从而优化财务结构，降低营运资金成本，同时减轻股票稀释带来的压力，有利于提高每股盈利水平。认股权证还可以带动本股的交易投资，提高蓝筹股的活跃程度。

但作为一种创新的融资工具，其也具有一定的风险性。从发行者角度看，可分离债券存在严重的行权风险。在权证存续的期限中股价不可预测，而行权价不能修正，所以发行公司不能保证行权。假如到期时股价在行权价之上，投资者就会行权，上市公司拿到这笔收入进行还本付息；假如股价在行权价之下，投资者就不会行权，上市公司将自行还本付息。

随着我国大型国有企业的不断上市，预计将有越来越多的上市公司加入可分离债券融资的发行行列，这一创新融资品种很可能成为上市公司的主要融资手段。然而，在客观评价上市公司可分离债券融资行为的基础上，要保证其顺利进行，还应当注意以下问题：

第一，选择资信良好的公司发行可分离债券。一般而言，可分离债券融资是凭借上市公司的信誉来发行的，较适用于固定资产规模大、现金流稳定、偿债能力强的上市公司大规模筹集资金时使用。通过行权达到二次融资的目的是其最大特点。因此，相关机构在对发行可分离债券的公司资质进行审查时，应认真考核、严格把关，选择资信良好的上市公司，以增大其保障行权的可能性。

第二，发行可分离债券要合理评估风险、选择适当时机。到期能顺利行权是判定上市公司发行可分离债券达到预期效果的最终依据。只有认购权证持有人行使股权，发行人才能成功募集到所需资金。在权证到期前，改善经营业绩是确保融资成功的前提。一般而言，发行时机选择在公司成长性较强、证券市场处于低谷但即将复苏时发行可分离债券比较有利。

第三，合理设置可分离债券条款的要素。上市公司应在对未来股票做出合理估值的前提下，综合考虑公司的财务状况和投资计划等各项因素，合理设定可分离债券的发行规模、票面利率、债券期限及行权价格等条款。

发行可分离债的条件除最近1期未经审计的净资产不低于人民币15亿元外，其他条件与可转债的发行条件类似。

4. 债券融资的特点

与其他融资方式相比，债券融资有如下特点：第一，债务融资成本更低，世界各国的法律都规定，债务的利息可以在税前扣除，不存在企业所得税和个人所得税问题。债权人按期收取本息，在企业可以按期还本付息的情况下，不影响原有股东的控制权。第二，债务融资方式下监督成本低。进行股权融资，股东与经营者形成委托—代理关系，为缓解股东与经营者之间的冲突，降低经营者的道德风险，在信息不对称的现实条件下，股东对企业监督成本很高。而对于债务融资，只要企业可以按期还本付息，投资者无须对企业进行严密监控，监督成本相对较低，成为在信息不对称条件下的次优选择。第三，债权人在财务危机时比股东拥有优先调查权，债权人有权在没有按时获得本金和利息偿付的情况下调查公司的会计报表和其他相关信息，甚至接管公司的控制权从而可以有效制止管理层藏匿或转移利润的行为。第四，债权人拥有的单边起诉权，即债权人可以在未与其他债权人取得一致的情况下采取单边行动直接对债务人的违约或侵权行为提起诉讼。债务融资相对于股权融资更具有优势，债务融资是相对于股权融资更为严厉的治理方式。

（三）信托融资模式

信托融资是2005年开始兴起的一种新的融资方式，它的本质其实还是银行贷款，但引入了信托公司作为过桥方，从而将其传统的贷款包装成为信托计划，绕开了银行贷款的某些管制。

其业务流程是：银行在市场上发行一款理财产品，产品成立后银行将募集到的资金委托发放给合作信托公司，信托公司与贷款企业签订《信托贷款协议》，将资金以信托贷款的方式发放给企业。贷款到期后，企业将本息归还信托公司，信托公司扣掉相应报酬后，将本金收益归还给银行，银行扣掉相应的管理费后将本金收益归还给理财产品的投资者。

从以上的业务流程可以看出，信托融资模式有以下特点：第一，资金来源于社会投资者，而非银行的存款。第二，以信托贷款的方式运作资金，绕开了利率管制；根据人民银行的规定，我国存贷款利率仍处于管制状态，企业贷款利率最高只能在基准利率标准下浮 10%，但信托融资由于是信托公司发放的资金，就不需要遵循这种规定，对于规模较大、资信状况较好的企业，可以跟银行谈判获得一个更优惠的利率，节省大量的财务成本。第三，以信托贷款的方式运作资金，绕开了贷款额度等限制；为配合国家的宏观货币政策，人民银行及银监会通常会通过窗口指导等方式限制银行的贷款规模，或限制银行对某些行业、某些客户的贷款额度，但信托贷款无须遵循这些规定，从而为客户融资提高更多的便利。

信托融资现在受到优质客户的普遍欢迎，银行也通过该种方式推出了大量理财产品，获得了中间业务收入。

随着信托融资模式的迅速发展，监管层也开始重视这种工具。2009 年原银监会先后颁布《关于进一步规范商业银行个人理财业务投资管理有关问题的通知》《关于进一步规范银信合作有关事项的通知》等文件，对银行投资信托贷款及信托公司的管理等环节加强了管理。2017 年以来，国家层面进一步实施金融严监管措施，对信托融资模式的管理更加严格。

二、传媒股权融资

（一）首次公开发行上市

首次公开发行上市即通常所称的 IPO（Initial Public Offerings），是企业进入资本市场的重要方式。企业要进行 IPO，首先须保证企业已经是股份有限公司。由于许多传媒企业已经有多年存在历史，上市之前需要进行改制等工作，故本节首先介绍一下企业的股份制改组。

一般来说，企业进行股份制改组的目的主要是确立法人财产权、建立规范的公司治理结构及募集资金，从而为企业的发展提供更加良好的内外部环境。企业改组应坚持以下原则：①突出公司主营业务，形成核心竞争力和持续发展的能力；②按照《上市公司治理准则》的要求独立经营，规范运作；③有效避免同业竞争，减少和规范关联交易。改制时应做到资产完整独立、机构人员独立、财务独立，避免与其实际控制人有同业竞争情况出现，尽量减少关联交易。在改制时，应聘请中介机构对企业的资产进行清查核资，界定好产权，对报表进行审计和法律审查。

改制结束后，就可以进入股份有限公司的设立阶段了。根据《公司法》的规定，股份有限公司的设立可采取发起设立和募集设立两种方式。设立时，股份有限公司应当有 2 人以上 200 人以下为发起人；发起人认购和募集股本应达到法定资本最低限额，其中发起设立时全体发起人首次出资额不低于注册资本的 20%，募集方式成立时，发起人认购的股份不少于公司总股份数的 35%。公司设立时，要制定公司章程，缴纳股款，召开创立大会，设立登记并公告。成立股份公司后，要设立股东大会、董事会、监事会及管理层，完善公司治理。

根据证监会《首次公开发行股票并上市管理办法》的规定，首次公开发行股票的条件是：①股份有限公司已持续运营 3 年以上，最近 3 年主营业务、董事和高管未发生重大变化；②发行人在人员、机构、财务、资产、运营方面独立；③发行人机构设置符合规范，运营规范，最近 36 个月内未受证监会行政处罚；④最近 3 个会计年度净利润为正数，且累计超过人民币 3000 万元，经营活动产生现金流量净额累计超过人民币 3 亿元，发行前股本总额不少于人民币 3000 万元；⑤募集资金运用符合国家政策规定。

为保障股票发行核准制的实施，提高 IPO 公司的素质和规范运作水平，证监会规定 IPO 之前，拟上市公司应聘请辅导机构进行上市前的辅导。辅导工作的总体目标是促进辅导对象建立良好的公司治理机制，形成独立运营和持续发展的能力，具备进入证券市场的基本条件。辅导内容主要是核查拟上市公司产权是否明晰，股权结构是否符合有关规定，核查拟上市公司是否做到了业务、资产、人员、财务、机构独立等内容。

公司进入实质发行时，要聘请保荐机构，保荐机构负责向证监会报送各类审核材料，同时公司须配合保荐机构进行股票的路演推介。路演的顺利与否直接决定着公司股票价格定价的高低，是个重要环节。发行价确定之后，采取线上申购与线下申购结合的方式发行股票。公司发行股票后，可以优化资本结构，完善公司治理，提高公司知名度，是公司发展的重要机遇。

目前在 A 股市场上，包括出版传媒、时代出版、华谊兄弟、中文在线等一大批传媒公司已经上市。

（二）借壳上市

借壳上市是指一家私人公司（Private Company）透过把资产注入一家市值较低的已上市公司（壳），得到该公司一定程度的控股权，利用其上市公司地位，使母公司的资产得以上市。通常该壳公司会被改名。

2006 年 5 月 24 日，上海新华传媒借壳华联超市登陆 A 股成为出版业首家上市公司，粤传媒则在 2009 年 11 月成功转板，这是从三板转中小板的首个案例。2008 年，科大创新正式更名为时代出版，表明安徽出版集团借壳科大创新成功登陆 A 股。同年，北京巴士更名为北巴传媒，将广告业务增加为公司业务。赛迪传媒、电广传媒、博瑞传播等亦如此。

以新华传媒为例，在其上市筹备的前期过程中分四步完成。第一步，新华发行集团出资设立“上海新华传媒股份有限公司”。第二步，新华发行集团向百联集团、百联股份、友谊集团、一百集团收购华联超市 45.06% 的股权，成为华联超市控股股东。第三步，新华发行集团用“新华传媒”与华联超市进行资产置换。第四步，完成股改，上市公司 600825 更名为“新华传媒”，公司主营业务由商业连锁业变更为文化传媒业务，商业模式也相应改变。2006 年 10 月，上海新华传媒股份有限公司成功借壳上市。

（三）资本市场再融资

再融资也就是已上市公司发行新股，既可以公开发行，也可以非公开发行。公开发行新股是指上市公司向不特定对象发行新股，包括向原股东配股和向不特定对象公开募集股份。非公开发行是指向特定对象发行股票。

公开发行新股一般要满足如下基本条件：①具备健全且运行良好的组织机构；②具有持续盈利能力，财务状况良好；③公司在最近 3 年内财务会计文件无虚假记载；④证监会规定的其他条件。对于配股还应满足如下规定：①拟配售股份不应超过本次配售股份前股本总额的 30%；②控股股东应当在股东大会召开前公开承诺认配股份的数量；③应采取《证券法》规定的代销方式进行。对于增发还应满足如下规定：①最近 3 个会计年度加权平均净资产收益率平均不低于 6%；②除金融类企业外，最近 1 季度期末不存在持有金额较大的交易型金融资产和可供出售的金融资产；③发行价格不低于公告招股意向书前 20 个交易日公司股票均价或前 1 个交易日的均价。

非公开发行股票一般要满足如下条件：①发行价格不低于定价基准日前 20 个交易日公司股票均价的 90%；②上市公司的控股股东、实际控制人、通过认购此次发行股份取得实际控制权的投资者及战略投资者在 36 个月以内不得出售股份；③募集资金使用应符合《上市公司证券发行管理办法》的规定。

公司确定发行股票后，应聘请保荐人，董事会做出决议后经股东大会批准，并提交证监会批准。

（四）私募股权融资

私募股权融资就是企业通过出让一部分股权而获得私募股权投资的一种融资手段。

中国的私募股权投资经历了三个阶段：第一个阶段开始于 1991 年，可投资金额从 1991 年的 1600 万美元迅速发展到 1995 年的 6.78 亿美元。这轮热潮主要是国际上的私募股权投资机构投资中国的国有企业。第二个阶段开始于 1998 年，这个阶段私募股权投资机构开始关注投资私营企业。随着改革开放的深化，证券市场的发展以及各项法律的健全，中国的私营企业得到了迅速发展。新浪和搜狐在美国纳斯达克的上市，是这个阶段的代表。越来越多的私营企业，在私募股权基金的支持下，成功登陆美国和香港证券交易市场。第三个阶段开始于 2004 年，也就是网络泡沫破灭后开始恢复的时候。中国的私募股权基金从 2004 年的 21 家迅速发展到 2018 年的 24432 家，投资金额也迅猛增长，截至 2018 年底，私募基金实缴规模 12. 79 万亿元。私募股权投资基金也开始不断地细分，伴随着创业板、新三板市场的发展，人民币基金的兴起以及各地政府的大力支持，中国的私募股权投融资市场的前景光明。

从类型上来说，私募股权融资可分为产业资本融资、财务资本融资与风险投资融资三种方式。下面分别予以阐述。

产业资本融资一般是同一行业的并购融资，产业资本融资大多都会采取控股的方式，以打通行业的上下游链条。产业资本投资期限一般比较长远，不会为了暂时的溢价而急于退出，因此对于企业的稳定发展很有好处。如果能吸引到行业内实力雄厚的企业投资，企业的发展更是会如虎添翼。但产业资本投资方大多要求有控股权，这是融资企业需要三思的地方。

财务资本投资是近年的热点。目前投资方基本是以黑石、凯雷等为代表的 PE 机构，财务资本的特点是期限短，金额大，不谋求控股权，较少参与管理。财务资本的意图很明显，就是在最短的时间内谋求最大的资本利得，除此之外的诉求不多。这一特点既是其优点，也是其缺点。优点在于只要企业发展前景良好，就可以较快筹集到资金，同时无须付出控股权的代价。但缺点在于财务资本的目光较短，为了尽快获取收益，可能会强迫企业采取某些刺激短期绩效的措施，从而伤害企业长远发展的潜力。近年来，财务资本开始流行与原股东签订“对赌协议”，如果在规定时间内，企业的财务指标达不到协议的要求，那么控股权就要易手。因此，企业在吸引财务资本的时候，务必要对前景有一个合理的把握预测，避免掉入陷阱。

风险投资（Venture Capital Investment）也被称为创业投资，是由一些专业人员或专门机构向那些刚刚成立或增长迅速、潜力很大、风险也很大的未上市新兴企业提供长期股权融资和增值服务，培育企业快速成长，数年后再通过上市、兼并或其他股权转让方式撤出投资，取得高额投资回报的一种投资方式。这种融资方式适合新成立的新兴传媒企业。这类企业往往具有较好的发展前景，可以吸引风险投资资本的注意。

总体而言，私募股权融资正日益成为企业的一种重要融资方式，它具有如下特点优势：

第一，私募股权融资为企业提供了稳定的资金来源。私募股权融资通常不会要求企业支付股息，因此不会对企业的现金流造成负担。投资后，私募股权投资者将成为被投资企业的全面合作伙伴，不能随意从企业撤资。

第二，私募股权融资不仅给企业提供了资金，而且为企业提供了高附加值的服务。私募股权基金的合伙人都是非常资深的企业家和投资专家，他们的专业知识、管理经验以及广泛的商业网络能够帮助企业成长。

第三，私募股权融资可以降低财务成本。发达国家企业的 CFO（首席财务官）的一个重要职责就是设计最优的企业资本结构，从而降低财务成本。通过股权融资和债权融资的合理搭配，企业不仅可以降低财务风险，而且可以降低融资成本。获得私募股权融资后的企业会有更强的资产负债表，会更容易获得银行贷款，进而降低贷款成本。

第四，私募股权融资提高企业内在价值。能够获得顶尖的私募股权基金本身就证明了企业的实力。与上市达到的效果类似，企业会因此获得知名度和可信度，会更容易赢得客户，也更容易在各种谈判中赢得主动权。获得顶尖的私募股权基金投资的企业，通常会更加有效率地运作，可以在较短时间内大幅提升企业的业绩。企业可以通过所融资金扩大生产规模，降低单位生产成本，或者通过兼并收购扩大竞争优势。企业可以利用私募股权融资产生的财务和专业优势，实现快速扩张。

三、资本结构概述

所谓资本结构，有广义和狭义之分。广义资本结构代表了对一家公司资产的主要权利，是指全部资本的构成比例关系，不仅包括长期资本，还包括短期资本。狭义的资本结构单指长期资本结构，即长期资本中债务资本与权益资本的构成与比例关系，即通常所说的资本结构。

资本结构理论基于实现企业价值最大化或股东财富最大化的目标，着重研究资本结构中长期债务资本与权益资本构成比例的变动对企业总价值的影响，同时试图找到最适合公司的融资方式和融资工具，目前，理论界和实务界对最优资本结构的存在性已经达成了共识，并且认为公司采用最优资本结构可以提升公司价值，实现股东利益最大化的目标。由于企业的融资行为必然会导致企业资本结构的变化，因此本节简单介绍资本结构理论。

在实务和理论界先后出现过净收益理论、净经营收益理论、传统理论和现代资本结构理论，其中以现代资本结构理论的影响最大。

净收益理论。这种观点认为，在公司的资本结构中，债权资本的比例越大，公司的净收益或税后利润就越多，公司的价值就越高。按照这种观点，公司获取资本的来源和数量不受限制，并且债权资本成本率和股权资本成本率都是固定不变的，不受财务杠杆的影响。

净营业收益理论。这种观点认为，在公司的资本结构中，债权资本的多寡，比例的高低，与公司的价值无关。按照这种观点，公司债权资本成本率是固定的，但股权资本成本率是变动的，公司的债权资本越多，公司的财务风险就越大，股权资本成本率就越高；反之则相反。经加权平均计算后，公司的综合资本成本率不变，是常数。因此，资本结构与公司价值无关。从而，决定公司价值的真正因素应该是公司的净营业收益。

传统理论。传统理论是一种介于净收益理论和营业收益理论之间的理论。传统理论认为，企业利用财务杠杆尽管会导致权益成本的上升，但在一定程度内却不会完全抵消利用成本率低的债务所获的好处，因此会使加权平均资本成本下降，企业总价值上升。但是，超过一定程度的利用财务杠杆，权益成本的上升就不再能为债务的低成本所抵消，加权平均资本成本便会上升。

MM 资本结构理论。所谓 MM 理论是指两位美国学者莫迪格里尼和米勒提出的学说，以其名字的首字母命名。MM 资本结构理论的基本结论可以简要地归纳为：在符合该理论的假设之下，公司的价值与其资本结构无关。公司的价值取决于其实际资产，而不是其各类债权和股权的市场价值。修正观点认为若考虑公司所得税的因素，公司的价值会随财务杠杆系数的提高而增加，从而得出公司资本结构与公司价值相关的结论。

但修正的 MM 模型仍然与现实存在较大的差距。首先，公司不可能总是盈利，所以平均未来有效税率会低于法定税率；其次，负债不是永恒和固定的，未来税盾收益的大小和期间也是不可确定的，根据税盾收益来调整资本结构将会存在较大的风险；再次，如果考虑到个人所得税，那么负债产生的企业所得税税盾收益会被股利的个人所得税所抵销。实际经验说明，每一位明智的财务经理都不会过度运用财务杠杆，许多财力雄厚的企业甚至不负债经营。历史上大多数美国公司的资产负债率小于 50%，它们更倾向于权益融资而非债务融资，多数公司支付大量税金，公司税已成为政府财政的一个重要来源。Agrawal 和 Nagarajan① 的研究表明：在纽约股票交易所大约有 100 家公司几乎没有长期负债。理论与实际的不一致说明考察资本结构与公司价值关系中，忽略了若干重要因素，包括个人所得税、财务危机成本等。

随后权衡理论在 MM 定理的基础上迈出了一大步。从实务应用角度看，权衡理论不仅注意到存在公司所得税情况下的负债抵税收益，还注意到负债所引发的财务危机成本和代理成本。均衡理论认为在负债收益和成

① Agrawal, A., and N. Nagarajan, "Corporate Capital Structure, Agency Costs, and Ownership Control: The Case of All - Equity Firms", Journal of Finance XLV, 1990, pp. 1325 - 1331.

本之间进行权衡后，企业存在一个最优资本机构的看法。从研究方法上看，权衡理论引入了均衡的概念，使企业资本结构具有了最优解，为现代企业融资结构研究提供了新思路。

20 世纪 70 年代后期，完美市场中“信息完全”假设被打破，以信息不对称理论为核心的新资本结构理论登上了学术舞台，由此形成了代理成本理论和信号传递理论。代理成本理论是经过研究代理成本与资本结构的关系而形成的。这种理论通过分析指出，公司债务的违约风险是财务杠杆系数的增函数；随着公司债权资本的增加，债权人的监督成本随之上升，债权人会要求更高的利率。这种代理成本最终要由股东承担，公司资本结构中债权比率过高会导致股东价值的减低。根据代理成本理论，债权资本适度的资本结构会增加股东的价值。信号传递理论认为，公司可以通过调整资本结构来传递有关获利能力和风险方面的信息，以及公司如何看待股票市价的信息。按照资本结构的信号传递理论，公司价值被低估时会增加债权资本，反之则相反。

20 世纪 80 年代中期，以资本结构管理控制学派和资本结构产品市场学派为代表的后资本结构理论得到了理论界的广泛关注。这一理论突破信息不对称理论框架的束缚，又兼容了新资本结构理论的成果，从公司控制、投入产成品市场和行业竞争的新学术视野来分析与解释资本结构难题。其中资本结构管理控制理论从公司治理角度，研究了现在企业内部人控制对资本结构的影响。该理论认为内部经理人而不是股东实质上掌握了公司的控制权。从经理人的角度看，内部融资是最好的选择，因为这既不影响经理人的控制权，也可以借投资之名，将前期企业收益转化为新项目投资，从而达到减少派发股利，增加经理人控制资金和掌控企业权利的目的，在需要进行外部融资时，经理人也会更加偏好股权融资而不是债权融资。

自从 MM 定理提出来之后，现代公司资本结构理论在放松假设→提出问题形成新理论提出问题的循环中不断发展，出现许多理论。然而，到目前为止，这个“公司最优资本结构”依然是个谜，仍然没有统一的理论体系对公司资本结构和融资问题进行完整的解释，以上各理论学派也仅仅是从某个特定角度对公司融资问题进行研究。正如 Myers① 对资本结构理论进行回顾一文中所提到的那样："目前仍没有一个大一统的资本结构理论被学术界和实务界所广泛认同，然而也没有理由期待这一理论的出现。现实中的资本结构是众多因素共同作用的结果，要区别出哪些因素更为重要确实不易。因此，应综合、全面地考虑公司资本结构的各种决定因素。"

① Mayers S. and Majluf N. 1984, "Corporate Financing and Investment Decisions When the Firm Has Information That Investors Do Not Have," Journal of Finacial Economics 13, pp. 187 - 221.

第三节
传媒企业投资概说

传媒企业融资之后，自然要运用这些资金进行投资，创造效益。本节将对传媒企业的投资做一简单论述，第一部分概况介绍当前传媒企业的投资方式；第二部分介绍传媒企业的并购投资；第三部分介绍传媒企业的投资政策。

一、传媒企业的产业投资方式

总体而言，传媒企业有如下五种投资方式。

第一种方式是直接投资于传媒的内容运营，出版社的图书出版业务就是典型的例子。在电视方面，许多投资者投资于电视节目制作发行，包括电视专题节目以及电视片制作公司等。在电影方面，一些电影制片公司（电影制片厂）的电影制作投资同样属于此列。比较典型的例子如光线传媒公司。光线传媒是以电视节目制作为核心业务的传媒娱乐机构，兼营广告、发行，娱乐活动、电视包装、娱乐网站、影视剧制作、演员经纪、媒体出版等多项娱乐与传媒业务，下属机构包括光线传媒有限公司、上海光线电视传播有限公司、北京光线时代资讯有限公司和光线传媒（香港）有限公司，并在广州、台北、成都和泉州设有分公司或办事处。经过几年的发展，光线传媒已经成为我国娱乐节目的重要制作公司之一。

第二种方式是直接投资于传媒的渠道网络运营。历史上，新华书店和邮政报刊投递公司是国内最大的国有媒介发行主渠道。在体制改革的强力推动下，中国的出版与图书发行领域都有了很大突破，外资也将获得越来越多的投资机会。2004 年 4 月初，作为事业单位改革重要组成部分的出版社开始改制，标志着我国的坚冰被打破。从 2004 年 12 月 1 日开始，我国对外资开放全国各地所有图书零售市场，意味着我国图书发行市场的竞争进入全新阶段。与此相对应的是，新华书店开始改制之路。其基本思路是：在保证总店为第一大股东的基础上，吸收其他资本，组建一家新的股份公司。相较于新华书店的改制，发行渠道完全开放则让民营书业如鱼得水。2004 年 4 月 20 日，山东世纪天鸿书业有限公司在北京宣布获得国家新闻出版总署颁发的出版物国内总发行权和全国性连锁经营权许可证。这也是自 2003 年 9 月《出版物市场管理规定》出台以来，国内首家民营书业公司同时获得这两项资格。

第三种方式是直接投资于针对各类媒介的广告运营。即一般意义上的广告经营公司。广告运营对于传媒产业经营的重要性是不言而喻的。目前，由于专业分工，国内多数传媒企业，在自身从事广告经营的同时，大量采取了广告代理的方式。因此，从事广告代理，对投资者而言也是机会多多。已经上市的分众传媒便是典型的例子。分众传媒成立于 2003 年，2004 年 3 月 UCI 维众投资、鼎晖国际投资和 TDF 基金联手美国知名投资机构 DFJ、WI - HARPER 中经合以及麦顿国际投资等联手注资分众传媒数千万美金。2005 年 7 月 13 日，分众传媒在美国纳斯达克成功上市，再次获得发展的重要机遇。2007 年 3 月 1 日，分众传媒宣布购并好耶广告网络，全面进军网络广告营销市场。目前分众传媒股份有限公司已经成为中国都市最主流的传媒平台之一，效果被众多广告主所认同肯定。

第四种方式是直接投资于为传媒产业链中其他环节所提供的配套服务，包括技术服务，受众研究和管理咨询等。几家致力于传媒增值服务的网站，如央视索福瑞、新华在线的传媒工场、赛迪顾问、慧聪传媒等。由世界著名的市场研究集团 TNS 与中国央视市场研究股份有限公司 CTR，在

1997 年合作成立央视—索福瑞媒介研究有限公司，目前已经成为中国国内最大的电视类媒体的收视率和市场研究公司。赛迪顾问作为一种新媒体，它在行业咨询、研究领域的影响已经越来越显著而广泛。

第五种方式是直接投资于为传媒产业链中其他环节提供基础性支撑的原创技术研发。传媒产业与新技术关系密切，原创技术的研发起着决定性作用。美国互联网产业之所以占据绝对优势，就是因为其原创技术遥遥领先于世界各国。我国互联网之所以能够紧跟美国之后，缘于中国人口基数大，同时传统产业发展水平低，互联网应用空间既广阔又层次多样，中国互联网产业主要通过对互联网技术的应用，通过商业模式创新，实现了“弯道超车”。但中国互联网仅仅在商业模式方面创新是无法保持其持续稳健发展的。近年来，中国互联网巨头开始着力于技术原创投资。

[案例分析]

阿里巴巴

2017 年 10 月，阿里巴巴创立达摩院，由三大主体组成：一是在全球建设的自主研究中心；二是与高校和研究机构建立的联合实验室；三是全球开放研究项目—阿里巴巴创新研究计划（AIR 计划）。3 年投资 1000 亿元，涵盖量子计算、机器学习、基础算法、网络安全、视觉计算、自然语言处理、人机自然交互、芯片技术、传感器技术、嵌入式系统等，涵盖机器智能、智联网、金融科技等多个产业领域。

点评：阿里巴巴从电商平台着手，逐步发展为涵盖了电商平台、智能物流、线下商业、互联网金融、传媒娱乐业等全面发力的商业生态系统，在这一发展过程中，阿里巴巴深刻体会到了原创技术的关键性作用。2017 年 10 月达摩院的创立，标志着中国互联网产业开始注重原创技术创新，走原创技术创新和商业模式创新双轮驱动的升级发展之路。

第六种方式是传媒产业的资本运营。所谓传媒资本运营，指将传媒企业所拥有的可经营性资产，既包括和新闻业有关的广告、发行、印刷、信息、出版等资产，也包括媒介所经营的其他产业部分，都视为可以经营的价值资本。通过价值成本的流动、兼并、重组、参股、控股、交易、转让、租赁等途径进行运作，优化资源配置，扩张传媒资本规模，最大限度地实现资本增值的一种资本运营与管理模式。

资本运营对传媒产业的发展而言，具有显著意义：一是可以盘活媒介的可经营性资产，盘活媒介的无形资产，发挥媒介的品牌优势，使媒介整体资产增值；二是可以在短期内迅速筹集产业发展所需的大量资金，是媒介能够以少量的国有资产控制大量的社会资金，以壮大自身经济实力；三是可以提高媒介的抗风险能力和竞争力，克服媒介产业结构单一，经营空间狭小，经济来源过于集中的经营缺陷；四是能够促进传媒企业改革内部运行机制，加强内部企业化管理，实行集约化经营，建立完善的监督机制和财务制度，促进传媒企业采编部门与经营部门、采编人员与经营人员分开，杜绝新闻宣传和经营管理中的腐败行为；五是促进和实现行政调控。

二、传媒企业的并购投资

国际传媒巨头的成长经历就是一部并购史。事实上，我们只要看一看在美国证券市场上挂牌的、国际上最著名的几家大的跨国传媒巨头几十年成长的历程，无一不是在一次又一次的并购中逐步成长起来的。

企业并购之所以发生主要是基于以下几种理论：

效率增加理论。这里的管理效率是指两家公司的管理质量差别及其由此产生的经营效益差别，通过并购将给新公司带来一个潜在的收益增量和经营效率的改善。一方面它将有利于改进管理层的经营业绩；另一方面它将导致某种更有效率的实体的产生。具体表现为：能够使两家效率不一致的公司在并购之后，效率较低的目标公司的管理效率将提高到效率较高的收购公司的水平上；能够使两家在不同领域具有优势的公司，在机器、人员、经费支出、研发、营销等方面的经营效率进一步提高以增加新公司的收益；能够使并购公司中积累的管理资本得以保存，并在完成收购之后得以进行战略重新调整，从而获得新的管理技巧。以增加新公司进入新增长领域或迎接新竞争威胁的能力，并在新的领域中得到更大的发展：能够使新公司实现多元化经营，当新公司所在的某个行业衰退时，新公司就可以向其所拥有的其他行业转移来减少损失，以实现其持续和稳定增长，从而拥有更强的抵御市场风险的能力。

经营协同效应理论。经营协同效应的理论假设是：在行业中存在规模经济，并且在资产重组之前，公司的经营活动水平达不到实现规模经济的潜在要求。在横向合并方面，它包括能力互补性的概念。例如，一家研发能力强而销售能力弱的公司和一家销售能力强而研发能力弱的公司合并，可以实现优势互补，从而导致新公司经营上的协同效应。在纵向合并方面，将行业处于不同发展阶段的公司联合在一起，可能会使新公司获得不同水平间的更有效协同。其理由是通过纵向联合可以避免相关的联络费用和各种形式的交易费用。另外，完成并购之后，新公司往往能够通过水平式或垂直式的整合活动，使新公司的经营规模扩大，从而提高新公司的市场占有率，减少竞争对手，增强新公司的市场威慑力，获得更多的垄断利润。

多样化经营的动机。管理层和其他雇员为了保持组织资本以及在财务和税收方面的优势可能会寻求多样化经营。第一，与股东可以在资本市场上对许多不同的公司进行分散投资的状况不同，公司雇员只有一个有限的机会分散其劳动收入来源。企业的多样化经营可以带给管理者和其他雇员工作的安全感和提升的机会，并且在其他条件相同的情况下，还会导致劳动力成本降低。第二，在企业理论中，企业中有关雇员的资料会随着时间的推移而逐渐积累起来。这些资料在某种程度上是企业专有的，是用来将雇员与工作岗位进行有效的匹配，或在特定的工作中对雇员进行有效的搭配。这意味着管理小组和其他小组是在企业之中形成的。当企业被清算时，这些组合会被破坏，该组织的价值也会随之失去，多样化经营则可以保证企业活动的平稳过渡以及企业小组和组织的连续性。第三，企业还拥有声誉资本，顾客、供应商和雇员可以利用这一资本与企业建立联系。剩余资本是企业长期通过特有的（因此是不可挽回的）对广告、研究与开发投入、固定资产、人员培训以及机构发展等方面的投资而获得的。多样化经营有助于保持企业的声誉资本。第四，多样化经营可以提高企业的举债能力并降低未来税款责任的现值。虽然多样化经营也可以通过内部发展完成，但通常经由兼并达到多样化经营要优于内部发展的途径，而且兼并活动可以更快地实现多样化经营。

财务协同效应理论。财务协同理论假设两家兼并企业之间的互补性不是管理能力方面的，而是可行的投资机会与内部现金流的匹配，以及税负的降低。一家衰退行业内的公司将产生大量的现金流，因为对它来说有吸引力的投资机会很少。而一家成长行业的公司的投资机会所需的资金要多于可用于投资的现金。资产重组后的新公司由于较低的内部资金成本、可能风险的降低、开办费的节省以及资本配置的改善，将会有较低的资本成本。而且，在公司实施兼并之后，自由现金流量（指公司的现金在支付了所有净现值为正的投资计划后所剩下的现金流量）的减少有助于化解管理层与股东之间的冲突。拥有较大自由现金流量的公司中，管理层的控制权会随之增大，在活动范围加大的同时代理成本也会急剧增加；当公司进行资产重组活动后，自由现金流量减少了，新公司要再度投资必须到资本市场上重新融资，此举又将使管理层的活动权力减少，甚至受到更多的监督，从而降低代理成本，增加新公司价值。另外，在实施兼并过程中，当收购公司有过多账面盈余，而目标公司盈利较少甚至亏损而享受税负优惠时，资产重组可以降低新公司的税负支出。而且，如果政府主动以税负减免的方式鼓励公司兼并时，这一好处将更加明显。

[案例分析]

博瑞传播两次并购带来资本市场较好反应

博瑞传播2007年和2009年的两次重要并购活动均带来了资本市场的较好反应。

2007年11月，博瑞传播（600880）宣布以6380万元的价格收购北京手中乾坤信息技术有限公司20%的股权。手中乾坤是中移动增值业务服务提供商，主要运营手机游戏和手机视频服务，并已启动手机分类信息网的运营，同时拥有中国移动的WAP全网业务接入资格、百宝箱业务全网运营资质和信息产业部“跨地区增值电信业务经营许可证”。收购手中乾坤标志着博瑞传播开始进军新媒体领域。近年来，在网络和手机新媒体强势增长的冲击下，传统媒体市场份额逐步缩小，广告收入增幅放缓，为获取新媒体因迅速发展而呈现出的巨大成长空间，博瑞传播早在2005年就提出了“新兴媒体内容供应商”的发展思路，并于2007年成功参股“手中乾坤”项目，这无论从投资收益还是业务发展的角度看，对博瑞传播都具有战略意义。

2009年5月，博瑞传播公告将收购网络游戏公司成都梦工厂100%的股权。梦工厂是非上市的国内较为优秀的网游企业，具有的独立游戏开发能力，已形成独具特色的“侠义道”产品系列，并具备一定的自主运营能力。收购成都梦工厂不仅可以使博瑞传播享受网游业务发展的进程，还为其手机游戏业务提供资源，并使其有机会抢先进入即将高速发展的游戏内置广告产业。这不仅完善了公司的新媒体业务种类，还打开了公司向全国拓展广告业务的通道。

如图2－1圆圈标示部位所示，我们可以看到，在博瑞传播两次收购的时点上，均带来了资本市场的较好反应。

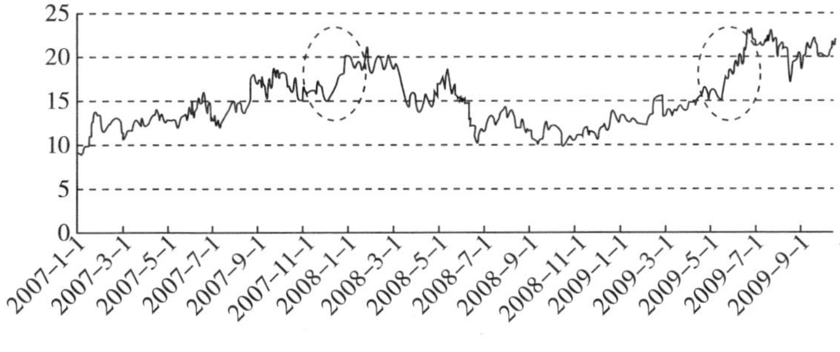

图2－1　博瑞传播近来两次重要收购均带来资本市场较好反应

数据来源：Bloomberg。

点评：博瑞传播的两次资产收购都是在其明晰的发展战略指导下进行的，都立足于传媒业数字化的发展趋势，所收购资产质量较好，因而得到了资本市场的正面回应。

第三章　传媒企业上市融资

第一节

传媒企业上市融资概说

传媒产业是一个具有较高的资本门槛和规模效应的行业，从国内外经验来看，传媒产业发展已普遍趋向于大资本、大融合的跨媒体集团模式。近年来，随着文化体制改革的不断深入，我国的传媒产业不断进行产业化、市场化经营的积极探索。目前，加快进入资本市场已经成为我国传媒产业的发展趋势，传媒企业利用资本做大做强，已经成为内地传媒产业的行业共识。随着中国资本市场发展和文化体制改革的推进，传媒企业上市面临着前所未有的战略机遇。

一、传媒企业上市的政策环境

纵观中国上市公司的发展历程，可以看到，上市公司的命运与中国宏观政策环境息息相关。媒介上市公司更是如此。随着文化体制改革的不断深入，我国传媒业开始出现集团化与资本化的趋势，媒介上市与多元化经营相继涌现。在这方面，国家在宏观政策方面是不断开放创新的过程。

2001 年初，全国宣传部长会议提出“宏观管理机制创新、微观领域结构创新、市场组织体系创新、投融资体制创新”四个创新，资本经营开始提速。

2001 年 8 月，中办、国办发布《关于转发中央宣传部、国家广电总局、新闻出版总署〈关于深化新闻出版广播影视业改革的若干意见〉的通知》（17号文件）。通知内容主要有三条：一是推进集团化建设，首次明确要求积极推进集团化；二是媒体可以跨行业、跨地区经营；三是媒体的经营性资产可以上市。针对这三条内容，新闻出版总署、广电总局等有关部门陆续下发了一些实施细则，对传媒业的并购和上市做出了具体规定。

中国证监会在2002年颁布的《上市公司行业分类指引》中，将"传播与文化产业"确定为上市公司的13个基本产业门类之一，明确回答了一直以来人们对"传媒业是不是产业，传媒业能不能上市"的争论，为传媒和文化企业上市融资提供了政策依据和准入范畴的标准。同年，深圳证券交易所推出了传播与文化产业指数，这对推动媒介与资本市场的结合，具有十分积极和深远的意义。

2002年7月2日，新闻出版总署印发《关于贯彻落实〈关于深化新闻出版广播影视业改革的若干意见〉的实施细则》（新出办〔2002〕591号）的通知，打破了传媒投资只允许"国有资本"进入的限制，在强调"国有资本"不低于51%的同时，同意试点发行集团可吸收"非国有资本和境外资本"，拓宽了传媒投融资渠道。

2003年12月，国务院办公厅颁发《关于印发文化体制改革试点中支持文化产业发展和经营性文化事业单位转制为企业的两个规定的通知》（105号文件），有效期为2004年1月1日到2008年12月31日。105号文件从财政税收、投资和融资、资产处理、工商管理、价格等方面做了试用于试点单位和试点地区的具体政策规定，这一文件细化了各类资本进入传媒的具体细则。与前一阶段政策相比，投融资政策进一步放开，如通过股份制改造实现投资主体多元化的文化企业，符合条件的可申请上市。这直接推动了《北京青年报》在香港的成功上市。

2005年8月，国务院颁布《关于非公有资本进入文化产业的若干决定》（国发〔2005〕10号）（以下简称《决定》），开放非公有资本进入出版印刷、发行和新闻广告经营、发行领域，但国有资本必须控股51%以上。《决定》对非公有资本进入文化产业，分成了鼓励、限制和禁止三种情况，对于非公有资本进入文化产业有很强的导向性。根据我国加入世贸组织承诺对外资放开的程度，明确鼓励和支持民营资本进入，并在股权比例和相关领域等方面对民营企业进一步放宽。鼓励和支持民营资本参与一些领域的国有文化单位股份制改造，对于民营资本所占股份作了限制。同时，明确规定不允许民营资本进入新闻媒体和新闻宣传业务等领域。

2006年1月，中共中央、国务院发出《关于深化文化体制改革的若干意见》（14号文件），这是新中国成立以来，党中央、国务院第一次就文化体制改革做出重大决策。该文件首次允许转制为企业的文化单位，可以吸收部分社会资本，进行投资主体多元化的股份制改革，明确提出鼓励大型国有文化企业和企业集团实行跨地区、跨行业兼并重组、鼓励同一地区的媒体下属经营性公司之间互相参股。对于国有文化事业单位转制成功、完成股份制改造并符合上市条件的，经批准可申请上市。这意味着包括上市融资在内的资本运营作为一种资源运用的新手段，将在我国出版传媒业中发挥越来越重要的作用。

2006年9月，国务院发布的《“十一五”时期文化发展规划纲要》，再次提出以创新体制、转换机制、面向市场、壮大实力为重点，按照现代企业制度的要求，加快国有文化企业的公司制改造，完善法人治理结构。推进产权制度改革，实行投资主体多元化，使国有和国有控股的文化企业真正成为自主经营、自我约束、自我发展的市场主体。加快国有文化企业的股份制改造，2010年前国有独资文化企业基本完成规范的公司制改造，推出一批主业突出、核心竞争力强的上市文化公司。

2008年10月，国务院办公厅颁发《关于印发文化体制改革中经营性文化事业单位转制为企业和支持文化企业发展两个规定的通知》（114号文件），执行期限为2009年1月1日到2013年12月31日。该文件包括两个规定：一是《文化体制改革中经营性文化事业单位转制为企业的规定》；二是《文化体制改革中支持文化企业发展的规定》。114号文件出台的一个最直接原因是105号文件的执行期限于2008年底到期，需要发新文件进行政策的延续。而114号文件与105号文件在名字上的明显变动，去掉了

“试点”二字，也彰显管理层加强对文化企业扶持力度的意图。114 号文件明确强调，经营性文化事业单位转制为企业后，免征 2009—2013 年的企业所得税；党报、党刊将其发行、印刷业务及相应的经营性资产剥离组建文化企业，所取得的党报、党刊发行收入和印刷收入免征增值税；同级财政可一次性拨付一定数额的资金，用于转制企业的资产评估、审计、政策法律咨询等；通过公司制改造实行投资主体多元化的文化企业，符合条件的可申请上市；鼓励已上市文化企业通过公开增发、定向增发等再融资方式进行并购和重组；鼓励文化企业进入创业板融资。

2009 年 3 月，财政部、国家税务总局相继发布了《关于文化体制改革中经营性文化事业单位转制为企业的若干税收优惠政策的通知》和《关于支持文化产业发展若干税收政策问题的通知》，规定经营性文化事业单位转制以后可以在 2009 年 1 月 1 日至 2013 年 12 月 31 日继续享受企业所得税免税政策，这是对文化企业的最直接支持手段，在此期间，出版传媒、时代出版、歌华有线以及电广传媒旗下的有线电视网络集团都按此政策享受所得税免税的优惠。

2009 年 4 月 1 日，新闻出版总署出台了《关于进一步推进新闻出版体制改革的指导意见》，明确了下一阶段推进新闻出版体制改革的工作重点，继续完善新闻出版单位体制改革的政策保障。指导意见提出了更清晰的新闻出版体制改革路线图和时间表，除明确为公益性的图书、音像制品和电子出版物单位外，所有地方和高等院校经营性图书、音像制品和电子出版物单位在 2009 年底前完成转制，所有中央各部门各单位经营性图书、音像制品和电子出版物单位在 2010 年底前完成转制，已经完成转制的新闻出版单位要按照《公司法》的要求，加快产权制度改革，完善法人治理结构，建立现代企业制度，尽快成为真正的市场主体。新闻出版单位不仅要积极转制，还要积极推进跨地区、跨媒体、跨行业、跨所有制的整合，通过市场法则实现优势互补、资源共享，其中最好、最彻底的方式就是实现上市融资。

2009 年 7 月 22 日，国务院常务会议讨论并通过了《文化产业振兴规划》，这标志着文化产业地位显著提升，文化产业发展已经上升到了国家战略层面，成为提升国家软实力的重大举措。振兴规划降低了文化产业准入门槛，对培育国有大型文化骨干企业、推进区域传媒资源整合、扩大文化消费、资金支持、上市融资、人才培养等多方面进行了部署，意义重大，影响深远。《文化产业振兴规划》的重点是“大传媒”产业，大媒体时代意味着传播技术的大飞跃、传播媒介的大融合、媒体形态的大演变、传媒格局的大洗盘。相应地，对传媒企业来说，大媒体时代就意味着发展战略、运行机制、产品形态、营销策略的大调整。

2009 年 9 月，国家发改委、广电总局联合发布《关于加强有线电视收费管理等有关问题的通知》，要求全面梳理涉及有线电视收费项目，合理制定有线收费标准，认真研究落实收费减免政策，切实做好整转中相关工作。通知的公布旨在减轻有线电视运营商资本支出压力并为收视费提价寻求平衡点。一方面，各地政府对数字电视运营成本的审计工作提速，数字电视运营商可能迎来新一轮的收视费提价；另一方面，政府通过对低收入家庭收视费进行减免和增加财政投入等方式降低平移难度。

2010 年 3 月 5 日，第十一届全国人大三次会议上的政府工作报告中再次明确要“加快推进文化体制改革”。

近年来，党和国家又发布了一系列涉及传媒产业发展的政策，在这些政策中，国务院《关于促进信息消费扩大内需的若干意见》、党的十八届三中全会通过的《中共中央关于全面深化改革若干重大问题的决定》、党的十八届五中全会通过的《中共中央关于制定国民经济和社会发展第十三个五年规划的建议》等尤为重要。这些重要文件都鼓励传媒与资本结合，大大改善了传媒资本市场与资本运营的政策环境，有利于我国文化传媒企业上市融资。

因此，虽然目前文化传媒企业在证券市场所占比重还较小，但以上政策的出台正在推进文化传媒产业跨媒体、跨区域、跨行业发展，不仅上市公司可以利用已有的资本平台进行资源整合、收购兼并，而且越来越多的传媒企业将通过 IPO、借壳等方式进入资本市场，催生传媒企业上市潮。

二、我国多层次资本市场发展状况

我国资本市场从20世纪90年代初发展到现在，已经由场内市场和场外市场两部分构成。其中，场内市场由主板（含中小板）和创业板（俗称二板）、场外市场由全国中小企业股份转让系统（俗称新三板）和区域性股权交易市场、证券公司主导的柜台市场构成，可以说，我国已初步形成了多层次资本市场体系。

（一）一板市场

我国一板市场就是主板市场，是我国证券发行、上市及交易的主要场所。主板市场对发行人的营业期限、股本大小、盈利水平、最低市值等方面的要求标准较高，上市企业多为大中型成熟企业，具有较大的资本规模以及稳定的盈利能力。

我国主板市场包括大企业板和中小企业板。1990年11月26日，上海证券交易所成立。1990年12月1日，深圳证券交易所成立。这两个证券交易所的成立标志着我国资本市场正式诞生。最早在沪深股市上市的公司都是我国的大型国企，这些上市公司构成了主板市场中的大企业板。

2004年5月，经国务院批准，中国证监会批复同意深圳证券交易所在主板市场内设立中小企业板块。

（二）二板市场

二板市场又称为创业板市场，在中国特指深圳创业板。创业板市场设立目的主要是扶持中小企业，尤其是高成长性科技企业，为风险投资和创投企业建立正常的退出机制，为自主创新国家战略提供融资平台，是多层次资本市场体系建设的重要举措。因此，我国创业板市场在上市门槛、监管制度、信息披露、交易者条件、投资风险等方面和主板市场有较大区别。

2009年3月31日，中国证监会正式发布《首次公开发行股票并在创业板上市管理暂行办法》，2009年10月23日，中国创业板举行开板启动仪式，首批上市的创业板公司28家。

（三）三板市场

我国的三板市场指的是全国中小企业股份转让系统，是经国务院批准设立的全国性证券交易场所，全国中小企业股份转让系统有限责任公司为其运营管理机构。三板市场原指中关村科技园区非上市股份有限公司进入代办股份系统进行转让试点，因挂牌企业均为高科技企业，不同于原转让系统内的退市企业及原STAQ、NET系统挂牌公司，故被称为新三板。

2012年9月20日，全国中小企业股份转让系统有限责任公司在国家工商总局注册成立，注册资本30亿元。上海证券交易所、深圳证券交易所、中国证券登记结算有限责任公司、上海期货交易所、中国金融期货交易所、郑州商品交易所、大连商品交易所为公司股东单位。

新三板市场的定位是以机构投资者和高净值人士为参与主体，为中小微企业提供融资、交易、并购、发债等功能的股票交易场所，因此，其市场生态、研究方法、博弈策略、生存逻辑等，都和以中小散户为参与主体的沪深股票市场有着明显区别。

截至2017年11月21日，在新三板挂牌企业数量已达到11651家，年内净增1488家挂牌企业。在新三板挂牌公司中，中小微企业占比达94%，高新技术企业占比达65%。

在新三板挂牌，对企业有如下意义。

1. 获得资金扶持

根据各区域园区及政府政策，企业可享受园区及政府补贴。如根据《中关村国家自主创新示范区支持企业改制上市资助资金管理办法》，企业可申请改制资助，每家企业支持20万元，企业进入股份报价转让系统挂牌的可获得50万元资金支持。

2. 促进企业的规范治理，促进企业健康发展

《国务院关于全国中小企业股份转让系统有关问题的决定》中对在新三板挂牌的企业是有要求的，申请挂牌的公司可以尚未盈利，但需要股权

结构清晰、经营合法规范、公司治理健全、业务明确并履行信息披露义务。因此，凡是想在新三板上市的企业，都首先进行法人治理结构方面的整治，以增加企业的透明度，提升企业声誉，挂牌后更要严格按照规范进行公司的运营管理。

3. 提升企业品牌形象，提升企业信用等级，为企业提供更多的融资机会

在新三板挂牌是一次很好的宣传机会，有利于企业提升品牌形象、提高企业信用等级，有利于多方面拓宽融资渠道。

（1）在新三板市场上，企业可以通过券商利用做市商制度定向增发股票进行股权融资，还可以通过新三板的股权交易渠道进行股权交易，提升股票流动性。

（2）通过在新三板挂牌，使企业获得更好的信用评级，企业更容易拿到更高的银行授信额度，获得银行贷款。

（3）便利融资：新三板（上市公司）挂牌后可实施定向增发股份，提高公司信用等级，帮助企业更快融资。

4. 为企业估值提供客观的市场标准，实现财富增值

在没有新三板市场之前，创业公司价值的估值存在难点。创业公司在新三板挂牌后，通过新三板市场的集中竞价交易方式可以确定一个较为合理的价位，有利于业绩突出的创业公司实现财富增值。

例如，创立于 2015 年 6 月 16 日的英雄互娱，创立后即在新三板挂牌。到 2016 年 5 月 20 日，英雄互娱的收盘价为 165 元，较红杉资本初次投资时的 1.33 元涨了 124 倍；总市值达 228.71 亿元，成为当时除九鼎集团、中科招商、硅谷天堂等投资机构外新三板市值最高的企业。

5. 便于企业并购重组

借助新三板设立的股权转让渠道，新三板挂牌企业可以更加快捷、合法地对别的企业进行或被别的企业并购，有利于资源的整合。

例如，英雄互娱 2015 年 6 月在新三板挂牌后，分别在当年 9 月和 10

月，以 9.6 亿元的价格，收购了畅游云端（北京）科技有限公司。2016 年 6 月，英雄互娱以 4.945 亿元收购深圳市奇乐无限软件开发有限公司 100% 的股权。畅游云端成立于 2013 年 6 月，是国家高新技术企业。公司在实时网络通信、游戏引擎技术及优化等方面，有丰富的积累。奇乐无限主要运营手机游戏的发行、推广等。英雄互娱收购畅游云端和奇乐无限，有助于提升英雄互娱在游戏领域的市场竞争，提高英雄互娱资产质量和增强持续经营能力。

6. 有利于企业转板上市

到目前为止，新三板可以看作中国的初创企业板，主要目的就是解决初创企业的融资问题，为股权交易创造条件，为 PE、VC 提供更多的退出渠道。但由于各种条件的限制，新三板的融资功能和股权交易功能还不能充分发挥。很多企业是希望通过在新三板挂牌，最终实现在主板和二板市场上市。

2017 年 7 月 4 日，中国证监会发布《中国证监会关于开展创新创业公司债券试点的指导意见》，意见明确指出，要重点扶持已纳入全国中小企业股份转让系统创新层的挂牌。从 2017 年新增 349 家挂牌企业上市辅导可以看出，现阶段新三板苗圃功能更突出。通过在新三板挂牌，经过一段时间的孵化，一批优秀企业有可能通过新三板这个桥梁进入主板、二板市场。

例如，世纪天鸿成为首家成功由新三板转至 A 股的教育公司，该公司曾于 2015 年 9 月挂牌新三板，2017 年 7 月获 IPO 批文。世纪天鸿用了不到两年时间，成为第一家从新三板转板至创业板的出版企业。2017 年 8 月末世纪天鸿从新三板摘牌。

但从长远来看，新三板市场是多层次资本市场里面重要组成，未来新三板有望成为真正意义上的价值投资市场。正是基于这样的考虑，新三板在 2013 年 12 月扩容后，2016 年 5 月 27 日，全国中小企业股份转让系统挂牌公司公布《全国中小企业股份转让系统挂牌公司分层管理办法（试行）》。自 2016 年 6 月 27 日起，全国股转公司正式对挂牌公司实施分层管理，设立创新层和基础层，新三板进入分层时代。

新三板从盈利能力、成长性、市场认可三个维度确定创新层企业。

标准一：

（1）最近两年连续盈利，且平均净利润不少于2000万元。

（2）最近两年平均净资产收益率不低于10%。

（3）最近3个月日均股东人数不少于200人。

标准二：

（1）最近两年营业收入连续增长，且复合增长率不低于50%。

（2）最近两年平均营业收入不低于4000万元。

（3）股本不少于2000万元。

标准三：

（1）最近3个月日均市值不少于6亿元。

（2）最近一年年末股东权益不少于5000万元。

（3）做市商家数不少于6家。

上述三个标准只要符合一个即可。标准一侧重于挂牌公司的盈利要求，适合于盈利能力较强、相对成熟的挂牌公司；标准二侧重于挂牌公司的成长性要求，适合处于初创期、高速成长的中小企业；标准三侧重于挂牌公司的做市市值要求，适合于商业模式新颖、创新创业型企业。

满足上述规定进入创新层的挂牌公司，还应当满足以下条件：

（1）最近12个月完成过股票发行融资（包括申请挂牌同时发行股票），且融资额累计不低于1000万元；或者最近60个可转让日实际成交天数占比不低于50%。

（2）公司治理健全，股东大会、董事会和监事会制度、对外投资管理制度、对外担保管理制度、关联交易管理制度、投资者关系管理制度、利润分配管理制度和承诺管理制度完备；公司设立董事会秘书并作为公司高级管理人员，董事会秘书取得全国股转系统董事会秘书资格证书。

通过新三板分层，可以对挂牌企业在交易制度、发行制度、信息披露的要求等制度供给方面进行差异化的服务和管理，以促进新三板市场持续、健康发展。

2016年第一届创新层企业有951家，创新层占挂牌企业总数的12.4%。2017年5月30日，第二届创新层企业有1393家，创新层占挂牌企业总数的11.85%。而这10%左右的创新层企业在交易方面占了50%的份额，创新层的意义由此可见。

有专家认为，为了鼓励新三板企业不断创新，创新层企业比重应当由目前的11%～12%提高到30%左右。在创新层中，还可以再进一步分出精选层，这样更便于投资者进行投资交易。

(四) 四板市场

四板市场是指区域性股权交易市场，它们是为特定区域内的企业提供股权、债券的转让和融资服务的私募市场，一般以省级为单位，由省级人民政府监管。

四板市场前身大多是从20世纪90年代初由各地方政府出资设立，以配合国企改革、服务地方国有产（股）权流转融通为目的而设立的各种地方性产权交易中心。2012年8月，证监会发布了《关于规范证券公司参与区域性股权交易市场的指导意见》，从政策层面首次确认中国多层次资本市场包括四个层次。因此，目前的四板市场也被称作“新四板”，因其主要服务于新产业、新业态、新模式、新技术，也叫“四新板”。四板市场为处于初创期和发展期的、尚未进入更高层次资本市场板块的中小微企业提供综合性金融服务，具有区域性、私募性、证券性、灵活性等特征，是多层次资本市场的重要组成部分，与更高层次资本市场板块建立有机衔接机制。

目前全国建成运营的区域性股权市场达40家，共有挂牌企业1.6万余家，还有5.8万余家展示企业，各类融资累计6800多亿元。

四板市场的发展有如下意义：

（1）四板市场门槛相对较低、服务方式灵活，可以为中小微企业提供个性化和多样化的资本市场服务，拓宽中小微企业直接融资渠道。

（2）通过四板市场与资本市场杰出，促进中小微企业规范公司治理，为其进一步发展奠定基础。

（3）四板市场的建设发展有利于增强政府扶持中小微企业政策措施资金使用的规范性和透明度，也有助于整合各类资源为区域经济建设服务，打造区域性经济金融中心。

（4）四板市场可以弥补现有公开市场的不足，有利于做大上市资源基数，与沪深证券交易所、全国中小企业股份转让系统形成错位发展、有序衔接、功能互补的多层次资本市场体系。

正是出于这样的考虑，上海证券交易所和深圳证券交易所都分别对北京、上海、深圳前海等十多家四板市场进行投资，以便尽早布局。

三、传媒企业上市的利与弊

（一）有利因素

1. 有利于传媒企业获得长期稳定的低成本资金

筹集资金是证券市场的首要功能，证券市场以证券形式为资金需求者和供给者提供了一种良好的机制和场所。在各种融资方式中，通过发行股票获得的资金使用时间最长，而且无须定期支付利息，避免了支付风险，可以视为无期限的永久性融资。

在企业上市融资中，可分为IPO（首次公开募股）融资和再融资两大类。而在再融资中，又分为配股、增发和发行可转换债券三类。我们下面就以增发中的定向增发为例，看看从2016年1月到2017年12月中国A股文化传媒类企业的融资情况（见表3－1）。

表3－1　2016年1月至2017年12月中国A股文化传媒类企业定向增发一览表

发行日期	证券简码	代码	募资规模（亿元）	大股东认购比例（%）	大股东认购方式	主承销商/财务顾问
2016－01－06	大晟文化	600892. SH	15. 39	—	—	广发证券
2016－01－21	深大通	000038. SZ	19. 57	—	—	广州证券
2016－01－28	当代明诚	600136. SH	6. 00	16. 67	现金	国金证券，天风证券

续表

发行日期	证券简码	代码	募资规模（亿元）	大股东认购比例（%）	大股东认购方式	主承销商/财务顾问
2016－01－28	当代明诚	600136. SH	8. 09	—	—	国金证券，天风证券
2016－04－01	北京文化	000802. SZ	28. 94	—	—	海通证券
2016－04－07	分众传媒	002027. SZ	50. 00	—	—	华泰联合证券，广发证券，西南证券，中国国际金融
2016－04－13	东方网络	002175. SZ	5. 91	—	—	安信证券
2016－04－18	联创互联	300343. SZ	9. 73	—	—	西南证券
2016－04－18	联创互联	300343. SZ	12. 29	—	—	西南证券
2016－04－26	蓝色光标	300058. SZ	8. 30	48. 19	资产	华泰联合证券
2016－04－27	思美传媒	002712. SZ	1. 45	—	—	中信建投证券
2016－04－27	思美传媒	002712. SZ	2. 90	69. 23	现金	中信建投证券
2016－06－29	联建光电	300269. SZ	11. 20	—	—	东兴证券
2016－06－29	联建光电	300269. SZ	13. 18	—	—	东兴证券
2016－06－29	深大通	000038. SZ	27. 50	—	—	广州证券
2016－08－02	中南文化	002445. SZ	4. 35	—	—	金元证券
2016－08－02	中南文化	002445. SZ	8. 70	—	—	金元证券
2016－08－05	中文在线	300364. SZ	20. 00	—	—	中信证券
2016－08－15	天舟文化	300148. SZ	10. 81	—	—	国金证券
2016－08－31	广电网络	600831. SH	7. 55	—	—	国泰君安证券
2016－09－01	利欧股份	002131. SZ	7. 25	—	—	中国民族证券，民生证券
2016－09－01	皖新传媒	601801. SH	20. 00	—	—	国金证券
2016－09－01	利欧股份	002131. SZ	4. 15	—	—	中国民族证券，民生证券
2016－09－08	天舟文化	300148. SZ	11. 44	—	—	国金证券
2016－09－21	省广股份	002400. SZ	22. 39	—	—	东兴证券
2016－09－23	华录百纳	300291. SZ	21. 91	25. 01	现金	中信建投证券
2016－12－05	欢瑞世纪	000892. SZ	30. 00	—	—	新时代证券

续表

发行日期	证券简码	代码	募资规模（亿元）	大股东认购比例（%）	大股东认购方式	主承销商/财务顾问
2016－12－16	浙数文化	600633. SH	19. 50	10. 26	现金	湘财证券
2016－12－28	欢瑞世纪	000892. SZ	15. 30	—	—	新时代证券
2017－02－21	蓝色光标	300058. SZ	17. 50	—	—	华泰联合证券，瑞信方正证券
2017－03－17	思美传媒	002712. SZ	8. 91	—	—	国信证券
2017－03－29	中南文化	002445. SZ	4. 01	—	—	广发证券
2017－06－26	文投控股	600715. SH	23. 00	10. 25	现金	国泰君安证券
2017－10－16	南方传媒	601900. SH	11. 37	—	—	长城证券
2017－12－07	慈文传媒	002343. SZ	9. 32	6. 66	现金	中信建投证券

定向增发是指上市公司向符合条件的少数特定投资者非公开发行股份的行为，规定要求发行对象不得超过 10 人，发行价不得低于公告前 20 个交易日市价均价的 90%，发行股份 12 个月内（认购后变成控股股东或拥有实际控制权的 36 个月内）不得转让。

2011 年以来 A 股是以再融资主导的市场，再融资规模往往是 IPO 的数倍，而在再融资市场中，定向增发是中国上市公司最常选择的方式。上市公司定向增发募集的资金主要是用于补充资金、并购重组、引入战略投资者等，能够成功实施定向增发的上市公司一般都是被市场认可的企业。因为定向增发募集资金少则上亿元，多则上百亿元，对于经验丰富的投资机构来说，如果这些企业缺乏发展前景，企业的投资项目缺乏吸引力，投资机构是不会参与的。

在表 3－1 中，2016 年中国 A 股文化传媒类企业通过定向增发方式融资 29 次，2017 年 6 次。在这些定向增发中，融资额度最低的是 2016 年 4 月 27 日思美传媒 1. 45 亿元，最高的是 2016 年 4 月 7 日分众传媒 50 亿元。这些资金的进入，对这些传媒企业的发展起到了积极作用。

2. 有利于传媒企业建立现代企业制度，完善公司治理结构

现代企业制度是指以市场经济为主体，以完善的企业法人制度为基础，以有限责任制度为保证，以公司企业为主要形式，以产权清晰、权责明确、政企分开、管理科学为条件的新型企业制度。

传媒企业上市首先必须改制，实现产权多元化。传媒企业上市不仅可以融得资金，而且可以借资本社会化的契机，转换经营管理体制，建立起以股东大会、董事会、监事会为特征的组织机构体系，建立现代企业制度和完善的公司治理结构，规范管理流程，提高企业运行质量和市场竞争力，实现从经验管理到规范管理、专业管理的飞跃。

3. 有利于传媒企业资产的保值增值

深沪股市全流通以后，市值已经成为折射公司实力、反映公司价值、决定公司融资效率、影响公司股权支付能力和行业整合能力的重要因素。传媒企业上市后，大多数企业不仅净资产规模大增，实现了资产的保值增值，而且有利于商业模式的转变，显著增强公司的盈利能力。

4. 有利于传媒企业进行资源整合，实现跨区域、跨媒体发展

目前，资本运作已成为西方传媒实现扩张和垄断的主要手段，许多传媒集团通过这种方式推动产业多元化目标，采取跨区域、跨媒体、跨行业甚至跨国家的全方位发展战略。相较而言，我国的传媒企业和集团普遍规模较小，竞争力较低，盈利模式单一，多元化经营能力不高。中国传媒产业只有加快资本运营的步伐，提高竞争力，才能顺应世界传媒业跨区域、跨媒体发展的趋势。上市是传媒企业资本运营的重要手段，上市后可以通过并购、换股等手段，进行资本运营，开拓新的利润增长点，尽快提高核心竞争力，争取以较低成本实现传媒发展中价值链延伸的有效资源的整合和合理配置，迅速做大做强。

分众传媒就是依靠股市融资进行资源整合的例子。2005 年 7 月，分众传媒在美国纳斯达克上市，发行股票 1010 万只 ADS 股，每只 ADS 股发行价为 17.00 美元，共募集资金 1.72 亿美元。上市后的分众传媒从 2005 年 10 月到 2007 年 12 月，进行了一系列并购重组，将公司业务从楼宇、电梯延伸到了影院、互联网、手机、卖场、户外 LED 等空间。

2005 年 10 月，分众传媒以 1.83 亿美元收购了框架传媒，后者是彼时国内最大的电梯平面媒体；2006 年 1 月，分众传媒以 3.25 亿美元收购了国内第二大楼宇视频媒体运营商聚众传媒，分众传媒由此成为中国楼宇广告巨头；同年 3 月，公司出资 3000 万美元收购了手机广告商凯威点告，加上其他 8 家手机短信公司，重组为分众无线；同年 8 月，公司宣布收购影院广告公司 ACL，并更名为分众传媒“影院网络”；2007 年 3 月，公司以 2.99 亿美元的价格收购中国网络广告的最大代理商好耶，由此进军互联网领域；同年 12 月，分众传媒斥资 1.68 亿美元收购玺诚传媒。

由于分众传媒在上市后两年多的出色表现，2007 年 12 月，分众传媒被纳入纳斯达克 100 指数，这是中国在美国上市企业第一家被纳入该指数的广告传媒股。

5. 有利于提升传媒企业的影响力和品牌价值

传媒产业的经济本质是“影响力经济”，影响力是传媒企业的一种非常重要的资源，是传媒核心竞争力的重要组成部分。传媒企业在市场上的真正价值在于，它在多大程度上能够持续地凝聚起目标受众，以及在多大程度上成为其所凝聚的目标受众了解社会、判断社会乃至作出决策、付诸实践的信息来源和咨询解析的“支点”。传媒企业上市本身是一次很好的形象宣传，通过市场推介活动向资本市场及广大投资者展现自身综合实力，而且上市以后通过挂牌交易及持续的信息披露能够很大程度地吸引包括机构和散户在内的所有投资人的注意力，也可以起到宣传、提升企业形象的作用，有助于企业树立产品品牌形象，提高产品市场占有率。

（二）不利因素

1. 传媒企业上市需要支付高额的融资成本

传媒企业上市必须通过股票发行条件和股票上市条件两道门槛，上市前需要付出改制成本、上市后需要支付持续维护的成本，还有承销商的佣金、聘请会计师和律师的费用、注册登记费、过户费、印刷费；等等，其中律师费、会计师费、券商费是上市的主要成本，当然，这些费用的很大一部分实际上采取的是风险收费，即上市成功后才支付。实际上，许多股份公司股票融资的总成本通常都高于当期银行贷款利率。因此，对于已经进入稳定成长期或成熟期的传媒企业来说，上市不是融资的唯一途径，可能发行债券及可转换债券的成本还会更低。

2. 信息披露不利于同行业竞争，对公司经营可能产生负面影响

上市以后传媒企业要履行更多的责任和义务，其中最重要的是必须定期或不定期地进行信息披露，而且要有持续性。按监管要求，上市公司须公开年报等各类期间报告，公开公司战略、业务经营数据和市场策略等经营细节，公布重大业务、人事变动以及法律事务，其中不可避免地将企业的部分商业机密公布于众，容易让竞争对手了解企业动态和重大决策并采取相应对策。这对企业的经营管理提出了更高的要求，因为企业一旦出现较为重大的问题，公众将迅速了解，企业声誉也会大大降低。而且股价的敏感容易导致短期行为，高度透明容易放大危机，一旦股东不认可公司业绩和发展前景就会抛售公司股票，导致公司市场价值降低，影响传媒企业的再融资能力。

我国在美国上市的企业在2010年至2011年因为部分企业财务报告造假、信息披露存在瑕疵遭遇大规模做空，在这个过程中，由于国外投资者对中国概念股不够了解，部分企业财务报告造假以及信息披露瑕疵的问题产生了“城门失火，殃及池鱼”的效应，造成国外投资者对中国概念股普遍不信任，因此连中国最具成长潜力的互联网公司如百度、新浪、人人网、优酷网等优秀公司的股票也大幅下跌。而当当网在2010年7月破发后在12月8日再跌3.79%，报14.97美元并创新低。中国概念股此次在美国股市被普遍做空给上市企业一个深刻教训：上市并非只有益处没有风险，如果公司本身有问题，在信息披露上存在明显瑕疵，其后果可能很严重。

3. 传媒上市企业平衡股东利益和社会效益的难度大

上市公司应以股东的利益最大化为最终目标，但我国传媒企业的特殊社会职责不同于一般上市企业，必须在股东利益和社会效益之间寻找平衡，难度很大，传媒上市企业必须要在尊重资本自由流通规则的前提下保证意识形态正确。

尽管传媒企业上市有利有弊，但从长远来看，我们仍然认为利大于弊。传媒企业上市可借助资本市场，为企业扩张、项目投资提供资金保障，实现跨媒体、跨行业发展，迅速提高核心竞争力，真正做大做强。在我国当前的资本市场上，要求上市的企业很多，但每年能上市的企业既有数量限制，又面临较高的上市门槛，进程很难把握。再加上随着外资的逐渐进入，跨区域、跨媒体并购的启动与推广，传媒市场的竞争也越来越充分，传媒股的估值将逐步与海外市场接轨，长期以来的高估值恐终难以维系。所以，内地传媒企业如计划在国内上市，应早做安排，宜早不宜迟，早上市早受益。

第二节
传媒企业上市融资的方式与途径

传媒企业上市融资的方式，按上市地的不同，可分为境内和境外上市两种；按产业内容划分，可分为出版发行类、报业类、广播电视类以及新传媒上市公司四种；按涉足传媒业的程度划分，可分为传统型、成长型和涉足型上市三种；按发行方式，可分为直接上市和间接上市两种；按上市资产、业务的完整性程度，可分为整体上市和分拆上市两种。

一、媒介上市企业按上市地划分

内地传媒企业上市可分为境内上市和境外上市。其中，境内上市地包括上海证券交易所上市和深圳证券交易所上市；境外上市地主要有美国、日本、新加坡、英国、中国香港等。上市地不同，上市门槛和具体要求也会有差异。

（一）传媒企业境内上市利弊分析

1. 传媒企业境内上市的优势

（1）上市成本较低。

在不同国家或地区发行上市，除了上市标准、融资速度、融资规模等存在差异外，上市前的发行成本和上市后的维持成本也是公司必须考虑的重要因素。发行成本包括承销费、保荐费、会计师费、律师费、市场推介费及向交易所缴纳的上市初费等；维持成本包括支付给交易所的上市年费、支付给会计师、律师、券商等的中介费及媒体披露费、市场推介费等。按照我国发行上市的收费标准，承销费一般为融资金额的1.5%～3%，整个上市成本一般为融资金额的5%～7%，总体上低于境外市场，而新加坡约为6%～8%，英国、中国香港均为10%～12%，美国约为12%～15%。以出版传媒上市为例，在上市募集6.5亿元资金时，承销费率为3.69%，总费率为4.88%。

而且上市以后，不同地区每年持续支付的费用也不一样，据不完全统计，一家中等规模的公司境内发行的成本一般为境外的1/2。上市后若公司发生重大事件的频率不高，则境内每年发生的费用大约为50万～150万元，而境外费用则数倍甚至十倍于境内，大型上市公司差距会更大。因此，境内市场在上市成本方面具有很强的竞争力，大型蓝筹股尤其明显。

（2）境内融资具有估值优势，融资额度较高。

（3）传媒企业境内上市发行风险较低。

境内外证券市场在供求关系上存在较大不同，在境外发行时，要高度依赖承销商的实力，发行成功率相对较低；而在境内发行股票一般都供不应求，特别是传媒类股票，能够得到资本市场的认可和追捧，发行成功率相对较高。

（4）广告宣传优势。

内地传媒企业的受众主要在国内，因此境内上市有利于大大提高公司在国内的知名度和企业形象。

2. 传媒企业境内上市的不利因素

传媒企业选择境内上市最大的不利因素就是上市门槛比较高，对公司股本数额、资产规模和盈利有比较严格的要求。我国证监会对上市公司实行的是审批制度，即使公司达到了上市条件，也往往需要较长时间的排队审批过程。我国很多传媒企业尤其是互联网企业，在发展的关键阶段，其股本数额、资产规模和盈利情况往往达不到上市条件，因而难以在境内上市。而这些企业在境外上市后，有不少成为“独角兽”企业，甚至成为世界级企业，如百度、腾讯、搜狐、小米等。

（二）传媒企业境外上市的利弊分析

1. 传媒企业境外上市的优势

（1）境外证券市场上市条件较为宽松。

境外传媒上市操作的最大特点是高度的市场化，只要按照发行注册地的要求，提供所有的情况和统计资料，并且所披露的信息完全属实，就可以公开发行股票。例如，在关联交易方面，中国香港只要规范管理、定价公允、及时披露即可，而不太在乎比例的高低。

（2）境外证券市场上市效率较高。

美国 NASDAQ 等市场最为便捷，低廉的时间成本成为民营企业选择境外融资的一个重要原因。例如，选择在中国香港上市，从拟上市筹备到发行上市一般只需要 7 ~ 8 个月时间。

（3）境外证券市场再融资较为便利。

虽然境内上市筹资总额较高，但再融资不及境外市场便利。从难易程度看，境外市场远比境内市场容易。我国内地对企业再融资实行严格的行政审批，而境外市场再融资途径畅通、方式多样，只要企业有良好的业绩预期，就可以随时增发新股。

（4）增加公司的国际影响力。

目前，我国传媒企业境外上市主要选择美国和中国香港股市，这两个资本市场都是国际化市场。国内传媒企业在这些市场中上市，为国外投资者和企业了解国内传媒企业提供了渠道，也为国内传媒企业走上国际舞台提供了条件。

从美国股市的角度说，美国股市是全世界最发达的资本市场，有多层次的成熟的资本市场结构，吸引了全世界最有实力的机构投资者，市场信息交流充分及时，能够在美国股市上市，对于国内传媒企业来说，具有很好的品牌宣传作用。

从香港股市角度说，香港是国际金融中心，同样集聚了众多的世界知名的机构投资者，市场信息交流充分及时。同时，香港与内地联系密切，与内地经济、文化交流频繁，沟通顺畅，同时又对东南亚具有良好的辐射作用。通过香港股市，可以为国内传媒企业走向世界铺设桥梁。近年来，越来越多的传媒企业选择在香港上市，正是看好了香港股市的独特优势。

2. 传媒企业境外上市的不利因素

（1）上市成本较高。

国内传媒企业在境外上市，成本包括支付给保荐人、法律顾问、会计师等中介的费用等，如在香港创业板上市，筹资成本在10%～15%，甚至更高。

（2）国际资本市场对上市公司监管力度很大，公司上市后的法律风险较高。

境外资本市场历史悠久，法律健全，对上市公司监管规范严厉。国内传媒企业在这些市场上市后，如果在信息披露等方面存在瑕疵，很容易招致法律风险。从2010年起，由于在美国上市的部分中国公司存在财务报告造假等问题被做空，导致大部分的中国概念股都受到影响，中国传媒企业如分众传媒、巨人网络等后来都采取了退市措施。

（3）因境内外信息交流不充分等因素，国际资本市场对国内传媒公司会出现价值低估等问题。

在境外上市，从信息交流的充分和通畅角度说，中国香港是最佳选择。如果选择到美国上市，就有可能出现信息交流不充分、不正确而导致的价值低估问题，也可能出现在中国概念股被大规模做空时被误伤等问题。

由于中美两国空间距离遥远、两国国情差异大，美国投资者对于中国传媒企业所面临的产业环境、竞争优势、商业模式特点很难充分了解，因此，中国传媒企业在美国上市的估值有可能被低估。同时，一旦部分中国上市企业出现法律风险，其他的企业也可能被市场风潮误伤。

（4）资本的国际化要求公司治理的国际化。

国内传媒企业到境外上市融资后，从理论上说就是一家国际性的公众公司了，就必须按照国际惯例和上市地的法律要求建立起国际化的、开放透明的公司治理结构，接受监管机构和投资者的监督管理。对我国很多传媒企业来说，这也是一个急需解决的问题。

二、上市传媒企业按产业内容划分

按产业内容划分，媒介上市企业可分为出版发行类、报业类、广播电视类、游戏和新媒体、广告公关类五类。但需要指出的是，在 2010 年以后，由于 IT 技术和互联网技术发展对传媒产业的深刻影响，国家对文化传媒产业支持力度不断加强，传媒业出现了跨媒体、跨行业、跨地域的发展趋势，上市传媒企业依靠雄厚资金进行了频繁的资产并购，通过并购打造传媒产业链。因此上述五个类别的划分只是大致的分类，而实际上各家企业的业务发展一直处于动态变化之中。

（一）出版发行类上市公司

在已上市的传媒企业中，出版发行类上市公司有新华文轩、出版传媒、时代出版、皖新传媒、中南传媒、中文传媒、凤凰传媒、长江传媒、天舟文化、大地传媒、城市传媒、中国科传等。

（二）报刊类上市公司

在已上市的传媒企业中，报刊类上市公司有博瑞传播、赛迪传媒、华闻传媒、北青传媒、新华传媒、粤传媒、浙报传媒、读者传媒、南方传媒、华媒控股等。

（三）广播电视类上市公司

在已上市的传媒企业中，广播电视类上市公司有东方明珠、中视传媒、电广传媒、歌华有线、广电网络、天威视讯、华谊兄弟、吉视传媒、江苏有线、华数传媒、华策影视、光线传媒、华录百纳、新文化、湖北广电、长城影视、万达院线、唐德影视等。

（四）游戏和新媒体上市公司

在已上市的传媒企业中，游戏和新媒体上市公司在国内上市的有人民网、游久游戏、新华网、乐视网、顺网科技、掌趣科技、视觉中国、游族网络、天神娱乐、长城动漫、中文在线、昆仑万维、暴风科技、完美环球、三七互娱等。在美国 NASDAQ 上市的有航美传媒、华视传媒、新华悦动传媒、中华网、空中网、新浪网、搜狐网、网易、TOM 网等。

（五）广告公关类上市公司

在已上市的传媒企业中，广告公关类上市公司有龙韵股份、引力传媒、腾信股份、蓝色光标、华谊嘉信、省广股份、思美传媒、分众传媒等。

三、媒介上市企业按发行方式划分

媒介上市企业按发行方式划分主要有两种：一种是直接上市；另一种是间接上市。

（一）直接上市的优缺点分析

直接上市，即首次公开发行是指企业通过证券交易所首次公开向投资者发行股票，以期募集用于企业发展资金的过程。IPO 是企业上市最主要的方式之一。

1. 传媒企业直接上市的优点

与间接上市相比，IPO 上市虽然条件苛刻、程序复杂、审批周期长、费用也较高，但是，一旦成功上市将带来极大的收益，还可以避免间接上市后所产生的壳资源资产配置和不良负债等隐患。具体到传媒企业，IPO 上市具有以下优势：

（1）有助于传媒企业树立良好形象。传媒企业在路演推介和股票公开发行时，能产生巨大的广告效用，有利于提升企业的知名度和认同感。

（2）有助于传媒企业募集大量资金。首次发行上市一般融资规模较大，上市后也有再融资的机会，从而为企业进一步发展壮大提供了资金来源。2004 年至 2009 年，通过 IPO 上市，7 家传媒企业首次发行募集了 39. 96 亿元人民币和 30. 52 亿港元，合计约 70 亿元人民币；而借壳上市的时代出版，迄今尚未从股市募集资金。

（3）有利于促进传媒企业实现股份制改造，促进公司法人治理结构的建立，以形成规范的现代企业制度

（4）传媒企业在上市过程中的自主性较强。IPO 上市一般由传媒企业自己来规划主导，哪些资产不注入，哪些资产拟上市，以及人事安排和公司治理结构等；间接上市则不同，来自壳公司的阻力较多，需要花很多精力来化解，有很大的不确定性。

2. 传媒企业直接上市的缺点

（1）上市周期较长。

IPO 上市需经过改制、辅导、审核、发行等过程，相对时间周期较长，短则一年，长则三年以上。

（2）审核程序严格。

（二）间接上市的优缺点分析

间接上市，即借壳上市或买壳上市，是指一些非上市公司通过收购一些业绩较差、筹资能力弱的上市公司，剥离被购公司资产，注入自己的相关业务及资产，从而实现间接上市目的的一种企业并购行为。

要实现间接上市，必须首先要选择壳公司。要结合自身的经营情况、资产情况、融资能力及发展计划。选择规模适宜的壳公司，壳公司要具备一定的质量，具备一定的盈利能力和重组的可塑性，不能有太多的债务和不良债权；然后，非上市公司通过并购，取得相对控股地位。要考虑壳公司的股本结构，只要达到控股地位就算并购成功。其具体形式可有三种：一是通过现金收购，这样可以节省大量时间，形成良好的市场反应；二是完全通过资产或股权置换，实现“壳”的清理和重组合并，容易使壳公司的资产、质量和业绩迅速发生变化，很快实现目标；三是两种方式结合使用，实际上大部分借“壳”或买“壳”上市都采取这种方法。

1. 传媒企业间接上市的优点

（1）手续简单，上市条件灵活。与直接上市相比，借壳方式显然没有

那么多复杂的上市审批程序。

（2）时间短，成本低。买壳上市（约6~8个月）一步到位，节省许多时间和费用；而且只要操作得法，相对于整体上市而言，借壳上市不一定要支付大量现金。

（3）规避政策风险。在难以谋求整体上市的情况下，传媒企业通过在二级市场的收购、控股借壳上市，相对具可控性。

（4）易从资本市场获得支持。买壳以后，依托媒体的上市公司信用等级会迅速上升，进而在证券市场上获得可观的配股资金。

（5）有利于传媒企业保守商业秘密。借壳上市无须向社会公众公开媒介控股企业的各项指标，在一定程度上可以增强企业的隐蔽性。

2. 传媒企业间接上市的缺点

干净的壳资源不易找。壳资源本身的资产处置、不良资产处置和人员安排可能将耗费大量的精力，付出大量的成本。一般来说，通过借壳或买壳间接上市都是企业在直接上市无望下的无奈选择。

[案例分析]

诚成文化壳资源两度出售的奥秘

2002年至2003年，上市公司诚成文化总股本的11.3%两度被出售，就是一个干净的壳资源不好找的典型案例。

诚成文化是由刘波以海南诚成企业集团有限公司的名义出资1亿元，收购上市公司武汉长印股份（集团）有限公司20.91%的国有股后，在1999年将武汉长印更名为武汉诚成文化投资集团股份有限公司（简称诚成文化）的，此后刘波以诚成文化为平台，开展一系列的投资、融资及资本运作，投资和经营范围包括传媒业、广告业、印刷业、证券业、图书发行、房地产、娱乐业、影视业等。

2002年5月14日，诚成文化发布公告称，原第一大股东海南诚成企业集团有限公司将所持有的诚成文化法人股2350万股转让给湖南出版集团。股权转让后，湖南出版集团占武汉诚成文化总股本的11.3%，成为第一大股东，海南诚成企业集团以9.61%的股份退居第二。

2003年2月16日，湖南出版集团有限责任公司将持有的诚成文化法人股2350万股转让给广东奥园置业集团有限公司。奥园置业将因此持有公司法人股2350万股占公司总股本的11.30%成为公司的第一大股东。

2003年9月26日，奥园发展发布公告称：公司董事会认为，此前在6月披露的三起诉讼事项涉及金额折合人民币近3亿元，其中既有工作人员伪造公章对外借款，又有刘波作局设套，上市公司对控股大股东违规担保，将大股东及关联公司的债务风险转嫁给上市公司的情况，公司已将此作为刘波涉嫌犯罪事项向武汉市公安局报案。

点评：湖南出版集团有限责任公司在2002年5月收购诚成文化总股本的11.3%时，看好的应该就是它的上市公司的壳资源。但幸运的是，湖南出版集团有限责任公司很快发现这个壳很不干净，而奥园置业又及时地成为接盘侠，得以全身而退。湖南出版集团后来经过改制，以中南出版传媒集团股份有限公司的名义于2010年10月28日在上海证券交易所上市。

（2）借壳上市不一定能融到资金。如果传媒企业借壳上市后经营业绩未能实质改观，则可能在很长时间内都难以再融资。例如，赛迪传媒借壳上市后业绩一般，其增发方案就被证监会否决。

（3）借壳上市太过依赖政府支持。没有主管部门的大力支持，传媒企业的借壳上市很难顺利完成。例如，解放报业集团在借壳新华传媒的过程中，上海市委宣传部将属下企业所持新华发行集团股份划转解放报业集团，大大加速上市进程。

四、传媒上市企业按上市资产、业务的完整性程度划分

传媒上市企业按上市资产、业务的完整性程度划分，可分为整体上市和分拆上市。

（一）传媒企业整体上市的优势

所谓整体上市，是指一家公司将其主要资产和业务整体改制为股份公司进行上市的做法；而传媒行业的整体上市，是指将核心采编业务和经营性资产业务一起上市的做法。传媒企业整体上市客观上有利于提升整个上市公司的经营业绩和价值溢价，更好地适应规则和满足资本市场内在盈利性的需求。

（1）通过整体上市可以完善产业链，迅速实现资本的积累和资源的集中，壮大传媒企业的规模和实力，充分发挥规模经济和范围经济效应，形成产业一体化优势，从而降低平均成本，提高利润额。

（2）整体上市有利于提高媒介上市企业在业务经营与组织管理等方面的独立性，进一步完善公司治理，尽快建立起规范的现代企业制度。

（3）整体上市能解决关联交易的弊端与隐忧。传媒企业整体上市后，控股股东利益与上市公司的利益趋于一致，有利于消除过多的关联交易，并使传媒企业的价值和利润得到更好体现。

（4）整体上市有利于实现传媒企业“文化传承”的使命。“文化传承”是传媒行业的使命之一，整体上市更有利于实现这一使命。“文化传承”最根本是靠综合实力来实现，整体上市能使传媒企业获得前所未有的资本实力的支撑。

（二）分拆上市的利弊分析

所谓分拆上市，是指已上市公司或未上市的集团公司将部分业务或某个全资子公司从母公司独立出来单独上市。传媒行业的分拆上市，就是指抛开采编业务，将优质的经营性资产剥离处理，进行整合重组，形成由国有资产控股的具有独立法人资格的股份制子公司，然后申请成为上市公司公开募集资金。由于传媒行业的特殊性，传媒企业分拆的是有政策限定的采编业务，而非一般企业的不良资产或盈利较差的业务。

1. 传媒企业分拆上市的优势

（1）通过分拆采编业务上市可以避开政治属性和意识形态上的限制，

并可以减少由此带来的政治风险，还能使媒介上市企业的核心业务和投资概念更加清晰。

（2）通过分拆上市有利于传媒企业实现业务的专业化管理和发展。

（3）分拆上市便于投资者对公司真正价值的评估，从而减少股票价值低估或误估现象。

2. 传媒企业分拆上市的劣势

目前，多数传媒企业可能更倾向于 A 股 IPO 上市，但障碍主要来自政策方面，以报业类企业为例，在采编资产不能上市的大前提下，只能分拆经营性资产上市，难免出现补偿采编成本等关联交易，且比例通常较高。传媒企业的分拆上市实际上人为割裂了产业链，增加了采编、广告、发行、印刷各环节间内部协调的难度，容易产生同业竞争和关联交易等问题，且再融资时也会遇到类似问题。例如，博瑞传播再融资申请曾被否决的原因就在于担心工业业务的独立性和关联交易的公允性。而且采编环节与经营环节分拆的制度设计，还会给媒介上市企业带来制度性风险：第一，媒介上市企业只是媒介集团的一部分资产，因此，媒介上市企业在高管人员安排以及公司内部治理结构上实际上都要受到来自媒介集团的实际控制，这种治理结构增加了媒介上市企业的运作风险，体现了制度性架构的缺失。第二，采编环节与经营环节的脱离使二者之间的沟通与协调成本高昂，而一旦二者之间运转不畅，媒介上市企业的风险就会急剧放大。

五、传媒企业上市方式的策略选择

传媒企业上市涉及方方面面，是一个系统工程，只能稳步推进。通过对上述各种上市方式的分析，我们认为国内传媒企业谋求上市的最佳策略是争取实现境内 A 股 IPO 整体上市，即境内上市 + A 股上市 + IPO 上市 + 整体上市：首选境内上市，而非境外上市；首选 A 股上市，而非创业板上市；首选 IPO 上市，而非借壳上市；首选整体上市，而非间接上市。

（一）做好上市前的准备工作，争取上市工作的主动性

转企改制和股份制改造是传媒企业上市的前提条件，传媒企业要上

市，就必须扎实做好内部改制工作，制定好初步上市方案。上市过程中的关键环节之一就是制定初步方案，这一环节决定了企业要花多大的代价上市。

1. 企业内部统一思想和认识

传媒企业选择上市之路一定要慎重，首先企业内部要统一思想和认识，要根据企业的现实需要和战略发展充分论证上市的利弊因素，最大限度地化解改制上市的内部阻力。

2. 设计好股权结构

股权结构是企业治理结构的基础，如果是国有文化企业，传媒企业的股权结构设计须考虑以下四个重要因素：①保持国有控股地位；②股东构成适当多元化，有利于形成科学的法人治理结构；③有利于加强产业链的联系和一体化；④发行方案对股权结构的影响。

3. 建立和完善现代企业法人治理结构

传媒企业要按照拟上市地对上市公司在治理结构、独立性、公允性方面的严格要求，建立由股东会、董事会、监事会、经营处构成的清晰的现代企业法人治理结构。

4. 合理选取拟上市传媒企业的资产与业务

拟上市传媒企业的资产与业务的选择非常关键，往往直接关系到上市的成败，在选取拟上市的资产、业务时，具体应体现“五独立”原则：即资产独立、人员独立、财务独立、机构独立和业务独立，注入资产与业务时要规避同业竞争，确保上市主体的独立性。

传媒企业在做好内部工作的同时，还应积极争取政策支持，争取采编资产上市的试点，争取政府支持以妥善处理壳资源存在的有关问题，争取企业上市后的税收优惠等。

（二）首选境内A股上市，如因政策限制可考虑境外市场

目前可供传媒企业选择的上市地点主要有境内市场、中国香港市场与美国市场。当然，境内市场A股上市应是传媒企业上市的首选；其次为香

港市场，资产规模大、盈利能力强的媒介集团，也可选择“A + H”的整体上市方式，同时在内地和香港上市；美国纳斯达克市场主要供新传媒企业上市选择。内地上市的地点为上海证券交易所和深圳证券交易所，传媒企业如果定位是成为中小成长型企业，适合在深圳证券交易所上市；如果定位是传媒产业中的战略性龙头企业，则适合在上海证券交易所上市；至于成长性较好的新传媒企业，还可选择深交所创业板上市。

（三）首选 IPO 上市，如有障碍可考虑借壳上市

随着文化体制改革的不断深化，今后监管部门将为传媒企业上市提供更多的政策支持，IPO 上市的门槛也会相应降低，因此，传媒企业上市应首先争取 IPO 上市，当然，如遇到好的壳资源，且又有政府的大力支持，借壳上市的选择也不错。因此，大多数拟上市的媒介集团都选择的是“努力争取 IPO 上市，不排除借壳上市可能”的策略，目的是增强改制和上市工作的灵活性，提高资本运作的可操作性，以利于在较好的上市时间段实现上市。

（四）首选整体上市，如有困难再选择分拆上市

2007 年出版传媒以文化体制改革试点单位的名义获准整体上市标志着我国传媒业产权制度改革的进一步深化，出版传媒的整体上市对于中国传媒体制改革具有突破性意义，也对后来的改革产生了示范效应。从 2007 年到 2017 年，时代出版、皖新传媒、人民网、湖北长江出版传媒集团、南方出版传媒股份有限公司、中国出版传媒股份有限公司等国有传媒集团分别通过借壳或 IPO 实现了整体上市。

第三节
我国传媒企业上市融资发展历程

自从20世纪90年代初期深沪证券交易所成立，传媒企业就开始与资本市场结合，筹资融资，吸纳社会资金为自身的经营和发展服务。从1994年东方明珠上市开始，我国传媒企业上市发展大致经历了四个阶段。

一、第一阶段（1994—1998年），传媒企业上市的初始阶段

1991—1998年的8年里，深沪股市只有两只传媒股上市，分别为东方明珠于1994年IPO上市和中视传媒于1997年IPO上市，其中上海东方明珠（集团）股份有限公司成立于1992年8月，系中国第一家文化类上市公司。

（一）东方明珠（600832）：最早上市的文化类上市公司

1994年，东方明珠传媒在上海证券交易所上市，这是我国第一家文化传媒类上市公司。从1994年到1999年，公司以上海“东方明珠”广播电视塔为依托，立足于旅游文化业、媒体广告业、房地产及投资业。目前，东方明珠已形成了以媒体作为未来发展的大型文化企业集团，公司现有注册资本31.86亿元，截至2008年末，公司总资产102.44亿元，净资产60.30亿元，品牌价值77.55亿元，被上海市人民政府列入50家重点大型

企业，名列中国最具发展潜力上市公司 50 强、中国科技上市公司 50 强。

在上市的传媒企业中，东方明珠的配股次数最多，分别于 1994 年 7 月、1997 年 8 月、2001 年 2 月三次配股，共募集资金约 17.5 亿元，并于 2008 年 1 月成功增发 6497.89 万股上市流通，发行价 16.59 元，募集资金约 10 亿元。

（二）中视传媒（600088）：中国第一家兼营影视制作和文化旅游业的上市公司

中视传媒股份有限公司（600088，2001 年 8 月前名称为“无锡中视影视基地股份有限公司”），是由中央电视台无锡太湖影视城、中国国际电视总公司、北京中电高科技电视发展公司、北京未来广告公司、北京荧屏汽车租赁公司 5 家法人共同发起，于 1997 年 5 月 22 日在上海证券交易所上网募集发行人民币普通股5000 万股（每股面值1 元，发行价每股7.95 元）而设立的股份有限公司。2001 年 8 月，经公司股东大会批准，国家工商局审核，公司正式更名为中视传媒股份有限公司。2002 年公司经二届十次董事会批准，于 2002 年 7 月 17 日由江苏省无锡市正式迁址上海浦东。

中视传媒是中国第一家兼营影视制作和文化旅游业的上市公司，影视、旅游、广告是公司的三大主业。中视传媒与其他直接 IPO 的传媒企业相比，业务长期稳健、利润保持稳定，但扩张步伐较慢，公司仅在 1999 年成功实现了配股，10 配 2，共募集资金约 1.1 亿元。截至 2008 年，中视传媒总资产 17.94 亿元，主营收入 9.92 亿元，每股收益 0.22 亿元。

二、第二阶段（1999—2003 年），传媒企业上市的初步发展阶段

1999—2003 年，在 1999 年“5·19”行情引领下共有 7 家传媒企业实现上市。1999 年有 2 家，分别为电广传媒在深交所 IPO 上市和聚友网络借壳泰康股份上市；2000 年有 2 家，分别为博瑞传播借壳四川电器上市，成为内地报业上市第一股，人民日报社旗下的华闻控股借壳燃气股份上市；

2001年有3家，分别为歌华有线IPO上市、赛迪传媒借壳ST港澳上市和广电网络借壳ST黄河上市。在市场进入熊市的环境下，2002年、2003年两年里均无传媒企业实现上市。

（一）部分传媒企业上市情况分析

1. 电广传媒IPO上市

湖南电广传媒股份有限公司（000917）成立于1998年，于1999年3月25日在深圳证券交易所成功IPO上市，募集资金约4.46亿元。随着“5·19”牛市行情的不断上扬，公司又于2000年10月成功增发6000万股，募集资金15.4亿元。两次募集资金共约20亿元。上市以后，公司立足传媒产业求发展，利用上市公司的品牌优势，率先积极探索股权激励，率先进入创投业务并取得成功，构筑了“广告、节目、网络”“三位一体”的主业格局，并不断拓宽经营领域、拓展产业发展空间，公司规模迅速发展壮大，公司实力不断增强，品牌形象和市场认同度逐步扩大，已经成为中国传媒企业的领跑者之一。

2. 博瑞传播借壳四川电器上市

1995年，四川电器在上海证券交易所上市；1999年，成都商报旗下的博瑞投资受让成都市国有资产管理局持有的2000万股国有股而以27.65%的股份成为四川电器的大股东，转让价格为2.68元/股。2000年3月20日，四川电器正式更名为成都博瑞传播股份有限公司（600880）。博瑞传播自1999年实施重大重组以来，坚持对产业结构进行优化调整，通过参股、控股及重大资产置换，注入具有高成长性和高回报的优质传媒经营资产，完成了产业转型和升级，确立了公司传媒经营主业的发展优势。2007年11月，公司以10配1.1股、配股价13.46元/股的条件成功募集资金2.55亿元。截至2009年6月末，公司总资产18.63亿元，净资产11.50亿元，在上市公司“文化传播行业”中以其综合效益指标排名第一。

3. 歌华有线IPO上市

北京歌华有线电视网络股份有限公司（以下简称歌华有线，600037）

是 1999 年 9 月经北京市人民政府批准成立，控股股东为北京北广传媒投资发展中心，授权负责北京地区有线广播电视网络的建设开发、经营、管理和维护，从事广播电视节目收转传送和广播电视网络信息服务，经北京市科学技术委员会核定的高新技术企业。经国家信息产业部和国家广播电影电视总局批准、中国证监会核准，2001 年在上海证券交易所 IPO 上市（股票代码 600037）。

歌华有线 IPO 募集资金 12.05 亿元用于有线电视网络建设，截至 2008 年 12 月 31 日，已使用此次募集资金 11.66 亿元，占此次募集资金的 96.74%，仅有 3927 万元募集资金尚未使用。其中，投入逾 10 亿元募集资金的北京有线广播电视光缆网络工程项目，2008 年共实现营业利润 19245 万元，投资利润率为 19.23%，收益情况较好；2004 年 5 月成功发行可转换公司债券 12.5 亿元；2006 年 3 月顺利完成股权分置改革。歌华有线两次募集资金合计约 24.6 亿元。1999 年底，公司拥有总资产 4.9 亿元，净资产 2.9 亿元，当年实现净利润 0.9 亿元；截至 2008 年底，公司总资产 56.7 亿元，净资产 43 亿元，当年归属于上市公司股东的净利润为 3.29 亿元，分别比 1999 年增长了 11.6 倍、14.8 倍、3.7 倍，公司资产规模大幅增产，盈利能力显著增强。

（二）此阶段传媒企业上市特点

1. IPO 上市融资较少，借壳上市居多

此阶段 7 家媒介上市企业中仅有 2 家是 IPO 上市，分别为电广传媒和歌华有线，其余 5 家均为借壳上市。之所以如此，主要原因在于，随着传媒改革的不断深入，为规避政策限制的采编业务和经营业务“两分开”的上市模式逐渐被采用推广。如采用 IPO 上市，需时较长，传媒企业一方面需通过主管部门的“前置性审批”，另一方面要严格按程序经过改制、辅导、审核、发行等过程，通常 3 ~5 年才能实现上市，并且大量存在的关联交易、无形资产的评估等因素也会造成证监会对传媒类公司的 IPO 审核从严，而借壳上市则要快很多，不过要找到相对干净且易于转让的有价值的

壳公司也不容易。

2. 广电类上市公司再融资力度较大，报业类上市公司融资较难

广电类上市公司再融资力度较大。电广传媒继 1999 年 IPO 融资 4. 6 亿元后，还于 2000 年 11 月公开发行 5300 万股，成功募集 15. 9 亿元，两次融资合计逾 20 亿元；聚友网络曾于 2000 年 9 月成功配股，募集资金 1. 6 亿元；歌华有线继 IPO 融资 12. 05 亿元后，由于 2004 年成功发行 12. 5 亿元可转债，两次合计融资近 25 亿元；广电网络于 2006 年 12 月定向增发 6780 万股，成功募集 8. 8 亿元。业界认为，如果仅靠这些公司自身积累来筹集这些资金，按其当时的盈利水平至少需要 5 ~8 年。

而报业类上市公司显然没有这样的好运气。博瑞传播的配股方案分别于 2001 年 9 月、2003 年 7 月两度被证监会否决，幸好 2007 年 11 月终于获准配股募集资金 2. 7 亿元；赛迪传媒 2004 年 7 月的增发方案未获证监会批准；华闻传媒在注入报业资产后尚未再融资。报业类上市公司之所以再融资较难，一个重要的原因就在于关联交易问题突出，无法达到 2006 年前证监会关于关联交易“不超过 30%”的标准。

三、第三阶段（2004—2009 年）：传媒企业上市的快速发展阶段

2004 年以来，由于传媒业改革的深入，以及因股权分置改革引发的大牛市和紧随而来的大熊市，传媒企业上市融资也随着股市的起落迎来快速发展阶段，先后有 8 家传媒企业实现上市，其中 7 家是 IPO 上市，IPO 融资创下历史新高。2004 年有 1 家，北青传媒在香港联交所主板 H 股 IPO 上市；2006 年有 1 家，新华传媒 A 股借壳上市；2007 年有 3 家，新华文轩在香港联交所主板 H 股 IPO 上市、粤传媒 A 股 IPO 上市、出版传媒 A 股 IPO 上市；2008 年有 2 家，天威视讯 A 股 IPO 上市、时代出版 A 股借壳上市；2009 年有 1 家，华谊兄弟创业板 IPO 上市；此外，还有 2005 年分众传媒、2007 年新华财经媒体（后更名为新华悦动传媒）、航美传媒、华视传媒先

后在美国纳斯达克挂牌上市。

（一）部分传媒企业上市情况分析

1. 新华传媒 A 股借壳上市

上海新华传媒股份有限公司（以下简称新华传媒，证券代码：600825）是中国出版发行行业第一家上市公司，目前已成为一家综合性传媒类上市公司。公司前身为上海时装股份有限公司、华联超市股份有限公司。1993 年 10 月，上海时装股份有限公司向社会公众公开发行普通股股票 2000 万股，公司股票于 1994 年 2 月 4 日在上海证券交易所上市交易，股票简称“时装股份”，股票代码 600825。2000 年 7 月，公司原控股股东华联（集团）有限公司将其所持有的本公司 51425082 股国家股转让给上海华联商厦股份有限公司，并受让其所持有的上海华联超市公司 100% 股权，公司更名为“华联超市股份有限公司”（以下简称华联超市）。2003 年，上海新华发行集团开始筹备改制事宜。2004 年 9 月，经上海市委宣传部、上海市国资委批准，公司完成由国有独资向国有多远的股份制企业的转变：上海精文投资有限公司（持有 36% 股权）、解放日报报业集团（持有 34% 股权）、上海文广集团（持有 10% 股权）、上海世纪出版集团（持有 10% 股权）、上海文艺出版总社（持有 10% 股权）5 家国有独资单位成为上海新华发行集团有限公司的股东。这 5 家国有股东均为上海市委宣传部直属单位，是一致行动人。在进行改制之后，新华发行集团进一步吸收业外国有资本，引进战略投资者，完善公司治理结构。2004 年 11 月，上海新华发行集团的 5 家国有股东在上海联合产权交易所挂牌，公告转让 49% 的股权。通过投标竞价，同样拥有国资背景的上海绿地（集团）有限公司成为上海新华发行集团的新股东，持有了该公司 49% 的股份。上海新华发行集团原有的 5 家国有股东作为国有资本的统一行动人，股权转让后继续持有公司 51% 的股份，仍然保持绝对控股地位。

2006 年 5 月，上海新华发行集团有限公司通过资产置换的方式，从上海国资委旗下百联集团手中获得华联超市股份有限公司 45.06% 的股份，成为华联超市第一大股东。与此同时，上海新华传媒股份有限公司100%股权注入华联超市。自2005年开始，上海新华完成了从国有独资改变为国有多元，再发展到混合所有制的转变。2006年9月，上海新华发行集团有限公司受让本公司股份118345834股（占总股本的45.06%），成为本公司第一大股东，经过资产置换，公司主营业务由原来的经营连锁超市业务变更为经营文化传媒业务，公司名称变更为“上海新华传媒股份有限公司”。2006年10月，上市新华传媒股份有限公司完成股改并复牌实现借壳上市。

2008年1月，公司完成定向增发，解放日报报业集团以其传媒类经营资产认购公司9092万股股份，同时上海市委宣传部将其属下企业所持上海新华发行集团的股份全部划转给解放日报报业集团，使解放日报报业集团持有上海新华发行集团的股份达51%，成功绝对控股。定向增发后，新华传媒在以图书发行业务为主业的基础上，增加报刊经营、报刊发行、报刊广告代理等业务，打造完整的平面媒体经营产业链，进一步提高新华传媒在平面媒体经营领域的竞争实力，实现在平面媒体经营领域的发展战略。由此可见，新华传媒借壳上市成功的关键在于政府的强势参与和推动。

2. 新华文轩香港H股IPO上市

四川新华文轩连锁股份有限公司（证券代码：0811）是我国第一家按照上市公众公司标准规范设立的大型股份制出版发行企业。该公司母公司、成都市华盛（集团）实业有限公司、四川出版集团、四川日报报业集团、四川少年儿童出版社及辽宁出版集团有限公司分别拥有本公司52.22%、4.70%、2.13%、0.83%、0.61%及0.58%的股本权益。公司主营业务为：①图书、音像零售门店经营；②教材教辅发行；③向图书出版商提供辅助支持及服务。该公司拥有四川省最大的图书零售网络，现有零售门店193家，其中191家在四川，其余两家门店分别位于西安及重庆。

在完善公司治理结构以后，2007年5月30日，新华文轩在香港联交所主板上市，成为内地出版发行企业IPO上市第一股。此次发行约4亿股，实际募集资金20.12亿港元，创下内地传媒企业单次募集资金最高的纪录。

2008 年 1 月，新华文轩宣布：有条件同意向四川成都商业银行认购 8000 万股股份，每股认购价人民币 3 元，参股共涉及资金 2.4 亿元人民币；以 1.86 亿元成功收购安徽新华发行集团 7.79% 的国有股权。截至 2008 年 6 月 30 日，集团收益较 2007 年同期上升 27.1%，达人民币 12.67 亿元；毛利约人民币 5.09 亿元，较 2007 年同期上升 18.8%。在国内自然灾害、5.12 汶川大地震、物价上涨等因素的影响下，集团的销售额仍然保持了相当的增长。

3. 华谊兄弟创业板 IPO 上市

2004 年 11 月 1 日，华谊投资召开股东会并做出决议，一致同意华谊投资与刘晓梅共同投资设立浙江华谊，注册资本 500 万元，其中华谊投资出资 450 万元，占注册资本的 90%。2006 年 6 月 28 日，浙江华谊的注册资本由 500 万元增至 5000 万元，实收资本为 1500 万元。2006 年 8 月 14 日，公司名称由“浙江华谊兄弟影视文化有限公司”变更为“华谊兄弟传媒有限公司”。2007 年 9 月 18 日，华谊有限实收资本变更为 5000 万元。2007 年 11 月 22 日，华谊有限注册资本增至 5264 万元。

2009 年 10 月 30 日，华谊兄弟（300027）在深圳证券交易所创业板上市，向社会公开发行 A 股 4200 万股，发行价格每股 28.58 元，募集资金总额为 12 亿元，扣除各项发行费 5212 万元，公司募集资金净额为 11.48 亿元。上市使公司资本实力大为增强，获得了未来发展所急需的资金，借助资本市场平台，极大地提升了公司的竞争能力，公司步入了一个重要的发展阶段。

（二）此阶段传媒企业上市特点

1. IPO 成为传媒企业上市的主流方式

截至 2010 年 3 月，本阶段传媒企业共有 9 家传媒企业成功上市，上市方式与第二阶段上市方式截然不同，其中 7 家 IPO 上市，2 家借壳上市。虽然 IPO 上市较慢，但在股市相对低迷时，却是企业改制的良好时机，其运作成本也会更低。因此，在行情低迷时，拟上市的传媒企业做好了充分的上市准备工作后，才能在行情看涨时择机上市，募集到更多的发展资金，助推传媒企业做大做强。

此次 IPO 成为传媒企业上市主流方式的原因在于以下两方面：一是借壳上市进一步规范，证监会专门成立上市公司并购重组审核委员会，对借壳上市严格把关。如 2008 年并购重组委共召开了 29 次工作会议，审核 56 家上市公司的并购重组方案，结果有 9 家公司的方案被否决；二是政策松动，更利于传媒企业 IPO 上市。2006 年证监会降低了关于 IPO 上市关联交易“不超过 30%”的条件，改为不再做具体比例要求。粤传媒经过 7 年努力终于成功 IPO 上市就是受惠于此。

2. 出版发行企业较多

此阶段，新上市的 9 家传媒企业，出版发行企业占 3 家，即新华文轩、出版传媒、时代出版；报业企业和广电企业相对较少。这源于国家出版部门对出版传媒企业 IPO 上市的支持和鼓励。

3. 传媒企业融资额度显著增多

本阶段，共有 8 家传媒企业上市，其中 IPO 占 6 家，首次发行募集 39.96 亿元人民币和 30.52 亿港元，合计约 70 亿元人民币，较第二阶段传媒企业 IPO 融资额 16.51 亿元增长了约 400%，IPO 融资额显著增多。

四、第四阶段（2010 年至 2018 年 7 月）：传媒企业上市高潮

（一）社会经济文化环境

2010 年至 2017 年 2 月，有以下几个特点。

1. 我国经济社会发展进入一个新的台阶，文化传媒产业日益受到重视

我国人均 GDP 在 2010 年达到了 4628 美元，2011 年达到 5432 美元，2015 年已超过 8000 美元。根据国际经验，当人均 GDP 超过 5000 美元时，文化消费在总消费支出中的比重会急剧增加。也正是在这一时期，国家对文化传媒产业日益重视，支持力度日益加大。2015 年 10 月，党的十八届五中全会通过的《中共中央关于制定国民经济和社会发展第十三个五年规

划的建议》提出，到2020年，文化产业将成为国民经济的支柱性产业，包括传媒产业在内的我国文化娱乐产业有望达到1万亿元的市场规模。

2. 这一时期是移动互联网迅猛发展的时期，IT技术和互联网技术的普及应用促进了中国传媒业的“弯道超车”

2010年被称为中国移动互联网元年，移动互联网、云计算、大数据等普及应用逐渐消解了此前传媒业条块分隔的管理壁垒，改变了中国传媒业的竞争格局和发展方向，释放了中国传媒业的发展潜力，促进了中国传媒业的“弯道超车”。以电影业为例，2009年中国电影票房总收入为62.06亿元，2010年则增长到101.72亿元，较2009年增长63.9%。此后四五年中，我国每年的票房收入以30%以上的速度迅猛提升。2014年，我国电影票房收入达296亿元，2015年突破440亿元，比2014年增长48.7%，创下“十二五”以来最高年度增幅。

3. 中国社会财富日益增加，资本运营水平不断提高

2018年，我国GDP总量超过90万元人民币，为美国GDP总量的66%。2018年，我国居民人均可支配收入28228元，其中城镇居民人均可支配收入39251元。稳健的社会经济发展为传媒业发展提供了良好的基础。与此同时，我国的传媒资本运营人才也日渐成熟，资本运营水平稳步上升。

（二）传媒企业上市概况

正是在以上背景下，我国传媒业迎来了企业上市高潮。在这一阶段，共有超过50家企业通过IPO或借壳的方式在中国A股主板和创业板市场上市。

（三）部分上市公司情况分析

本阶段的上市公司数量很多，我们选取皖新传媒A股IPO上市情况做分析。

安徽新华传媒股份有限公司（皖新传媒，证券代码：601801）是2008年2月24日在安徽新华发行集团有限公司整体改制为股份公司基础上创立的，是安徽省最大的国有控股文化企业，公司注册资本 8 亿元、资产总额 30 亿元，全资拥有安徽新华图书音像连锁有限公司、安徽新华教育图书发行有限公司、安徽新华音像出版社和全省 17 家省辖市子公司及其所属 62 家县分公司，全省城乡 507 个网点构成完整的分销网络，覆盖全省出版物市场。公司前身是安徽新华发行集团有限公司，由中共安徽省委宣传部领导，安徽省新闻出版局实施行业管理。

2007 年 11 月，根据安徽省人民政府批复，安徽新华发行（集团）控股有限公司成立，并授权经营原安徽新华发行集团有限公司 100% 股权和辅业资产。2007 年 12 月底，控股公司通过溢价转让所持有集团公司 12.99% 的国有股权，成功引入了四川新华文轩连锁股份有限公司、鸿国实业集团有限公司、京师国教（北京）投资有限公司、安徽浙商投资集团有限公司、安徽出版集团有限责任公司 5 家战略投资者，安徽新华发行集团有限公司实现产权多元化，建立起国有控股、产权多元的混合所有制。2008 年 2 月 24 日，安徽新华发行集团有限公司召开股东大会，决定将公司整体变更为股份有限公司，并更名为安徽新华传媒股份有限公司。

作为安徽省规模最大的文化企业，也是我国中部地区最大的出版物发行企业，皖新传媒拥有安徽省内中小学教材全部品种的总发行权，中小学教材发行业务的市场占有率为 100%；一般图书、音像制品的市场占有率达到 60% 以上。经过多年努力，2010 年 1 月 18 日，皖新传媒终于通过 IPO 方式在国内 A 股市场挂牌交易，成为继新华文轩（00811. HK）、新华传媒（600825. SH）之后第三家新华书店系统上市公司。公司上市首日，涨幅近 50%，募集资金 12. 3 亿元，公司市值突破 160 亿元，一跃成为全国上市公司市值第二的传播与文化企业。公司本次募投项目将在更大程度上利用公司本身已经具有的规模优势提高整体竞争力，有利于进一步使公司渠道下沉、扩大经营规模、提升综合服务能力，同时开辟新的业务方向。在其上市过程中，包括券商在内的金融机构对公司给予高度评价，显示出社会资本对皖新传媒既往业绩的高度认可和对其高成长性的乐观态度。该公司上市后，安徽省内就拥有时代出版（600551. SH）和皖新传媒两家上市公司，一家主业做出版，一家主业做发行，在股权上有合作，在产业上又相互贯通。

（四）此阶段传媒企业上市特点

（1）IPO 继续成为传媒企业上市的主流方式。

（2）上市企业所处行业日益多元化。

此前阶段上市传媒企业以图书出版发行、报业、广电类企业较多，在这一阶段除了以上行业外，还增加了广告公关类企业、游戏类企业、网站类企业。

（3）境外上市企业回归 A 股。

从 2010 年起，美国的做空机构开始做空部分存在问题的在美国上市的中国企业，导致很多本来业绩不错、很有发展潜力的规范企业也受到牵连，企业价值被大大低估，无法达到融资目的。从 2012 年起，在美国上市的中国企业开始出现退市浪潮，并在完成了私有化进程后，通过各种方式回归 A 股。

在传媒产业里，分众传媒、巨人网络、完美世界都是属于中概股中较好的企业，它们都在完成了私有化进程后，分别在 2015 年、2016 年通过借壳的方式回顾 A 股。

除了美国的中概股回归 A 股，香港上市的新华文轩除了继续留在香港股市外，也在 2016 年在上海证券交易所上市，成为首家 A + H 两地上市的出版传媒企业。

我们认为，以上 4 家企业回归 A 股仅仅是开始，未来还会有传媒企业继续这条道路。

（4）传媒企业融资额度继续增长。

与前三个阶段相比，本阶段上市企业的 IPO 的募集资金额度进一步提升，这些企业中少的有数亿元，多的则达到了数十亿元。例如，2011 年上市的凤凰传媒，原计划募集资金 27.62 亿元，实际融资达 44.8 亿元。2016 年上市的中国电影，IPO 募集资金也超过了 40 亿元。

（5）与新媒体相关的传媒企业受追捧。

这一阶段还有一个主要特征就是与新媒体相关的传媒企业在股市上受到热烈欢迎，互联网股、游戏股就不用说了，传媒企业中只要有新媒体相关资产或相关概念的，往往在IPO时大幅超募，市盈率高企。例如，被称为数字出版第一股的中文在线，市盈率最高时超过了1000倍。

形成这个现象，固然有炒作的因素，也有以散户为主的中国股市上投资者不成熟的因素，但IT技术和互联网技术对中国传媒业的积极影响，也是重要原因。

因此，中国上市传媒企业应当用好这个优势，将资本运营和企业经营有机结合，使企业脱颖而出。

第四章　传媒业与风险资本

第一节
风险资本与风险资本市场

一、风险资本与风险投资业概说

（一）风险资本的概念和风险投资业的产生

风险资本（Venture Capital）是一种投入到新兴的、迅速发展的、具有巨大竞争潜力的企业中一种权益资本。由于这种投资具有高风险和高潜在收益的特征，因此在汉语中既被翻译成“风险资本”，也被翻译成“创业资本”。

现代风险资本和风险投资业最早出现在美国，以1946年美国研究开发公司（ARD）的成立为标志。美国研究开发公司是一家公开交易的、封闭型的投资公司，由职业金融家管理。该公司设立于马萨诸塞州，因为公司创立者认为该州的麻省理工学院开发出来的大量新技术具有广阔的商业前景，但基于这些新技术的新创办企业由于缺乏常规的融资渠道难以生存和发展。基于这种情况，美国研究开发公司主要为这类新开办和快速成长的高新技术公司提供权益性融资。

在美国研究开发公司的发展历程中，1957年ARD对数字设备公司（DEC）的投资是一个里程碑式的事件，当年7万美元的风险投资，到

1971 年已增值为 3.55 亿美元，增加了 5000 多倍。而主持这次投资的乔治斯·多里奥特也成为现代风险投资业的创始人，被认为是第一位规范经营的风险投资专业人士。

美国研究开发公司开创了风险投资企业向高科技公司提供资金支持的先河，加速了金融业、科技研究与实体经济的融合，促进了金融创新和企业经营管理创新。此后，风险投资业从美国走向全世界，改变了全世界的经济发展模式。

风险资本和风险投资业最早在美国出现，并发展成为影响美国和全世界经济发展的重要力量，有其必然性。二战以后，美国综合实力大大增强，经济、科技实力稳居世界榜首，科技创新和经济管理创新齐头并进，促使了风险资本和风险投资业首先在投资界和实体企业界出现，并获得了最初的成功。但由于风险资本和风险投资业涉及科技研究、金融创新、实体经济发展，因此，仅靠民间力量还不能促成风险资本和风险投资业的发展、成熟，必须有政府力量的有效介入。

20 世纪 50 年代中期，美国联邦储备局对高新技术企业做了一项调查，调查表明资金短缺是创新型高新技术企业发展的最大“瓶颈”。为此美国国会在 1958 年通过了《中小企业投资法案》，促进了风险资本和风险投资业的发展，形成了 20 世纪五六十年代美国第一次风险投资浪潮。1979 年《雇员退休收入保障法》（ERISA）修改条款（Prudcnt ManRulc），允许养老基金有条件地涉足风险投资业。1978 年和 1981 年，美国国会两次下调长期资本收益税，税率从 49.5% 下降到 28%，后来又下调到 20%。同时，美国劳工部和国会在法律上确认了有限合伙制企业的合法性，为职业金融家与风险资本的结合提供了法律保障。

此外，多层级的资本市场体系的建立和完善，也是风险资本和风险投资业的发展、成熟的重要条件。美国拥有全球最完备的资本市场分层体系，包括四个层次：第一层次是纽约证券交易所、纳斯达克交易所；第二个层次是公开报价系统，包括信息公告栏市场和粉单市场；第三层次是地方性柜台交易市场；第四个层次是私募股票交易市场。完备的资本市场体系为风险资本的良性循环提供了畅通的渠道。

从风险资本最初的产生来看，风险资本主要投向以高新技术为基础的新创办企业，这是严格意义上的风险投资。但随着风险资本和风险投资业数十年的发展，风险投资已不限于高新技术为基础的新办企业，而是推广到一切具有高风险、高潜在收益的投资。

（二）风险资本的分类

从风险资本所投资的企业类型，又可以进一步细分为主要投向种子期企业的天使资本和主要投向早期和发展期企业的狭义的风险资本。

1. 天使资本

天使资本是指投向原创项目或小型初创企业进行的一次性的资本，一般来说投资金额较低。由于种子期的企业或项目不确定性更高，投资风险更大，对这类项目或企业的投资在相当程度上具有公益性质，这些投资者就像天使一样呵护、帮助原创项目或小型初创企业萌芽、生长。

正因如此，在美国的理念中，“天使投资人”通常指的是“自然人”，也就是一些总资产一般在 100 万美金以上，或者年收入在 20 万 ~30 万美金的高净值人士。天使投资人的资本来源一般是自有资金，投资金额从数万美元到 50 万美元。

美国硅谷是世界知名的创新企业摇篮，拥有从天使投资到中后期风险投资的完整投资体系。如果创业者有一个好的设想，他可以获得 5 万美元左右的投资。如果创业者有一个初步的产品和启动团队，他就可获到 10 万 ~50 万美元的种子基金。谷歌就是一个很好的例子。谷歌目前已是世界知名的互联网巨头，截至 2018 年 7 月 24 日，谷歌的母公司 Alphabe 市值已达 8677 亿美元。而在 1998 年，当谢尔盖布林和拉里佩奇仅有企业创意，尚未成立公司之时，天使投资人安迪 · 贝托尔斯海姆（Andy Bechtolsheim）就向他们提供了 10 万美元的投资。

【案例分析】

张朝阳的天使投资人

1996年，认识到互联网发展潜力的张朝阳决定回国创业。为此，他在美国寻求天使投资人的帮助。1996年4月，张朝阳向麻省理工学院斯隆商学院爱德华·罗伯特教授寻求天使投资，罗伯特教授认为张朝阳对自己的估值200万美元过高，同时也提出让张朝阳再寻找一个投资者，和他一起投。1996年7月，张朝阳在美国草拟了商业计划书，注册了美国ITC互联网技术有限公司，并担任总经理。1996年9月，他再次遇到尼古拉斯·尼葛洛庞帝，并与尼葛洛庞帝做了深入交流，得到了尼葛洛庞帝的认可。1996年10月，张朝阳将自己的身价降到100万美元，于是爱德华·罗伯特和他的学生邦德，以及尼葛洛庞帝，三人一共拿出22.5万美元，注入他的爱特信公司，张朝阳的公司开始运行。

点评：在这一案例中，爱德华·罗伯特、邦德以及尼葛洛庞帝的投资就是典型的天使投资，他们资助的是还在种子期的张朝阳的ITC公司。爱德华·罗伯特一开始之所以要求张朝阳再寻找更多的投资者，就是为了分散投资风险。三个投资人的资金来源都是自有资金，一共只有22.5万美元，其中尼葛洛庞帝投资额为2万美元。而尼葛洛庞帝后来提及此次投资时说，他认为张朝阳当时对互联网并不了解，他之所以参与了投资，是看好张朝阳这个人而不是项目。

从张朝阳的案例中我们可以看到美国天使资本对新创办的高科技企业的作用。近年来，美国天使投资一直比较活跃，天使投资占风险投资总额的40%～50%。2014年，美国天使投资总额为241亿美元，共有7.34万家企业获得了天使投资基金，活跃的天使投资人共有31.66万人。

我国的天使资本和天使投资业起步较晚，2014年，在国家“大众创业、万众创新”政策的鼓励下，中国迎来天使投资“元年”，据清科研究中心不完全统计，2014年全年中国天使投资机构共完成766起投资，披露的天使投资机构投资金额总数超过 5.26 亿美元。投资数量同比增长 353%，涉及金额同比增长 161.7%。主流天使投资机构 2014 年全年平均完成投资案例数高达 50 笔。目前，中国已经出现一批天使投资机构，也出现了一批较为成功的天使投资人。

2. 狭义的风险资本

与天使资本相对而言的狭义的风险资本（Venture Capital）是指以私募方式募集资金，以公司等组织形式设立，投资于未上市的新兴中小型企业（尤其是新兴高科技企业）的一种承担高风险、谋求高回报的资本形态。

尽管发展到现在的天使资本也已经有一部分采取私募方式募集资金，以机构方式进行运营，但相当比例的天使资本还是以自然人出资的方式运营的。即使像美国这样天使资本运营最成熟的国家，天使投资人中的 92% 还是来自亲友。商业天使投资人只占 8%[①]。而狭义的风险资本是对已经度过了种子期的创新企业的投资，其中一些企业获得过天使资本的资助，对这类企业的投资金额要远高于天使资本，而且往往需要多轮投资。因此，资金募集方式、资金运营方式都必须更加规范和专业。

狭义的风险资本是一种有组织、有中介、规范化、专业化运营的资本形式。由于风险资本投入的领域大多是新创办的高新科技企业，具有高度的风险性和不确定性，为了将风险降到最低，获取超额利润，必须采取创新型的组织结构和运营机制。因此，风险资本一般采取私募方式募集，募集对象主要是风险承受能力较强、愿冒风险以追求高回报的特定投资群体。募集到的资本可采取有限合伙制和公司的方式进行运营管理，其中有限合伙制是主流的风险资本组织形式。在有限合伙制的体制下，由投资者（有限合伙人）和基金管理者（一般合伙人）合伙组成一家有限合伙企业，投资者出资并对合伙企业负有限责任，管理人在董事会的监督下负责风险资本的运营并对合伙企业负无限责任。在这种体制下，基金管理者就是资本供给者（有限合伙人）和使用者（创业者）之间的中介。在具体的投资

① 唐滔. 天使投资[M]. 杭州：浙江人民出版社，2012：11.

项目运营中，风投机构探索出了一整套与此前金融机构截然不同的高度组织化、理性化和程序化的机制，以规避风险，提高投资的成功率。有限合伙制的风险资本运营一般以 3 ~7 年为一个周期，需要时可延期 1 ~2 年。

二、风险资本市场

风险资本市场是资本市场创新的结果，包含了金融创新、科技创新和企业经营管理创新的内容。风险资本市场是相对应于一般资本市场的一个概念。通常意义上的一般资本市场主要面对的是发展相对成熟的大中型企业，为它们筹集长期资本，而风险资本市场则主要是对处于萌芽及成长期的新生高新技术企业进行股份融资的市场。

风险资本市场的主要参与者包括供给资本的投资者、使用资本的创新企业、管理资本的风险资本家以及政府。风险资本的供给者主要是能承受较大风险的长期投资者，包括退休基金、基金会、商业银行、保险公司以及富裕的家庭或个人。风险资本的使用者一般是新创办企业，其中高科技企业占较大份额。

风险资本家在风险资本市场中作用十分关键，作为风险资本的中介，他们起到提高资本运营效益、帮助企业发展，进而推动创新、促进社会经济发展的作用。因此，较大规模的风险资本家队伍的出现，是一个国家风险资本市场成熟的标志。

[资料链接]

全球科技风险投资家百强榜：12 位中国人上榜

《福布斯》与其数据合作机构 True Bridge Capital Partners 共同调查了"数百只基金"和合伙人，查阅了过去 5 年的公开数据，在 2016 年初公布了全球科技风险投资家百强榜，其中 12 位中国人上榜，他们是：

第 7 位，沈南鹏（红杉资本）；第 21 位，童士豪（GGV）；第 30 位，周逵（红杉资本）；第32位，李骁军（IDG）；第40位，李宏玮（GGV）；第44位，周全（IDG）；第45位，林君睿（红杉资本）；第50位，林欣和（DCM）；第62位，计越（红杉资本）；第65位，朱啸虎（金沙江创投）；第90位，刘芹（晨兴资本）；第94位，徐小平（真格基金）。

（资料来源：腾讯科技2016年3月25日）

政府也是风险资本市场的重要参与者。在一个国家风险市场建立初期，政府要提供行政资源加以支持，通过制定政策、法律，建立多层次资本市场体系，为风险资本市场发展提供有利环境。

从市场结构来看，风险资本市场可以分为一级市场和二级市场。一级市场是风险资本运营的第一阶段，包括风险资本的筹集和投资运营。在投资运营中，风险资本家通过投资项目的选择、对项目的孵化和培育，使被投资企业成长，实现企业增值。二级市场是指专门为中小高成长型企业设立的小资本市场和地方性资本市场。二级市场是风险资本运营的第二阶段，主要为风险资本提供退出渠道。被投资企业在资本增值后，通过上市、股份转让等方式，为自己获得了更广泛的融资渠道，也使风投企业的投资得以顺利退出。

三、风险资本运营的特点

我国的风险资本及其运营发轫于1985年，该年中共中央发布《关于科学技术体制改革的决定》提出："对于变化迅速、风险较大的高技术开发工作，可以设立创业投资给以支持"，根据这一精神，国家建立了第一家国资背景风险投资公司——中国新技术创业投资公司。此后，又成立了中国招商技术有限公司等类似的公司。1991年，国务院《国家高新技术产业开发区若干政策的暂行规定》、1995年国务院《关于加快科技进步的决定》以及1996年国务院《关于"八五"期间策划科技体制改革的决定》都鼓励发展风险资本及其运营。1999年1月，深圳被国家外经贸部、科技部确定为我国第一个风险投资试点城市。

我国风险资本及其运营的迅猛发展与互联网在我国的发展同步进行。从20世纪90年代后期开始，一批创业精英（其中相当部分是在美国学习的中国留学生）围绕互联网开展创业活动，他们的创业获得了海外风险资本的资助，而这些海外风险资本的运营管理者，大多也是“海归”。在这些获得海外风险投资的企业中，有新浪、搜狐、百度、阿里巴巴等目前世界著名的互联网企业。从此，中国风险资本及其运营开始走向市场化、规范化、专业化、本土化道路。

在风险资本运营中，有限合伙制是比较主流的模式。有限合伙制模式的风投公司往往同时管理着若干个合伙关系，一个合伙关系会有6~12个一般合伙人，包括财务、营销、工程、软件开发、产品设计等方面的专家，或者是成功的创业者、在某些行业的企业中担任过职业经理人的人，还有一些来自投资银行或金融机构。有限合伙人一般有10~30个，机构或个人都可以。

这种模式的风投公司，主要的投资资本由有限合伙人提供，投资比例占到了总投资额的99%，而收益占收益总额的80%，一般合伙人投资比例只有1%，却可得20%的投资收益。通过这样一种运营机制，解决了风险资本运营中对一般合伙人的约束和激励问题：1%的投资额可防止过度冒险，20%的投资收益有效激发其积极性。

在美国，有限合伙制模式的风投公司占据了风险投资总额80%的份额。目前，我国的风险资本运营也主要采取这种模式。

风险资本运营有以下特点。

（一）投资对象多为创业期的中小型企业，而且多为高新技术企业

美国风险资本的70%都投向了以信息技术为主的高科技产业，美国的微软（Microsoft）、网景（Netscape）、谷歌（Google）、脸谱（Facebook）、推特（Twitter）等世界知名的高科技企业在发展过程中都得到风险资本的扶持。我国互联网在20世纪末21世纪初的发展也是由以美国为代表的海外风险资本推动的。

（二）高风险、高回报

发达国家的风险资本运营有一个“2－6－2”法则，即在所投资的企业中，大约20%彻底失败，60%左右勉强维持，20%获得较丰厚利润。在这一投资结果中，获得利润的这20%的项目，在覆盖其他项目的亏损后，还能够获得数倍乃至更高的回报。

[案例分析]

天使湾创投的15∶1

天使湾创投成立2010年，是一家专注互联网投资的天使投资基金。2011年，天使湾创投投资了15家公司，四年后的2015年，其中的14家公司都失败了，只剩下一家名为“小恩爱”的公司。2014年8月，这款情侣社交互动应用AP获得了1000万美元的A轮融资，这使天使湾在小恩爱的股权价值达到2000万元。而四年前，天使湾一共给15家公司投出了200万元。

点评：从投资项目数的成功率看，15∶1的业绩似乎不太好看。但“小恩爱”一家公司的成功，在覆盖其他14家公司投资失败的成本后，还有很高的利润回报。而这只是4年的回报，如果这个项目在未来几年继续发展，天使湾创投的收益会更大。

（三）投资决策专业化和程序化

风险资本运营具有很高的风险性和不确定性，要求风险资本管理者具有很高的专业素养，建立严谨规范的运营机制，在投资决策上做到高度的专业化和程序化，尽可能降低或规避风险。

一般来说，风险资本运营中的项目选择要经过初审、风投公司项目评估会讨论评估、面谈、尽职调查、就投资条款清单谈判、起草投资协议、提交公司的投资委员会通过、签订合同。通过这些严谨规范的程序，提高投资决策的成功率。

（四）融资与融智的结合

风险资本运营与一般的资本运营不同的地方在于，风投公司不仅为所投资企业注入资本，还要参与到企业的经营管理中，为创业者提供增值服务。

风险资本为所投资企业提供的增值服务包括：企业战略建议、企业发展建议、人力资源服务、未来融资服务等。但风投公司在提供这种增值服务时，要注意拿捏好尺度，要保持风险资本与创业者之间的必要距离，不能越俎代庖。因为，在风投公司和创业者之间，创业者是企业经营管理的主角，风投公司更多地应当扮演顾问、指导的角色。

在融资与融智的结合方面，风投公司一直都在不断创新。近十多年来，将风险投资与孵化器功能结合起来的模式开始发挥积极的效应，引起了投资界的关注。这一模式的典型代表就是美国的 Y Combinator。

[案例分析]

天使投资＋孵化器——TechStars

TechStars 是由大卫·柯恩联合其他三位投资人 2006 年在美国科罗拉多州博尔德市尖利的一家种子基金孵化器。创建之初，柯恩就决定要将风险投资和孵化器功能结合起来，他一次聘请了 70 位网络公司高管、风险投资人以及大企业高管进入首轮孵化器项目的运营。2006 年，柯恩投资了 10 家公司，每家企业获得 1.8 万美元的种子资金，以此换取每家公司 6% 的股权。TechStars 为每家初创公司提供 10 名导师，在三个月的时间里对创业者进行全面指导，帮助公司成长。三个月的学习成长计划是：第一个月关注目标消费群的培养；第二个月致力于产品和服务的完善；第三个月学习如何向投资人展示自己的项目以争取进一步的投资；最后，在毕业前的演示日“DemoDay”上，逐一亮相，接受投资人的检阅。截至 2014 年初，共有33家TechStars投资的初创公司被收购，处在发展中的公司有230家，另外30家公司失败。

点评：TechStars和具体运营方法和Y Combinator有所不同，但将风险投资与孵化器功能结合在一起这一特点是完全一致的，这种运营模式特别适合于种子期的初创企业。

（五）风险资本运营属于阶段性股权投资，被投资企业增值后，投资人会通过上市、股份回购或其他股权转让方式退出

风险资本运营属于阶段性股权投资，一个项目的投资一般需要3~7年才可能收回投资。风投公司对被投资企业不要求控股权，不以企业分红为目的，而是在退出时以资本增值作为回报。资本退出方式包括企业上市、被投资企业回购股份、向其他投资者转让股权等。

由于风险资本运营的这一特点，就要求一个国家在发展风险投资业时，必须建立完善的多层级资本市场，以利于风险资本的退出。美国在20世纪70年代以后在主板市场之外，又建立了以NASDAQ为代表的小资本市场和地方性资本市场，对风险资本的发展就起到了积极作用。我国在2009年建立创业板，此后又建立了三板市场（全国中小企业股份转让系统）、四板市场（区域性股权交易市场），2019年设立了科创板，也促进了风险资本运营在近年来的迅猛发展。

第二节
传媒业与风险投资

一、传媒业与风险投资的关系

（一）传媒业的技术特性对风险投资具有内在契合性

传媒大致可以分为传统传媒和新兴传媒。传统传媒包括图书、报刊、广播、电视、电影等，新兴传媒主要指依靠 IT 技术和互联网技术发展起来的各类媒体，包括网络媒体、移动端媒体、数字电视、数字报刊等。

从历史上看，传媒业一直都是与新的传播技术密切相关的一个行业，每一次新的传播技术的发明和使用，都深刻地改变了传媒业的竞争格局和发展方向。例如，德国古登堡活字印刷术的发明为欧洲近代新闻报刊业的发展提供了条件，20 世纪电影、电视技术的发明和推广对图书报刊业的发展产生了很大压力，而 IT 技术和互联网技术的发展和普及，又对此前的传统媒体造成了更大的冲击，媒体的融合、平台化经营模式成为传媒业发展的新趋势。最近几年，VR（虚拟现实）、AR（增强现实）、人工智能等技术的研发不断深入，成为改变传媒业的新因素。

传媒业与新技术的这种密切关系，在 IT 技术和互联网技术广泛应用以来的最近 20 年左右时间里体现得最为深刻。传播技术的创新带来传媒企业经营管理的创新、商业模式的创新，也带来整个传媒业竞争格局的改变。而这些企业的创新行为，正需要风险投资的支持和帮助。

（二）传媒业的内容创意特性对风险投资具有内在契合性

传媒业说到根本是一种内容创意产业，它是依靠新颖的、有特色的、有魅力的内容来吸引受众而因此盈利的。但内容创意产业是一个风险极高的产业，在艺术上和商业上能够同时获得成功的作品比例极低。以我国的网络小说为例，截至2014年中，我国上网发表过作品的作者超过2000万，网站注册作者约200万名，其中能在网上获得稿费的不超过10万人，而职业或半职业写手仅3万人左右。收入达到千万元的网络作家，全国50多人，这些作家的收入占到了网络作者全部收入的90%。从这个数字中，我们可以看到内容创意产业的高失败率和高风险性。

正因为传媒业内容创意特性高失败率和高风险性，因此，在电影、电视剧等高投入的项目中，为了规避风险，影视制作人往往采取改编文学名著、文学畅销书的方式制作影视作品。我国近年来对明星IP（IP是英文Intellectual Property的缩写，在中国近几年的语境里主要指的著名的网络小说）的爆炒和改编，遵循的也是这一原则。但即使是这些在互联网上得到市场充分验证的明星IP，在改编成影视剧后能够在艺术上和商业上双获成功的也依然是少数。因为从小说到电影、电视剧的改编中，存在不同艺术形式的转换问题，这种存在同样具有高风险性。

美国自2004年以来，电影产业资金来源开始发生变化。华尔街投资银行如美林、高盛、摩根大通以及一些私人投资公司，通过私募股权和对冲基金的方式募集资金投入到电影产业中，占据了30%～50%的比例。这些资金事实上就是一种风险资本，以电影的内容、版权等无形资产作为抵押物，以拥有公司股权或产品收益分成作为主要投资形式，依靠电影公司的经营业绩或所投资的电影作品的收益获得利润。

（三）传媒业对人力资本的高度依赖需要风险投资的支持

传媒业是一个“轻资产”特征十分明显的产业，一家传媒企业里，它最重要的资产不是土地、建筑物、自然资源等物质资本，而是具有创新能力的文艺创作者（包括作家、编剧、导演、明星）、企业经营者和管理者。而人力资本产权的界定、评估、转让、交换和实现要比物质资本产权复杂得多，具有很大的不确定性。比如，田晓鹏作为动画片《西游记之大圣归来》的导演，在2015年7月到9月上映后，由于艺术和商业上的成功，获得了广泛的好评。但对田晓鹏这样一个动画领域里的人力资本，应当给予怎样的估值，从哪些方面进行评估，他能否保持持续的创作实力等问题，都存在很大的不确定性。

传媒业对人力资本高度依赖而产生的高风险和高收益并存的特点也需要风险投资的支持。

二、我国传媒风险资本运营发展

我国传媒领域的风险资本运营迟至20世纪90年代后期才开始，虽然出现的时间比较晚，但由于这一领域的风险资本运营的市场化程度比较高、从事资本运营的专业人才素质较高，在大约20年左右的时间里，我国传媒领域的风险资本运营得到了快速发展。目前，我国已经出现了一批擅长于传媒业投资的风投机构，也涌现出一批优秀的擅长于传媒投资的风投专业人士。这些风投机构和风投专业人才将发达国家先进的风投理念和方法与中国传媒业实际有机结合，使源于西方发达国家的风险投资理念和方法本土化，有效地促进了中国传媒业的发展。我国传媒领域的风险资本运营发展大体可以分为三个阶段。

（一）传媒风险资本运营发展第一阶段：1997—2004年

这一阶段是我国传媒风险资本运营由草创到初步本土化的时期。

1997—2004年是互联网浪潮从美国蔓延到中国的时期，一批在美国留学或通过各种渠道了解到美国互联网发展进程的创业者开始将美国互联网的运营模式拷贝到中国。在他们的拷贝清单中，除了企业商业模式、运营管理等内容外，还把美国风险资本对互联网企业的投资理念和方法也搬了过来。尤其像张朝阳、李彦宏等在美国留学的高学历留学生，他们通过在美国的学习、工作经历积累了一定的人脉资源，使他们在创业之初就能够吸引到天使投资。由于这一阶段中国互联网产业与美国互联网产业之间这种学习模仿关系，使主要来源于美国的风险资本很容易理解这些互联网创新企业的商业模式，而中国巨大的人口基数，又使他们看到了广阔的市场前景。因此在这一阶段，国际风险资本涌入中国，对互联网创新企业进行布局。

值得一提的是，这些国际风险资本在进入中国时，采取了由“海归”为主担任资本管理者的策略，如软银亚洲的阎焱、霸菱投资的徐新、IDG中国的熊晓鸽、鼎晖资本的吴尚志等。这些人都是在中国大陆上了大学后到西方发达国家留学，在国外有了一定工作经验后再回国从事风险投资。这种经历使他们对国内外情况都十分熟悉，有利于风险投资在中国的落地。

这一时期，中国后来最重要的互联网企业基本上都得到过风险投资的帮助，这为中国互联网后来的迅猛发展奠定了重要基础。同时，这一阶段的风险投资是一种“两头在外”的模式：海外融资、海外寻求退出途径，这使被国际风险投资支持的泛互联网企业相当一批都是在美国上市，如搜狐（2000）、新浪（2000）、网易（2000）、第九城市（2002）、金融界（2004）、空中网（2004）、盛大（2004）。这种模式从好的方面说，就是促使中国泛互联网从诞生之日起就与世界最先进的互联网产业和最发达的资本市场紧密相连，培养出他们的国际视野和市场竞争意识。

（二）传媒风险资本运营发展第二个阶段：2005—2009 年

这一阶段是我国传媒风险资本运营进一步本土化、同时“两头在外”模式发生变化的时期。

2005 年前后，中国风险投资业发生了一系列重大事件：吴尚志创办鼎晖创投，阎焱从软银亚洲独立出赛富基金，张帆、沈南鹏成立红杉中国，张磊建立高瓴资本，徐新离开霸菱投资，创办了今日资本……这些事件标志着中国第一批风险资本家已经度过了学徒期，进化到了独立发展的新阶段。

在这一阶段中，风险资本除了继续对网站和游戏企业投资外，还将投资领域扩大到音乐内容供应商，如太合麦田、海碟，而对广告企业的投资，投资企业数和资金量都比较大，如对世通华纳、玺诚传媒、迪岸传媒、航美传媒、触动传媒等的投资。

这一时期风险资本的一个新投向是电影业，从这种投资方向的转变可以看出资本嗅觉的敏锐性。我国电影票房，从1995到2003年，年度票房一直维持在10亿元左右。从2003年到2009年，年度票房从10亿元增长到63亿元，年复合增长率为35%。风险投资家在这种增长中看到了投资潜力，2007年以后，风险资本开始对电影业加大投资力度。IDG资本创始合伙人熊晓鸽建立了2亿美元的“新媒体基金”，仅2007年上半年，就投资了中博影视、中影集团等三家公司，最大一笔投资达5000万美元。2007年6月，红杉资本对保利博纳首批注资3000万~4000万元人民币。

除了IDG资本的“新媒体基金”外，这一时期成立的主打电影投资的风险投资基金还有：A3国际亚洲电影基金、铁池私募电影基金、一壹影视文化股权投资基金等，这些基金的建立对中国电影业后来的发展有较大的促进作用。

这一时期，传统的图书报刊业基本上不入风险资本的法眼，但也有例外。2008年，民营图书策划发行企业磨铁公司获得基石创投5000万元的投资，这是民营出版业得到的第一笔风险投资。基石资本合伙人林凌看中的是磨铁的团队、签约作家，以及磨铁出版内容的全面性，使其能形成水准稳定、系统的产品线，在消费者心中建立起品牌影响力。

这一时期，由风险投资支持的传媒企业在海外上市的有：百度（2005）、分众传媒（2005）、华友世纪（2005）、巨人网络（2007）、完美时空（2007）、金山软件股份有限公司（2007）、华视传媒（2007）、搜狐畅游（2009）。

这一时期风险资本在资本来源上也发生了一个变化：出现了人民币基金。2006年8月，全国人大通过了修改后的《合伙企业法》，按照新法的规定，风险投资机构可以成立人民币基金。2008 年，鼎晖资本发起设立了人民币 PE 基金，募集规模为 50 亿元人民币。募集资金的一个重要来源是社保基金，同时期另一支获得社保基金的是联想集团旗下的弘毅投资。

人民币基金的成立，对我国风险资本“两头在外”模式是一个突破，有利于我国风险资本的健康发展。而 2009 年深圳证券交易所创业板的创立，更是为风险投资的退出提供了国内渠道。至此，我国风险资本在资本来源和退出渠道方面都呈现出多元化状态，发展环境进一步改善。

（三）传媒风险资本运营发展第三个阶段：2010—2018 年

这一阶段是我国传媒风险资本运营开始走向成熟、资金更充裕、投资方向更集中的时期，同时，也是开始出现投资泡沫的时期。

2010 年被称为是中国移动互联网元年，移动互联网、云计算、大数据等新技术广泛使用改变了我国传媒业的产业格局和发展方向，促进了媒体融合和产业融合，传媒产业以往的条块分割的格局在这种新技术的冲击下在相当程度上已经被打破，传媒业的融合化、市场化发展成为现实。在政策方面，2010 年国务院颁发的《关于促进电影产业繁荣发展的指导意见》中提出，“鼓励金融机构加大对电影企业的支持力度，支持具备条件的电影企业通过多种融资手段拓宽融资渠道”“积极探索建立电影风险投资机制，鼓励大型企业通过参股、控股等方式投资电影”，这些新提法为风险资本进入电影业提供了政策依据。传媒业这种新的发展态势，让嗅觉敏锐的风险资本感受到了难得的机遇，大量风险资本持续涌入此中。

在这一阶段，风险资本对影视业的投资继续火爆。以 2015 年为例，文化传媒类 PE/VC 融资案例 93 起，总规模 14.82 亿美元，其中影视、音乐细分领域以 37 起排名首位，占全部融资案例数量的 39.78%，规模达 8.09 亿美元。在国内 PE/VC 设立的私募股权基金中，设立初期定位于影视投资方向的基金有 50 余只，规模达 500 多亿元。大规模资金的涌入推动了影视业的迅猛发展。从 2010 年起，我国电影票房收入继续以 30% 以上的速度提升，2014 年，我国电影票房收入达 296 亿元，同比增长 35.78%。2015 年突破 440 亿元，比 2014 年增长 48.7%。

但由于中国电影业的经营管理规范化程度和经营管理水平与世界先进水平相比仍然有较大距离，同时中国电影业收入渠道单一，主要来源于票房收入，而且是国内票房，因此电影业仍然是高风险的一个行业。目前，国内一年生产600多部电影，其中只有一半能在影院上映，而真正能够为投资者带来收益的电影只有50~60部，只占全部电影的10%左右。正为如此，风险资本在进入这一行业时，也将在美国行之有效的配套机制引入中国。

2014年6月，在第17届上海国际电影节上，举行了《如果还能遇见你》与《双重记忆》（原名《死井》）项目完片担保签约发布仪式，上海盛万投资有限公司和中影国际两家机构成为上述两个影视项目的担保方，这是中国电影首次尝试“完片担保模式”。2015年，全球业务量最大的完片担保公司美国电影金融公司也分别与《长城》和《卧虎藏龙2》片方签约为其提供完片担保服务。

在电视剧板块，由于移动互联网的发展，越来越多的观众选择通过视频网站观赏电视剧，这就促成了网络自制剧的兴盛。网络自制剧主要通过视频网站向年轻受众传播，其剧作类型、思想和艺术表达方式、制作模式、播出方式都与在电视台播出的传统电视剧有较大差异，其创新性、时尚性、互动性很快得到了观众认可。2014年被称为网络自制剧元年，出现了《匆匆那年》等口碑和点击量俱佳的作品，到2015年和2016年，网络自制剧迅速升温，出现了《盗墓笔记》《余罪》等播放量在30亿次左右的剧作，而《老九门》更是突破了100亿次播放量大关，其中一部分剧作实现了网台联播，开启网络剧反哺电视媒体的先河。因此，一些有前瞻目光的风险资本开始关注这一领域，建立专门的网络剧基金进行投资运营。

在游戏领域中，手机游戏板块成为这一时期的风投重点。2000年到2010年，端游为主的时期。这一时期，主要由腾讯、网易、盛大、完美、巨人、畅游、金山等大型公司主导产业发展。2010年之后，由于移动互联网的发展，手机游戏成为游戏产业中新的增长点。这一时期，年轻的创业团队成为创新主体，并且成长速度很快，成为风投资本争抢的对象。

这一时期风险投资还有一个重要的投资趋势就是对自媒体、音频分享平台（网络电台）、网络直播的投资热潮。由于移动互联网、云计算、大数据等新技术广泛使用，传统媒体的覆盖面缩小，影响力被进一步弱化，传播者和受众纷纷转移到移动终端。同时，新技术的使用也使传媒业与电商及各行业之间的界限被进一步打破，这使自媒体、音频分享平台（网络电台）、网络直播等新兴传播方式的商业模式早已不限于传媒经营，而是在内容传播基础上的跨界经营的方式，这对追求超常规利益的风险资本具有绝佳的吸引力。因此，2015 年前后，自媒体、音频分享平台（网络电台）、网络直播受到风险资本的追捧，新创企业的估值在短期内迅速飙升。

同时，由于看好虚拟现实（Virtual Reality ，VR）、增强现实（Augmented Reality，AR）、混合现实（Mixed Reality ，MR）等新技术在传媒业的未来发展，风险资本也将以这些技术为基础的项目和创新企业作为投资方向，也形成了一股投资潮流。自互联网发展以来，已经呈现出一个明显的趋势，就是传媒业、电信业与高新科技之间界限日益模糊，三个板块之间日益融合，形成了 TMT（传媒产业、电信产业和科技产业）这一新概念。这一点在美国表现为谷歌、苹果、亚马逊等企业形态上，在中国则体现为百度、阿里巴巴、腾讯、小米等企业形态上。

这一时期风险资本的来源以及风险资本家的构成也发生了一个重要变化，就是产业资本成为风险资本的重要来源，而一批已经获得成功的创业者进入风险投资业成为新型风险资本家。这种变化对于中国传媒业风险投资业意义十分重大，它首先大大拓宽了传媒业资本来源渠道，为传媒业发展提供了充足的资金。其次提升了资本的专业性和智慧水准，使风险投资的融资与融智相结合的特性在中国传媒业中真正落地。在这一时期的风险资本中，百度、阿里巴巴、腾讯等互联网企业都成立了专门的风投机构，吴晓波、雷军、周鸿祎、徐小平、俞敏洪、李开复、寇晓伟、张一鸣等业界人士都进入传媒业的风投领域，并开展了一系列投资活动。

也正因为资本规模急剧增长，传媒业风险投资出现了比较明显的泡沫化问题，具体体现在获得风投的项目或新创企业在经营活动中的一系列不规范行为上，如电影票房的造假、自媒体流量造假、网络直播以低俗节目吸引眼球、同行恶性竞争等。

这一时期，由风险投资支持的传媒企业在海外上市的有：优酷网（2010）、人人网（2011）、土豆网（2011）、58同城（2013）、新浪微博（2014）、爱奇艺（2018）、B站（2018）、虎牙（2018）、映客（2018）等。

第三节
传媒风险资本运营

传媒风险资本运营包括资本的投入、投资后管理、退出三个阶段。

一、传媒风险资本的投入

（一）传媒风险资本的投资决策因素

1. 市场

传媒风险资本在进行投资决策时，一个项目的市场潜力、未来发展空间是首先要考虑的。创立于美国的红杉资本被称为“硅谷风投之王”，其投资理念就是关注各行业的发展趋势，尤其对以高科技为基础的新兴产业作前瞻性分析，在其他机构还没有注意到的时候先行进入投资“蓝海”。这种投资理念被称为“赛道理论”，就是在赛道和赛手之间，他们首先关注赛道的价值，然后再在选定的产业（赛道）中寻找最优秀的新创企业（赛手）。正因如此，红杉资本在美国投资了思科、苹果电脑、甲骨文、雅虎、Google 等高科技企业。2014 年 2 月，Facebook 以 190 亿美元收购 WhatsApp，红杉资本以 6000 万美元投资占 19% 股份，获利近 30 亿美元，投资回报率为 50 倍。

从 20 世纪 90 年代开始，传媒业就受到 IT 技术和互联网技术的强烈影响，这一趋势在2010年移动互联网进入普及阶段后表现得更加明显。虚拟现实（VR）、增强现实（AR）、混合现实（MR）在最近两三年受热捧，就是因为移动互联网的发展促使国内智能手机产业链和互联网应用两大板块迅速成熟，为虚拟现实、增强现实、混合现实等新技术的普及应用提供了基础设施条件和用户条件。尽管虚拟现实、增强现实、混合现实等新技术如何在传媒业中应用还没到产业化发展阶段，它们之间的融合仍在探索之中，但一些具备前瞻性的风投机构已经先行一步，及早布局了。

与此相应，风险资本也将注意力聚焦到了自媒体、音频分享平台（网络电台）、网络直播等与IT技术和互联网技术相关的板块上来。这些板块投资热情的高涨，与“80后”“90后”乃至“00后”的互联网使用习惯的改变、消费方式的改变是有密切关系的，而这也将影响到未来中国互联网以及互联网相关行业的发展。

另外，在中国互联网发展历程中，从20世纪90年代中后期到2012年，中国互联网产业主要是将美国模式搬到中国来（Copy To China），而从2013年之后，中国互联网产业的一些具有竞争力的模式开始“走出去”（Copy From China）。例如，2014年创建于美国的Wuxiaworld小说阅读网站就是把中国已经发展十分成熟的网络文学模式推广到西方世界。建站不到两年，Wuxiaworld已经发展成为北美Alexa排名前1500名的大型网站，截至2016年底，日均来访人数已稳定在30万人以上，其中来自美国的访问量超过总数的1/3。这种发展趋势也引起了风险资本的关注，未来也会成为风险投资的一个方面。

［资料链接］

中国创业团队打造的Musical. ly走红美国市场

2014年，Alex Zhu和他的联合创始人Louis Yang募得了25万美元的风投资金，原本是要做一个教育视频App，但未成功。在资金只剩下8%时，他们决定转型音乐社交视频App，这就是现在在美国风靡一时的Musical. ly。

Musical. ly 公司的总部在中国、设计在中国，公司大多数的工程师都在上海，只有少数业务部、市场部的员工及内容授权专家在美国旧金山的 WeWork（众创空间）工作。由于是这样一个跨越中美的团队，Musical. ly 最初研发应用有中英两种语言，本来打算国内和海外多个市场的发展。可当产品在美国推出后受到热烈欢迎后，Musical. ly 认为自己的产品特性更符合美国市场需求，于是决定先主打美国市场，在条件成熟时再回归国内市场。

Musical. ly 在 2014 年在美国推出后，大受年轻用户的欢迎，2015 年夏天登顶 App Store 排行榜，此后长期保持在前 40 名，还经常与 Snapchat 和 Instagram 交替成为榜首。

2015 年 8 月，Musical. ly 获得了 Greylock 和 GGV 资本共 1660 万美元的风险投资。2016 年 5 月，Musical. ly 又获得了总额约 1 亿美元的 C 轮融资，在这轮融资中，Musical. ly 估值达到了 5 亿美元左右。截至 2016 年底，Musical. ly 在美国已经拥有了超过一亿的用户。

2. 创始人及创业者团队

如果在风险资本的投资中对市场的考虑被比喻成赌赛道，那么对创始人及创业者团队的考虑则被视为赌选手。

传媒行业赖以生存和发展的资本来自是否能够生产出足够吸引人的内容并且将内容很好地推广出去。而要制作出精彩的内容则需要投入大量的人力资本，因此可以说，传媒行业首先是一个高度依赖密集人力资源的行业，更重要的它还是一个高度依赖智力资本的行业。将传媒行业称为一个以人为本的行业一点都不为过。而风险投资恰恰十分看重人力资源的内在价值，它用资本的形式肯定了智力资源的重要性。

传媒企业或者传媒组织作为知识型企业的一个典型代表，人力资本在其企业资本构建框架中的受关注程度要高出传统产业。人力资本概念的提出是在 1960 年美国经济学年会上，舒尔茨首次将人力资本描述为“人们获得了有用的技能和知识……这些技能和知识是一种资本形态，这种资本在很大程度上是慎重投资的结果……用于教育、卫生保健和旨在获得较好工作出路的国内迁移的直接开支就是（人力资本投资的）明显例证”。[①] 而贝克尔在《人力资本》一书中则认为，“所有用于增加人的资源并影响其未来货币收入和消费的投资为人力资本投资”,[②] 同时，他还指出：“对于人力的投资是多方面的，其中主要是教育支出、保健支出、劳动力国内流动支出或用于移民入境的支出形成的人力。”[③] 除上述学者外，目前关于人力资本的定义还存在许多不同的界定。但是，这些界定虽然说法不同，其本质均可定义为：存在于人体内部的包括知识在内的潜在能力，这些能力无法物质化，但是投资或是购买这类能力将在未来带来可观的利益。

在知识资源日益受到重视的社会中，人力资本的重要性已经逐渐可以和金融资本的重要性平起平坐。在这个背景下，学界和业界对于资本家（金融资本拥有者）和企业家（人力资本拥有者）之间的雇佣关系有了新的看法，打破了过去一贯认为由资本家雇佣企业家即资本雇佣人力的观点。新观点认为，在历史的发展演变过程中，最早出现的应该是拥有人力资本的企业家，这些企业家凭借自身的知识优势最先获取较普通人更多的金融资本，进而获得了资本家的第二重身份。因此，从历史和逻辑的角度来看，企业家和资本家的关系应当是：“企业家是原生的，资本家是派生的。”[④] 随着社会的发展，社会财富拥有量成为人们关注的主要对象，因此，占有大量金融资本的资本家被凸显出来，其作为企业家的原始的经营能力反而逐渐淡化，从而导致人们误以为是资本雇佣人力。因此，我们需要明晰的是，一个成功的资本家首先必须拥有良好的经营能力，也就是说，他所拥有的人力资本才是决定他是否可以拥有大量金融资本的前提条件。

---

① ［美］西奥多·舒尔茨.人力资本投资［M］.北京：经济学院出版社，1990：22.

② 杨运杰，谢瑞巧.知识型企业资本结构研究［M］.北京：中国经济出版社，2006：52.

③ ［美］加里·贝尔克.人力资本［M］.北京：北京大学出版社，1987：1.

④ 王明夫.资本经营论［M］.北京：中国人民大学出版社，2004：78.

在美国，为了解决金融资本与传媒业人力资本之间矛盾，一些传媒业巨头开始建立双重股权制度，以避免传媒企业被进入资本控制。双重股权制度就是指上市公司可以同股不同权，通常是一般股东一票一股，但公司少数高管可以一股数票。比如，默多克的新闻集团的股票就分为 A 股和 B 股，其中 A 股是普通股，B 股是特殊股，默多克及其家族通过对持有 38% 的新闻集团 B 股对该集团实施控制。后来，双重股权制度在美国高科技企业中也流行起来，如谷歌和 Facebook 等。

［案例分析］

阿里巴巴的湖畔合伙人制度

阿里巴巴是我国互联网产业的一个代表性企业，它由最初的电子商务网站发展为覆盖电商、传媒、文化娱乐、健康等行业的综合性商业生态系统。由于创始人马云在创立阿里巴巴之前已有三次创业经历，他深刻认识到互联网时代具有创新经营能力的创业者团队在企业发展中的重要地位，因此，在企业建立不久，就提出“客户第一，员工第二，股东第三”的经营管理思想，并在 2010 年正式确立合伙人制度，名为湖畔合伙人。阿里巴巴的合伙人制度借鉴了高盛和麦肯锡的模式，将管理团队分为三个层面进行运作：基层管理者负责具体执行，中层管理者负责战略管理，高层管理者负责企业发展、人才选拔等战略决策。为了使这样一个模式得以顺利运行，就必须保证创始人和管理层具有较强的企业控制权。阿里巴巴的合伙人制度正是在“客户第一，员工第二，股东第三”经营管理思想指导下逐渐磨合成熟的一种制度安排。阿里巴巴的湖畔合伙人制度规定每年进行选举，这样既填补了因现任合伙人转股或离职等原因可能造成的职务空缺，又为推动公司进行业务拓展和长期发展提供了人事更新的基础和渠道。同时，合伙人人数不设上限，使合伙人机构的扩张与公司发展保持同步，打通重要员工的上升通道，激发管理层工作热情。根据 2014 年 5 月阿里向美国证交会递交的招股书，当时阿里巴巴合伙人共计 28 名；而后阿里巴巴于

2014年6月更新了招股书，阿里合伙人减至27名，其中22人来自管理团队，4人来自阿里小微金融服务集团（其中两人兼任阿里和阿里小微金融服务集团的管理职务），1人来自菜鸟网络科技有限公司；2014年9月，阿里合伙人再次调整，新增3名合伙人，总人数增至30人。2016年2月24日，阿里巴巴宣布新增四位合伙人，至此，阿里巴巴合伙人人数已增至36人，而在这36人中，“70后”“80后”群体占比已经超过80%，而胡喜和吴泽明是首次迎来的“80后”。阿里巴巴通过合伙人制度的健康运行，确保阿里巴巴管理团队的年轻化。

点评：阿里巴巴湖畔合伙人制度充分体现出人力资本在互联网企业经营管理中的贡献，这也是阿里巴巴得以稳步发展的重要原因。但与这一制度相配套的双重股权制度在香港联交所得不到认可，阿里巴巴只好选择到美国上市。后来香港联交所更改了上市规则，中国互联网的新的“独角兽”企业小米才得以在香港上市。

最近几年来，传媒业风险资本对新项目或新创企业估值急剧攀升，背景就是具有创新创业能力的人力资本的价值已经被广泛认可。

基于上述对人力资本的分析，我们不难得出在风险投资这个行业中，最重要的因素并非是风险投资基金而是即将接受风险投资的企业的管理团队这个结论。在这里，管理团队就代表了核心人力资源，它是风险资本不断增值的关键。也就是说，在风险投资公司中，人力资源才是决定是否投资的关键性要素之一。因此，在风险投资过程中，风险投资并不会凭借其资金优势而抢占被投资企业的控制权，而仅仅是对被投资企业进行资金支持，最终换得高额利润。

百度获得风险投资的成功案例是对于人力资本是风险投资成功的关键因素的最好证明。李彦宏最初获得半岛基金和Integrity Partners的120万美元的投资很大程度上正是基于李彦宏本身在搜索引擎技术上的专业性。当时，投资人曾直接对李彦宏表示他曾经询问过Inforseek的首席技术官威廉·张，威廉·张对李彦宏的评价是搜索技术前三名中就一定有李彦宏。

这个评价也使投资人对李彦宏更有信心。因此，这两家投资机构从之前的投资 100 万美元增加到了 120 万美元。

后来，李彦宏回国成立百度，开始招募人才。百度的第一位员工正是国内第一款搜索引擎——北大天网的研发者刘建国。此后，百度又招到了包括后来成为百度搜索引擎主要设计者的雷鸣、崔珊珊、王啸、郭眈等人。此外，百度又在 2002 年聘任了朱洪波，朱洪波之前的身份是一家软件公司的创始人、用友公司副总裁、汉普咨询公司的资深经理人。而 2004 年作为普华永道亚洲区合伙人的王湛生的加入，使百度公司有了更加良好的国际化管理水平。凤凰卫视的著名主持人梁冬则成了百度的品牌和公关负责人，“有问题，百度一下”的广告语就出自梁冬之手。

到 2005 年初，百度用了 5 年的时间打造出一个符合海外上市条件的稳定的管理层，这个团队稳定而又强大的执行力成为百度成功的重要保证，当然也是之后德丰杰和 IDG 愿意在全球互联网泡沫的情况下投资百度的重要原因。

3. 产品与技术

近年来，传媒产业发展与新技术的普及使用密切相关，风险资本在对传媒业项目进行投资时，会重点考察项目所拥有的技术条件，也会考察项目的产品竞争力。

由于美国的 IT 技术和互联网技术一直处于世界领先地位，美国风险资本对传媒业以及与传媒业有密切关系的互联网业的投资往往十分看重其技术水平，尤其是原创技术，风险资本对谷歌、苹果等的投资都是如此。当然，基于新技术的新产品，风投也会给予大力支持，比如对脸谱、推特、阅后即焚（Snapchat）等。

而在中国，由于我国的 IT 技术和互联网技术水平与美国相比还有较大距离，因此，我国传媒业以及与传媒业有密切关系的互联网业领域的创新，大多集中在利用西方新技术结合中国市场特点进行的应用创新，我国早期的互联网企业如搜狐、百度、阿里巴巴、腾讯等大多如此。

最近几年，随着中国经济社会的迅猛发展，越来越多的企业开始关注原创技术的研发，中国互联网产业的领军企业百度、阿里巴巴、腾讯等也开始投入大量资金专注于此。

成立于2012年的今日头条，之所以能在短短数年中获得巨大成功，首要原因就是在创新技术上的研发和应用，解决了传媒产业中的“痛点”，由此进行产品创新。正因如此，今日头条在2012年成立之时就获得了数百万美元A轮投资后，2013年9月获得DST等1000万美元B轮投资，2014年6月获得1亿美元C轮融资，估值达到5亿美元。2016年，今日头条的估值已经高达92.3亿美元，相当于600亿元人民币。

4. 商业模式

在目前中国的传媒业创新中，通过内容集聚人气、打造明星（网红）、创造和扩大粉丝队伍，然后按照粉丝经济的机制进行商业模式创新，是传媒业的一个重要趋势。这种传媒业的商业模式创新，几乎都是基于IT技术和移动互联网技术进行的，因此，其更新迭代的速度很快。同时，这些创新大多与“80后”“90后”甚至是“00后”的网络使用习惯有关，也与中国社会的消费升级有关。

在传统的传媒产业商业模式中，内容出售和广告收入是主要的盈利方式。在互联网尤其是移动互联网时代，在传统的内容出售和广告收入之外，传媒+电商的模式成为更具想象力、更具市场发展潜力的创新模式。由于中国电子商务的发展水平在全世界范围内都处于前沿状态，因此中国的传媒+电商模式也是世界范围内发展最为充分的。2014年以来，风险资本对自媒体、音频分享平台（网络电台）、网络直播的投资热潮，其原因就在于此。

在互联网尤其是移动互联网时代，即使是传媒业传统的内容出售和广告收入盈利模式，也呈现出新的状态。例如，在自媒体、音频分享平台（网络电台）、网络直播中，粉丝对网红的打赏，就是传统的内容出售模式的一种新形态。

还有一个需要关注的现象是：中国传媒业在受到互联网冲击之前是一个严格按照条块分割的格局发展的，市场化程度有限，传媒机构的市场竞争力不高，传媒产业各个板块的商业模式发展程度都不高。比如，在内容出售方面，在发达国家，除了直接的内容出售（图书售卖收入、电影放映收入）外，以内容为基础的衍生品经营收入是更重要的部分，这一点在电影、动漫产业中表现得尤为突出。

进入21世纪以来，由于互联网尤其是移动互联网的冲击，中国传媒业条块分割的格局在相当程度上被打破，IT技术和互联网技术将传媒媒体和新兴媒体有机融合为全新的媒体形态，中国传媒业由此进入一个“弯道超车”的阶段。在这个阶段，中国传媒产业各个板块的商业模式发展中的短板部分开始发力，探索中国传媒产业各个板块商业模式的完善之路。由于是“弯道超车”，中国传媒产业商业模式完善之路既能够有效借鉴发达国家的成功经验，又在IT技术和互联网技术背景下，结合中国市场、中国受众的实际，必然会出现一系列创新之举。而风险资本的加入，则助推了这一趋势的发展。

5. 经营管理

对所投资项目的经营管理水平的考察也是风险投资的要考虑的重要因素，因为这关系到所投资项目未来能否盈利、何时能盈利、盈利的水平等问题。

投资了小米和Musical. ly的著名风投家童世豪认为：“我发现我自己最喜欢问的问题是，怎样才能把企业做大，要做大需要什么样的条件，要到哪里找到这类资源，要到哪里找到最适合的团队和你一起干。对这类问题，我听到的答复越具体，我越有把握或越能让我做出判断是否对该项目投资。风险嘛，其实VC都很聪明，相互比较一下，每家VC对项目风险部分的分析报告，几乎是一模一样的，99%的风险都能被分析出来。能看出风险，我不觉得是好的VC应该要做的基本功，能持续判断团队能否做起来这才难。”[①] 在童世豪看来，判断团队能否做起来其实就是对所投资项目

① 童世豪:《成功的创业者是怎么思考的?》, http://mini. eastday. com/a/160630132026880 - 9. html。

团队的经营管理水平的评判。

除以上因素外，在风险投资决策中，还有其他需要考虑的问题。

第一，风险投资既有科学的一面，也有艺术的一面。

由于风险资本大多投向于新创办的企业或项目，这些企业或项目有的甚至还仅仅是一个想法，只有创始的一两个人。因此对这类早期项目的判断，往往需要投资者丰富的投资经验、过人的商业直觉。从这个意义上说，风险投资是一门艺术。

但科学的方法也是投资不可缺少的工具，如通过数据研究，为风险投资决策提供依据，就是风险投资科学性的体现。

[资料链接]

数据研究用于风投决策

托马斯·瑟斯顿创立了一家名为 Growth Science 的智囊机构，其核心业务就是预测初创公司、新产品能否存活下来。Growth Science 采用专有数据库、数据采集方法以及算法在数据统计领域进行创新，以此计算业务模式和新技术获得成功的可能性。托马斯·瑟斯顿与风险投资机构 WR Hambrecht Ventures 合作，该公司投资的所有企业都经过 Growth Science 的预先检验，所有环节都没有人的主观性参与，通过各种算法，最终得出肯定或否定的结论。这种合作已有八年，已经出现了利好迹象。

（资料来源：《新的算法可以精确的预测初创公司的成败》，太平洋电脑网，http：//news. pconline. com. cn/576/5764577. html）

第二，IT 技术和互联网技术在与传媒产业日益紧密结合之后，产业资本的进入、专业人士的进入成为不可或缺的力量。

IT 技术和互联网技术对传媒产业的深刻影响已经是有目共睹的事实，在这一发展过程中，互联网产业和传媒产业的专业人士感触最为深刻，也积累了宝贵的专业知识和经验，对 IT 技术和互联网技术与传媒产业结合可能产生的变化具有较好的判断。因此，在最近几年，越来越多的互联网产业和传媒产业的专业人士开始进入传媒业的风险投资领域，包括互联网产业和传媒产业的实业资本加入传媒风险资本中。这些新动向对提高我国传媒风险投资的决策水平、管理水平是有积极意义的。

第三，联合投资问题。

风险投资决策是在高度不确定的情况下做出的，决策的一个重要原则就是尽可能地减少或规避风险。因此，风险投资为了分散风险，常常采取联合投资的方式进行。在决定联合投资时，要考虑联合哪家机构，这家机构除了资金资源外，还有什么资源有利于所投资项目？联合几家机构？以谁为主？

［案例分析］

路伟对动画电影《大圣归来》的投资与运营

电影投资人路伟是 2014 年 6 月接手进入《大圣归来》项目的。路伟毕业于中国人民大学金融专业，他曾经在中国银行做过投融资业务，2002 年后进入电影投资行业，具有较为丰富的电影业投融资经验。

为了降低投资风险，整合资源，路伟在接手《大圣归来》项目后，确定了组合式投融资策略。具体来说就是，路伟首先用自己创办的北京天空之城投资有限公司买断该项目，然后再联合浙江横店影视、北京燕城十月、北京微影时代、山东高路动画、北京恭梓兄弟、世纪长龙、山东影视、东台龙行盛世、淮安西游产业集团、浙江永康壹禾等 11 家公司作为联合出品方。路伟的意图是，要根据《大圣归来》项目运营所需要的资源，寻找具备相关资源的企业。这样，就不仅能够分散风险，获得更多金融资本，而且能获得金融资本之外的其他资源，这样就可以全方位地实现资源整合的效果。比如，横店影视在电影业具有丰富的人脉资源，可以负责电影的申报立项；微影时代票具有移动互联网的电影营销资源；山东影视具有拓展山东市场的资源；壹禾影视拥有音乐圈的用户资源。

事实上，正是有了11家联合出品方的投资，《大圣归来》项目才进入快速推进的阶段。

点评：从上面案例可以看到，一部优秀动画电影的诞生，需要风险投资家精心的组织，缜密的运营，通过联合投资，共同承担风险。

（二）传媒风险资本的投资决策程序

一般来说，传媒风险资本的投资决策要经过投资项目筛选、签订意向书、尽职调查、企业估值、谈判签约等几个程序。

1. 投资项目筛选

对于传媒风险资本来说，首先要广泛接触新创企业，从海量的新创企业中筛选出值得进一步考察的投资项目，经过风险投资机构的项目评估会论证、评估后，才能进入签订意向书的环节。

传媒业与新技术的联系十分密切，因而基于新技术的传媒业新创办企业的未来发展也具有诸多的不确定性。这就需要风险资本家对传媒业的投资与运营具有较丰富的经验，对与传媒业相关的新技术有较为深刻的理解，以此减少投资的不确定性，提高成功率。

以我国为例，从20世纪90年代中后期开始，风险资本对以IT技术和互联网技术为基础的传媒业的投资就成为重点，也成就了很多成功案例。2010年以后，这个领域的创新创业更是如火如荼。面对这个趋势，李克强总理2014年9月夏季达沃斯论坛上提出“大众创业、万众创新”的理念，我国政府在2015年把“大众创业、万众创新”这一理念提高到国家战略高度，打造成推动中国经济继续前行的“双引擎”之一。在这种利好环境下，从2015年起，我国迎来了新一轮的创业潮。2015年创业企业数量达365万个，2016年平均每天新登记的企业数1.51万家，按此标准计算，该年新创办企业在551万家以上。在这一创业大潮中，其中与IT技术和互联网技术相关的传媒业创业是重要板块，而风险资本对此也给予了高度关注。

2. 签订意向书

在经过项目评估会论证、评估后，风险资本欲投资的项目将进入签订意向书的环节。

意向书一般包括以下内容：

（1）优先股股东（Preference Share Holders）。

风险资本对所投企业的投资一般份额不高，属于小股东，但其股份属于优先股，其特点是：在利润分红及剩余财产分配的权利方面，优先于普通股。除此之外，在风险投资中，被投资企业的重大决定如 CEO、CFO 的任命，资产并购或出售，企业发展战略的确定等，风险资本作为优先股股东可发表意见并有一票否决的权利。

这一条款主要是为了保证风险资本的投资者权益，降低投资者的投资风险。

（2）创始人的期权股（Founder's Vesting Stock）。

风险资本注入所投资企业后，企业创始人的股份事实上变成了“期权”，行权期少则两年，多则 3～5 年。

这一条款也是为了保证风险资本的投资者权益，降低投资者的投资风险。由于风险资本家投入的是真金白银，而所投的对象主要是新创企业的创始人及其团队，以及这家企业的原创技术或商业设想，企业的未来发展在很大程度上取决于新创企业的创始人及其团队的工作状态和工作业绩。将创始人的股份设定为期权股，就是为了防范创始人的道德风险。

（3）注资周期（Traunches）。

风险资本对企业的投资一般不会一次到位，而是根据双方预先商定的业务发展里程碑，分期分批对企业注资。

这一条款也是为了保证风险资本的投资者权益，降低投资者的投资风险。对于被投资的企业来说，做好企业的发展规划和财务预测，是保证投资顺利进行的不可缺少的条件。

（4）对赌条款（Valuation Adjustment Mechanism）。

对赌条款也被翻译为“对赌协议”，如果按英文“Valuation Adjustment

Mechanism”的字面直译应该是“估值调整机制”，这一直译能够更加明确表达出对赌条款的实质。对赌条款就是风险投资人与被投资企业在达成投资协议时，对于未来不确定情况所做的约定。如果约定的条件出现，投资人可以行使一种权利；如果约定的条件不出现，被投资企业则行使另一种权利。对赌条款实际上是期权的一种形式，通过条款的设计，对风险投资人利益进行有效保护。

对赌条款产生的源于风险资本对所投资企业未来盈利能力的不确定性，目的是尽可能地实现投资交易的合理和公平。它既是投资方利益的保护措施，又对融资方起着约束作用和激励作用。

对赌条款都有量化指标，其主要依据正是企业的财务预测。对融资的创业企业来说，在进行财务预测时给自己留出余地，制定对赌条款时贯彻谨慎原则，可以最大限度地规避风险。

（5）核心团队非竞争条款（Key Person None - Complete）。

核心团队如果从公司离职，3～5年甚至更长时间不得从事与原公司相同或相关的行业。

（6）团队期权（Employee Stock Ownership Plan）。

创业企业为了吸引优秀人才加入企业，有必要在风险投资进入之前设立一个期权池，对未来加入的企业高管和技术人才进行激励。

此外，还有上市失败、清算优先权、独家谈判权、注资条件等内容。

3. 尽职调查

尽职调查又称审慎性调查，是指风险投资人在与欲投资的企业达成初步合作意向后，投资人对目标企业进行全面深入的调查、审核。进行尽职调查时，既要有投资机构的专业人士主导，也要借助第三方的财务、法律专家共同完成。

尽职调查一般包括以下几个方面：

（1）创始人和团队。

（2）行业和市场。调研企业所在行业的前景和企业所处的地位。

（3）企业业务。调研企业的产品、技术、知识产权、商业模式、核心竞争力、管理架构、流程等。

（4）财务。通过对企业以往财务数据的真实性及现金流模式的调研，对企业进行盈利预测，并建立财务模型进行估值。

（5）法律。通过调研对企业上市的可行性和可能的时间表作出判断，确定投资企业的交易架构。

4. 谈判、签约

在通过了尽职调查环节后，投融资双方就可以进行投资谈判、签署协议了。

二、传媒风险资本的投资后管理

传媒风险资本一旦投入新创办企业中，就和所投资的企业形成了同生死、共命运的关系，因此投资后管理是风险投资整个过程中重要的部分。投资后管理简称投后管理，这一概念早在数十年前就已经被提出来，但直到 2013 年底才开始逐步被国内风险投资机构重视，越来越多的风险投资机构设立了专门的投后管理团队，进行专业化的管理服务。

投后管理的内容包括投资协议执行、项目跟踪、项目治理、增值服务四部分。投后管理可分为日常管理和重大事项管理，日常管理主要包括了解企业经营管理情况，定期撰写投后管理报告等。重大事项管理包括对所投资企业股东会、董事会、监事议案进行审议、表决等。

经过多年的探索，我国风险投资机构的投后管理已经越来越倾向于将管理与服务融为一体，创造条件促进新创企业健康成长。

（一）投后管理的意义

对风投机构的意义：

（1）通过持续、及时的管理与服务，降低投资风险。

新创企业在 A 轮投资之前，尤其是在种子轮、天使轮投资之前，其产品、商业模式以及团队建设、经营管理水平、财务状况都存在不完善的地方，此时风险资本要起到顾问、教练、导师的作用，帮助企业从政策、市场、产品、经营管理、财务等多个维度降低企业风险，实现投资的保值增值。

（2）通过投后管理，建立与投前工作的联动反馈机制。

风险投资有“募、投、管、退”四个主要环节，这四个环节是前后一贯、有机联系的。

由于新创企业面临的经营环境在不断变化，再加上企业自身的不完善性，公司的发展会受到各种因素影响，从而增加了项目投资的不确定性和风险，通过有效的投后管理降低项目投资风险，建立与投前工作的联动反馈机制，提高投资机构的整体投资效益。

比如，一个项目在前期论证被认为是较优秀的，但在投资后由于各种因素的影响，该项目在产品、技术或商业模式上存在较大问题，此时投后管理团队就要将信息及时反馈给投前项目负责人，一方面及时解决当前问题，另一方面在未来投资时可避免类似问题。

（3）通过完善的投后管理与服务，树立风投机构的良好声誉。

我国风投行业发展到现在，竞争已经十分激烈，资金丰富而好项目稀缺的状况将是未来风投领域的常态。因此，风投机构不仅要有雄厚的资金实力，还要有周到完备的投后管理与服务能力，帮助有潜力的新创企业发展壮大，树立起风投机构的良好声誉，这样才能在风投领域持续发展。

目前，我国已经有风投机构有意识地将“募、投、管、退”四个环节的经验加以总结提炼，并通过讨论、培训等方式进行传播推广，从而实现企业管理知识的积淀与传承，打造企业核心竞争力。

（二）投后管理的原则

1. 持续性原则

投后管理是一项不间断的持续性工作，在风险资本注入企业后，投后管理团队必须与被投资企业保持持续畅通的联系，对企业运营情况进行定期或不定期的检查，直到本次投资业务结束。

2. 全方位原则

投后管理团队对被投资企业的管理和服务应当是全方位的，包括被投资企业的发展方向、经营管理状况、市场情况、财务状况、团队建设情况等。

投后管理的全方位性在种子轮、天使轮及A轮投资期的企业中体现得更为突出。

3. 服务性原则

投后管理在我国是一个逐步发展的过程，最初是为了保证投资资金的安全和按计划使用，重点在对资金使用、企业运营的监控上。随着我国风险投资业的不断成熟，近年来投资管理已经日益将管理与服务结合起来。

投后管理团队在对被投资企业的服务中，也要把握好双方关系的尺度，既要提供高质量的增值服务，使企业发展走在正确的道路上，又不能越俎代庖。

[案例分析]

创新工场的增值服务

2009年9月，李开复创办创新工场，将美国的科技孵化器模式引入中国，使风险投资的增值服务上了一个新台阶。

创新工场的投资方向集中在移动互联网、消费互联网、电子商务和云计算等几个方面，对这几个板块的新创企业，分别针对不同的创业阶段，提供不同的孵化计划：

加速计划：最核心的孵化计划——针对有经验的，具备清晰的商业计划、产品模型和核心成员的创业团队。

助跑计划：基础/系统性的孵化计划——针对有商业创意、初次创业的年轻创业团队。

创业家计划：个人创业孵化计划——针对有丰富业界经验、希望开创自己新事业的高端人才。

创新工场有着丰富创业经验的团队会为创业者提供一流的全方位创业支持。通过创新工场的品牌和关系网络帮助快速组建高素质创业团队，发掘价值合作伙伴，拓展目标市场；专业投资团队会以敏锐的行业嗅觉和立足中国市场的全球视野，引导产品战略优化，进一步明确商业方向；广泛权威的导师网络给予必要的创业指导；产品、财务、法务等多方协助帮助规避创业早期风险，快速良性地开启创业之路。

除此以外，创新工场将会为创业者和创业团队提供一流的创业环境和部分种子基金，也同样会提供与国内外早期投资机构接触的机会，包括创新工场的专属基金和创新工场开发投资基金（IWDF）。

2017 年初，美国风投数据公司 CB Insights 公布了最新的全球“独角兽”企业榜单，创新工场早期投资的两家创业公司：中国 Q&A 问答网站“知乎”和联合办公空间公司“优客工场”上榜，成为 2017 中国“独角兽”新星。

点评：李开复曾就读于美国卡内基梅隆大学，获计算机学博士学位，曾在苹果、SGI、微软和 Google 等多家 IT 公司担当要职，2009 年 9 月从谷歌离职后创办创新工场。由于李开复在 IT 行业和互联网行业的学习、工作经历，使他对 IT 和互联网相关行业十分熟悉，也具有较为丰厚的相关资源，这为他在创办创新工场对新创企业进行增值服务提供了便利条件。

4. 谨慎性原则

投后管理团队要密切关注被投资企业的各方面情况，对任何可能对投资造成不利影响的风险因素，要及时采取有效措施化解。同时，对企业的运营也要保持适当的距离，把握好投后管理者作为教练、顾问的分寸，不要过度干涉企业正常运营，为创业者营造既有监督指导，又有宽松自由的成长空间。

5. 及时性原则

及时性原则是指投后管理团队要按照规定及时对被投资企业进行监督

检查，撰写检查报告。一旦发现某个方面出现问题，投后管理团队要及时帮助处理。

（三）不同投资阶段的投资管理内容

1. 种子轮和天使轮投资阶段的投资管理内容

（1）加强团队建设，完善股权结构。

种子轮和天使轮投资阶段的企业，往往存在核心成员不足、股权结构不够合理的问题，对此，投后管理团队要利用自身的优势，帮助新创企业配齐骨干人才，建立核心团队，并构建合理的股权结构以吸引和激励团队人才。

[资料链接]

IDG 投后服务

IDG 以内部月度推荐的形式建立核心人才库。据 IDG 的相关负责人介绍，现在全国每月超过 500 次技术、产品及 UI/UX 方面的高质量候选人匹配。这种类似于猎头的工作只是 IDG 投后服务中的一部分，其余还包括资源开拓、公关活动、创业指导。

（资料来源：《IDG 中国 21 年：硅谷 VC 启示录 每个人都是投后管理者》，中商情报网，http：//www. askci. com/）

（2）完善技术与产品，梳理商业模式。

种子轮和天使轮投资阶段的企业在技术、产品以及商业模式上往往也存在很多不完善的地方，投资管理团队要帮助新创企业提高技术水平，提升产品档次，明晰商业模式。

（3）融资服务。

绝大多数的种子轮和天使轮投资阶段的企业都还不具备自我造血功能，因此，投后管理团队要密切关注企业的经营状况和财务状况，及早做好下一轮次融资方案，启动下一轮融资，并着手对接各路投资机构。通过完善周到的融资对接服务，使被投资企业顺利度过种子期，进入新的发展阶段。

[资料链接]

真格基金的投后管理

真格基金的投后管理比较系统，涵盖人员招聘、PR品牌、资本对接、财务法务顾问等。对于已经投资的项目，按照季度为周期进行跟进，通过横向纵向对比，分层对接。具体有以下投后服务活动：

（1）DemoDay

DemoDay是真格基金投后服务系列活动之一。定向邀请50家顶级VC，观摩15家左右正在融A/B轮的真格投资组合公司进行融资路演。

（2）CEO Lunch

CEO Lunch是真格基金投后服务系列活动之一，每月定向邀请投资组合公司创始人或CEO参加，就创业过程中的疑难杂症与徐小平、王强等真格合伙人午餐，进行答疑解惑，找到创业路上的灵感和方向。

（3）真驿站

真驿站计划为留学生回国创业提供一个观察、学习、适应和调整的机会。邀请海外名校、名企潜在创业者走访真格投资组合公司和市场上的优秀公司。真格基金联合创始人王强老师在此行程中会陪同大家交流并点评。

（4）ZhenTalk

ZhenTalk是真格基金投后服务系列活动之一，会定期邀请在投资、创业或某个特定行业或领域的专家，针对真格投资组合公司的CEO、品牌负责人、人力资源负责人等高管进行相关培训。

（5）ZhenWheels

ZhenWheels是专为国内外名校、名企高级人才的创业交流营。邀请有资深职场经验的潜在创业者加入，与真格基金投资组合的创业公司交流。经过双向选择，部分资深职场人会加入真格投资组合的创业公司。

（资料来源：百度百科“真格基金”条目）

2. A 轮到 C 轮投资阶段的投资管理内容

新创企业进入 A 轮到 C 轮投资阶段时，已经度过了创业初期的生存考验期，进入发展壮大期。此时的投资管理内容主要有：

（1）提高产品、服务质量，扩大用户规模。

传媒业是经营注意力的产业，传媒业所提供的产品和服务必须能够吸引足够多的用户，完善商业模式、打通变现渠道才有基础。因此，新创企业进入 A 轮投资阶段后，风投机构的投后管理团队要帮助新创企业做好这方面工作。

[案例分析]

风投机构帮助映客扩大用户规模

映客是中国用户基数最大的移动直播平台，开创了“全民直播”先河。映客在 2015 年 5 月上线，2015 年 9 月获得多米音乐 500 万元天使轮融资，2015 年 10 月映客直播注册用户超过 1000 万人。2015 年 11 月，映客获得赛富亚洲基金、金沙江创投、紫辉创投 2500 万元 A 轮投资，2016 年 1 月，映客获得昆仑万维领投 8000 万元 A + 轮投资。

昆仑万维在做了 A + 轮投资后，与映客商议，认为直播领域正处于中国移动互联网的投资风口，而日活跃用户（DAU）500 万元是生死线，需要将映客的日活跃用户快速提高到 500 万元。于是，映客在湖南卫视、江苏卫视、优酷、爱奇艺、腾讯视频，以及电影院线上投入了 1 亿元做广告。到了 2016 年 6 月，映客就达到了预定的目标日活跃用户 500 万元。

点评：本案例中，昆仑万维本身就是网络游戏公司，其创始人周亚辉亲自主导了对映客的 A + 轮投资。由于周亚辉在互联网产业的丰富经验和广泛人脉，使他在投资后对映客的投后管理与服务都能有的放矢、切中要害。2018 年 7 月 12 日，映客在港交所上市，成为港股娱乐直播第一股。

（2）完善商业模式，打通变现渠道。

新创企业进入 A 轮到 C 轮投资阶段后，投后管理部门要帮助企业完善商业模式，打通变现渠道，培育企业自我造血功能。尤其到了 B 轮投资阶段后，投后管理部门要帮助新创企业进一步优化商业模式，大幅提高盈利能力，以求在同类企业中胜出。

（3）战略融资。

所谓战略融资就是对新创企业未来发展起到重大影响的资金。对于这一阶段的新创企业来说，要获取的已经不仅仅是金融资本那么简单了，随着金融资本而来的，还应该有相关行业经验、人脉、未来上市的相关资源等。因此，投后管理团队必须在这些方面提供有效的支持，为新创企业选择合适的战略投资机构，实现多方共赢。

3. D 轮到 Pre – IPO 阶段的投资管理内容

新创企业进入 D 轮到 Pre – IPO 阶段后，往往都已具备较成熟的商业模式，有较强的竞争力。因此，在这一阶段对新创企业进行投资的一般都是规模较大的风投机构或 PE 机构。这一阶段的投资管理内容是：

（1）进一步强化新创企业的核心竞争力。

投后管理部门在这一阶段要帮助新创企业进一步强化企业核心竞争力，保持企业在行业内的领先地位。比如，可以通过并购，完善产业链，扩大用户规模，建立企业护城河。

（2）为风投资本退出做准备。

这一阶段进入企业的风投资金基本上是最后一个轮次的投资，在资金注入之时，投资管理团队就要考虑风投资本的退出途径和方式。如果是通过企业上市融资的方式退出，就要考虑在上市的时间、地点、上市的翔实方案等。如果是通过出售企业股权的方式退出，就要寻找合适的对接企业，并开展前期工作。

三、传媒风险资本的退出

传媒风险资本的退出是传媒风险资本运营的最后阶段，它是传媒风险投资者和传媒风险投资机构在投资结束时通过股权及股权转让活动获取投资回报的行为。由于传媒风险资本运营属于阶段性股权投资，因此绝大部分传媒风险资本都需要在投资后的一定时期内实现退出。畅通的退出机制是风险投资健康发展的必备条件。

完善的多层级资本市场，是实现风险资本顺利退出的重要条件。近年来，我国在沪深主板市场之外，于2009年建立创业板（二板市场），此后又建立了三板市场（全国中小企业股份转让系统）、四板市场（区域性股权交易市场），2019年设立了科创板，为风险资本的退出提供了多样化的渠道。

资本退出方式包括企业上市、被投资企业回购股份、向其他投资者转让股权等。

（一）股份公开上市（IPO）

股份公开上市是传媒风险资本最理想的退出方式，它可以使风险资本家持有的不可流通的股份转变为上市公司股票，实现股权流动，获取较高的盈利。在美国，大约有30%的风险资本采取了这种退出方式。

由于传媒风险资本所投资的企业大多是具有科技背景的创新性企业，这类企业的IPO大多选择在各国的二板市场上市，如美国的NASDAQ，我国的创业板。

我国由传媒风险资本所投资的企业，在20世纪90年代后期和20世纪头十年里，由于我国二板市场尚未建立，IPO大多选择在境外资本市场，其中选择美国NASDAQ上市的最多，如搜狐、百度等。2009年以后，越来越多的传媒企业选择在深交所的创业板上市。

（二）借壳上市与买壳上市

由于股份公开上市（IPO）需要企业具备较高的条件，真正能够通过

IPO 方式实现退出的传媒风险资本比例还是有限的。于是，借壳上市与买壳上市成为传媒风险资本退出次优选择。

借壳上市是指上市公司的控股母公司借助已拥有的上市公司，通过资产重组将自己的优质资产注入上市公司，逐步实现母公司整体上市，然后风险资本再通过市场逐步退出。

买壳上市是指非上市公司通过证券市场收购上市公司的股权，从而控制上市公司，再通过各种方式，向上市公司注入自己的资产和业务，实现间接上市，然后风险资本再通过市场逐步退出。买壳上市的优点是可以绕开公开上市市场对上市企业的各种要求，在较短时间内上市。但寻找合适的、干净的壳存在较大难度。

（三）并购退出方式

通过由其他企业兼并收购传媒风险资本所投资企业的全部或部分股权，也是传媒风险资本的重要退出渠道。并购方式有现金交易、换股（收购方企业的股权与风险投资者在风险企业中的股权相互交换）、票据交易、混合收购（并购方以现金、票据和股票的混合组合方式取得风险投资者所持有的风险企业股权）四种。

（四）风险企业回购

由其他企业兼并收购，意味着原来的风险企业将会失去独立性，公司的创业团队、管理团队失去对企业的控制权。因此，当风险企业希望继续拥有对企业的控制权、经营权时，可以采取由风险企业管理层或员工进行股权回购的方式，让风险资本顺利退出。主要有管理层收购（MBO）、员工收购（EBO）、卖股期权与买股期权三种方式。

（五）清算退出

清算退出是指对于已确认项目失败的风险资本，采用清算方式收回残留资本，以此退出。清算退出分为亏损清偿和亏损注销两种。

第五章　传媒企业并购

第一节

传媒企业并购概说

美国经济学家斯蒂格勒指出：“一个企业通过兼并其竞争对手的途径成为巨型企业是现代经济史上一个突出现象，没有一个美国大公司不是通过某种程度、某种方式的兼并而成长起来的，几乎没有一家大公司主要是靠内部扩张成长起来的[①]。”同样，如今世界上主要的跨国传媒集团无一不是通过不断的并购、整合、剥离、再并购的过程成长起来的。同国际大型传媒集团相比，我国的传媒产业在发展规模、经济效益和人力资源等方面都存在很大的差距，因此，走兼并重组道路是做大做强中国传媒产业的必经之路。

从上20世纪90年代起，国际传媒领域资本运营风起云涌，掀起了一次又一次的传媒并购浪潮。与西方传媒业的大规模并购相对应，中国的传媒业是用集团化的方法来实现行业规模化发展的。以1996年1月中宣部批准《广州日报》作为全国第一家报业集团试点为标志，由此拉开了一场以报业集团为先导、从中央到地方的传媒集团化浪潮的序幕。到目前为止，我国已经涌现出了一大批具有综合实力和竞争力的综合性传媒企业集团。

① ［美］乔治·J.斯蒂格勒.通向寡占和垄断之路——兼并［M］//高德步，王钰编.世界经济史［M］.北京：中国人民大学出版社，2001年，第311页.

一、企业并购的概念

企业并购是指企业的兼并和收购（Merge and Acquisition）。

企业兼并就是通过企业资本所有权的有偿转让，一家企业对另一家企业进行合并、接收和控制的企业重组行为。企业兼并的实质就是优势企业通过获得产权，重组劣势企业无效的存量资产，以实现社会资本的集中。

兼并有狭义兼并和广义兼并之分。所谓狭义兼并是指一家企业合并另外整个企业，即对另一家企业整体兼并：广义兼并，还包括收购，即一家企业收购另一家企业的资本控制权，达到对该企业控股的目的，这被称为控股并购式兼并。狭义兼并往往盛行于现代企业制度建立之前，广义兼并主要发生于规范的现代企业制度建立以后，表现为一种现代兼并形式。

收购是指企业通过获得目标企业的控制权或经营管理权，从而实现生产要素配置的整体战略协同。收购有收购资产和收购股权两种方式。收购资产是指收购方收购目标企业（即被收购企业）部分资产并将其合并入收购方企业，如果全部收购其实质就是吸收合并；收购股权就是全部或部分收购目标企业股权，使目标企业成为其能够实施控制权的全资子公司或控股子公司。

兼并和收购有时相伴而生，合称并购。狭义的整体兼并和公司收购的区别在于：前者是企业全部资本的转移，后者则是可以收购部分股份或资产，实现控股或资产控制；前者是被兼并企业的法人地位消失，后者是被兼并企业的法人地位可以依然存在。根据不同的情况，兼并可分为吸收合并和新设合并。吸收合并，一般是指一家优势企业吸收一家或多家企业，合并方企业存续，继续拥有法人资格，而被并购方企业不再存续；新设合并是指两家或两家以上企业合并为一家新的企业，收购企业与被收购企业（合并双方）都不再存续。

与兼并和收购有密切关系的是资产重组这个概念。企业资产重组是我国经济体制改革进入产权制度改革的相对高级阶段后才演绎出来的一个全新的概念，它与经济结构的调整、投融资体制改革的深化、社会保障体制的建立和完善一起，构成了改革大潮的主旋律。企业的资产重组来源于企业重组，一般意义上的企业重组是指为了更有效地实现企业制度的创新，提高企业的运行效率和竞争力，而对企业之间或者单个企业的生产要素进行分拆和整合的优化组合过程。企业重组的概念有广义和狭义之分。广义企业重组主要包括业务重组、资产重组、债务重组、股权重组、人员重组和管理制度重组等；狭义的企业重组仅指企业的资产重组。资产重组是企业重组的核心，是其他重组的基础，在西方金融学教科书中，没有资产重组这个概念，只有兼并和收购的概念。企业在从事并购活动时，进行资产的重组，是并购活动的继续。可见一旦企业发生并购，资产的重组是不可或缺的。虽然兼并、收购、资产重组存在差别，但是由于这三个概念都是以企业的产权为对象，并且在实践中经常交叉使用，所以本文以并购来涵盖文章中提到的企业进行的资产重组行为。

二、世界范围内的五次并购浪潮

在世界企业成长的历史上，一共产生过五次并购浪潮。最早的一次并购浪潮发生在 19 世纪末 20 世纪初，以横向并购为主要特征，通过横向并购形成了一些垄断性的大公司。第二次兼并浪潮产生于 20 世纪 20 年代，它的规模大于第一次。在这次并购浪潮中，美国有超过 1 万家公司被兼并。此次并购浪潮以纵向并购为主，其他形式的并购为辅，并购行为主要发生在食品加工、化学和采矿等产业部门。第三次兼并收购高潮出现在二战后的 50 年代至 60 年代，其中 60 年代后期为高峰。虽然被兼并的企业数量与上次相近，但此次兼并中有很多大型企业被兼并，从而造成并购的金额大幅上升。与前两次并购不同的是，由于当时管理科学的进步和信息技术的发展，这使管理大型综合企业成为可能，使人们以为依靠管理能力就可以支配任何行业，所以第三次兼并收购高潮的特征是混合兼并。兼并与被兼并的企业分属于不同的行业。第四次兼并收购浪潮从 70 年代起至 80 年代，以 1985 年为高潮。由于米尔肯于 70 年代首创垃圾债券，为企业通过杠杆方式进行融资和兼并提供了极大方便，特别是使小企业收购大企业成为可能，出现了“小鱼吃大鱼”的现象。比如，传媒业的并购中，1985 年大都会广播公司以 35 亿美元的价格收购了美国广播公司，此举震动了传媒界，因为大都会广播公司比美国广播公司要小得多。为了筹得 35 亿美元，大都会广播公司向银行借了 21 亿美元，并得到了大投资家巴菲特的大力支持。2002 年 11 月，美国有线电视巨头康姆卡斯特以 720 亿美元收购了 AT&T 公司有线业务，使其成为美国头号有线运营商，而在被收购时 AT&T 公司有线资产的规模是当时康姆卡斯特公司的两倍。由于美国经济的持续增长，以及美国在 20 世纪 80 年代开始的放松管制政策，从 90 年代开始，再一次出现第五次并购浪潮。这次并购以信息和服务业为主，在为其他产业“推波助澜”的同时，传媒自身也滚动发展，成为财力雄厚、多角延伸、跨国经营的企业集团①。

在近年来全球企业的大型兼并活动中，传媒巨头们的博弈占有重要地位：维亚康姆收购派拉蒙；迪斯尼 190 亿美元买下大都会美国广播公司（Capital City/ABC）；西屋电气并购哥伦比亚广播公司（CBS）。20 世纪 90 年代中后期，股市上网络泡沫膨胀，资本市场热炒传媒概念，尤其美国 1996 年电信法出台后，并购潮达到了最高峰，巨额交易此起彼伏；AT&T 斥资 540 亿美元收购第一媒体（Media One），维亚康姆 380 亿美元购并哥伦比亚广播公司。2000 年 1 月 10 日，美国在线宣布以 1620 亿美元收购美国时代—华纳公司，成为迄今为止西方发达国家历史上第二大兼并收购案。

三、我国改革开放后并购的兴起

西方国家的第五次兼并高潮已经于 21 世纪初基本结束，而我国的并购重组却方兴未艾，而且有愈演愈烈的趋势。我国的企业并购自 20 世纪 80 年代中期以来，在国际国内经济形势和企业制度变迁的冲击下，经历了从救济式兼并到战略式兼并、从不成熟兼并到规范化兼并的发展历程。1984

① 程曼丽. 新闻传播百年回眸[J]. 中国记者,1999(12).

年至 1987 年是起步阶段，开创了改革开放后中国国有企业间兼并的先河。这一阶段的并购特点是：一是企业并购数量少、规模小；二是企业并购基本上同属一个地区的同一行业；三是具有行政干预因素；四是企业并购都是发生在优势企业与劣势企业之间；五是并购方式主要是承担债务式和出资购买式的并购。第一次并购高潮是从 1988 年到 1989 年的上半年。这一阶段的特点是：一是并购规模由少数城市的少数企业向全面展开的方向发展；二是并购数量由一对一的单个并购向一对多的复合兼并方向发展；三是并购范围上由本地区本行业向跨地区跨行业的企业兼并发展；四是并购动机上由单纯的消灭亏损企业向自觉优化经济结构方向发展；五是并购程序上由试验探索向逐步规范化方向发展；六是并购方式上出现了承担债务式、购买式、控股式、无偿转化式等多种形式；七是在并购后的管理上，由原来的只注重产品组合，转向包括人力资源、企业文化等各方面的整合。从 1989 年的下半年到 1992 年初经历了并购的低落阶段。这一阶段宏观经济紧缩，企业资金短缺，整个国民经济进入了全面治理整顿阶段，企业并购也随着低落下来。1992 年我国开始了第二次并购高潮，这一阶段的中国企业并购特点有：一是并购规模日益扩大，强大企业间的并购越来越多；二是随着股份制企业的发展和证券市场的逐步规范，出现了大量公司形态的企业并购；三是产权交易市场普遍兴起；四是跨所有制的企业并购大量出现，外资并购国有企业的新景观开始出现；五是机会式并购与战略式并购同时并存；六是许多企业在并购操作方法和行为上日趋成熟；七是越来越多的企业已开始借助并购的机会来对公司实施增进效率和以效益为目的的制度创新和管理创新。

与此同时，伴随着传媒业日趋全球化和产业化的发展趋势，我国传媒产业的开放力度也逐渐加大。政府主管部门已清晰地认识到开放对中国传媒产业发展的巨大推动作用。一方面，相关主管部门鼓励中国媒体“走出去”，鼓励媒体开展对外合作；另一方面，相关领域对外资、民营资本的开放力度也逐渐加大，尤其是 2003 年以来的中国传媒产业变革，更是为业外资本参与中国传媒产业变革提供了发展良机①。国家政策对传媒产业融资渠道的进一步放开，不仅推动资本市场和传媒更加紧密的结合，而且从根本上改变了整个传媒业的组织架构、产业结构、人才布局等，在推动中国传媒产业化进程的同时，也对中国传媒企业更好地开展并购活动、参与国际竞争产生了重要作用。这在最先放开的信息通讯业和互联网业已经进行了较为成功的探索实践，通过不断的并购、重组与剥离完成了资产重组与产业布局，正在逐步与国际接轨。2010 年以来的几年里，由于 IT 技术和互联网技术的发展，形成了传统媒体与新兴媒体之间的融合趋势，传媒产业原有的条块分割的格局受到相当程度的冲击。同时，国家对文化传媒产业支持力度不断加强，使传媒产业中资本运作发挥越来越突出的作用，企业并购变得日益频繁，传媒业越来越向跨媒体、跨行业、跨地区的方向发展。

四、传媒企业并购的动因分析

传媒企业并购的动因是指并购的动力和原因，而对于任何一家传媒企业来说，生存和发展是其进行任何企业行为活动的根本原因。在激烈的市场竞争中，媒介只有不断地发展壮大，才能在竞争中求得自身的生存。媒介发展壮大的途径一般有两条：一是靠媒介内部资本的积累，实现渐进式的成长；二是通过传媒企业并购，迅速扩展资本规模，实现跳跃式发展。归纳而言，并购动因大致可以分为：

（一）横向并购和规模经济动因

规模经济是微观经济学的一个重要命题，英国的经济学家马歇尔将规模经济定义为某一企业在一定限度内，由于生产规模的扩大而导致的单位产品成本降低，收益达到最大化的现象。实现规模经济是企业努力的目标之一。

横向并购（水平并购，Horizontal M&A）是指相同产品或类似产品的

① 崔保国. 2004—2005 年中国传媒产业发展报告(传媒蓝皮书)[M]. 北京:社会科学文献出版社,2005.

生产者之间或销售者之间的收购，主要是指对同行业内的企业进行收购和兼并，目的一般是消除竞争、扩大市场份额、增加市场实力。当传媒行业某个领域刚刚经过高速成长期开始进入平稳发展期时，这时市场已不能容纳过多的竞争者，横向并购就会较多地发生，因为一些实力较强的传媒企业希望通过横向并购以巩固自己在传媒市场中的地位。通过传媒企业间的并购，特别是横向并购能够带来规模经济效益，其主要原因在于：

首先，数字时代传媒业一个显著的特征是，传媒产品生产、传播信息的边际成本基本为零，向 1000 万个用户与向 1000 个用户传送同样内容的成本几乎没有什么差别[①]。因此，规模效益对传媒业至关重要，并购对于传媒业来说，有其区别于传统工商业的特殊意义。也就是通过并购，随着传媒企业规模的扩大，生产规模和销售市场的规模也随之扩大，将更能促使传媒企业围绕边际成本递减这一特征将优势发挥得淋漓尽致。

其次，在传媒企业中，其经营所需要的重要原料——素材和原创作品都是非常稀缺的，这是传媒业的另外一个特征。因此，传媒企业在把经济资源聚集到自己手中的同时，也必须敛聚大量的内容和信息资源，以获得传媒企业在竞争和发展中的核心资源。传媒企业通过并购，获得进入传媒内容资源的通道，并且借助不断丰富的传媒渠道和不断扩大的传媒平台来发送这些内容，充分利用内容资源，同时利用先进的数字化技术成果，创造“无缝”的受众界面与广告环境，更巧妙地穿插、分配广告资源，使以往的传媒业的盈利理想在新的数字化传播背景下逐步成为现实。

再次，组成横向大传媒企业集团，扩大生产规模，提升企业规模竞争优势。规模优势一直都是企业竞争的主要手段之一。例如，2007 年 5 月之前，在国际金融信息的终端市场，彭博的份额达到 33%，路透为 23%，汤姆森为 11%。但当汤姆森斥资 87 亿英镑（172.3 亿美元）并购路透集团，“汤姆森—路透”（Thomson – Reuters）集团在这一领域的份额将扩大至 34%，从而超过彭博成为全球金融信息服务的“领头羊”。

---

① 谢耘耕. 兼并和收购——媒体扩张与发展之道[J]. 新闻界，2004(4).

最后，扩大传媒企业的市场占有份额，避免行业内的散乱竞争，形成规模效应。一个行业里企业众多、规模较小，并且由于存在退出壁垒的限制，企业不愿自行退出，一些企业为了生存就会进行恶性竞争，最终损害了整个行业的利益。为了避免这样的后果，一些有实力的传媒企业就会通过收购兼并来整合整个行业，扩大市场占有份额。古典经济学从降低成本和扩大市场份额的角度解释了企业并购的动机。

（二）纵向并购和降低交易费用

纵向并购（垂直并购，Vertical M&A）指基于价值链或产业链进行的并购整合，是处于不同交易阶段（如产品生产阶段、批发阶段、零售阶段）的企业之间的合并，以形成纵向生产经营一体化。其结果是扩大生产经营规模、节约管理费用、加强生产经营各环节的配合、加速生产流程、缩短生产周期、节约运输、仓储、资源和能源等。当传媒产业某个领域正处于增长阶段时，就会较多地发生纵向并购，因为并购为传媒企业提供足够大的市场空间供其发展。一家传媒企业追溯与之经营内容相关联的上游供应商或是下游销售商以充实和扩张自己的业务，这种纵向一体化战略的最直接也是最显著的优势就是可以降低交易成本（交易双方提出要求、讨价商谈、订立合同、交货检验等活动的成本）。大多数跨国传媒集团所经营的报纸杂志，一般都拥有造纸、油墨甚至印刷设备等原材料生产厂家，或对相关厂家进行控股；在产品的销售、发行上，有报刊发行渠道、影视音像连锁店，以及电影院等；同时掌握广告，以完成信息产品的二次售卖；另外，这些集团还与银行、保险、证券等金融机构建立联盟关系，或者自身有金融机构。通过这种方式，跨国传媒集团将原材料供应商、销售渠道、资本运营等价值行为纵向整合成一条完整的价值链，使其处于集团内部控制之下，从而方便了集团运作，降低了交易成本①。

传媒产业是一个高投入和高回报的行业，从理论上来说规模越大，资源越多，经营相对就越稳定。为了达到资源共享和统筹兼顾，行之有效的

---

① 谢耘耕. 媒介的多元化投资及其风险[J]. 新闻界,2004(3).

方法包括将传媒运作的各个环节尽量纳入企业版图。因此，当维亚康姆集团认为它们的发展过程中少了院线领域的业务时，它们收购了派拉蒙电影公司。当通用电气旗下的 NBC 在屡次交涉无法获得正在热播的由维旺迪环球电影公司制作的《法律与秩序》这档节目的特许播映权时，它们通过收购获得了整个公司，以保持收视率的霸主地位。

（三）混合并购和实现协同效应

混合并购是指并购双方处于不同行业的并购行为，也就是并购所涉及的企业之间既不存在相互竞争关系，也不是处于某一产品的不同交易阶段。传媒业中的混合并购主要是传媒系统内部并购与传媒系统外部兼并互相“融合”的一种并购方式，也就是说实力强大的传媒企业为扩大自身的规模，提高市场占有率，可以超出本系统的范围实施并购，以实现有效的协同效应。比较典型的例子是西屋公司（Westing－house）收购哥伦比亚广播公司（CBS）、通用电气收购美国国家广播公司（NBC）。因为多元化经营既可以降低传媒产业经营的风险，又可以保证传媒产业的稳定收益，同时又拓宽了传媒产业的经营范围，真正突出了传媒产业在社会的支柱地位①。具体来说，媒介通过混合并购，可以实现财务协同、管理协同、经营协同，多元经营，风险分散，合理避税等效应。混合兼并能让传媒企业获得更多的盈利渠道；传播领域的新兴媒介在不断发展，通过混合兼并可以整合新旧传播资源，平衡利润收入；传媒企业通过兼并，可以获得被兼并的实体的生产能力和各种资产；经营经验对混合兼并有着特别重要的作用，由于混合兼并经常进入一些新的经营领域，在这些领域中，经营经验会对兼并企业建立起一道有效的进入壁垒，通过混合兼并，多元化后的企业可以分享各个部分的运行经验，重新整合成一种有力的竞争优势，最终有效地发挥传媒业成本递减的特性。

（四）跨国并购与全球化战略

并购除了能给传媒企业带了上述效应之外，媒介外部环境的变化也是

---

① 谢耘耕. 兼并和收购——媒体扩张与发展之道[J]. 新闻界,2004(4).

传媒企业并购的重要动因。冷战结束后，世界格局逐步由两极走向多极，国际竞争已全面地从政治斗争、军事对抗为主转向了经济竞争。同时经济全球化进程的加快，使更多媒介有机会进入国际市场。正是为了对日益增强的全球市场竞争压力做出反应，发达国家和发展中国家的跨国经营媒介都越来越追求通过国外直接投资和非股权投资来进一步发展全球化经营，以便开发新市场或者利用生产要素优势来建立国际生产网，而并购是其最有效的途径。

传媒企业的全球化首先是通过生产全球化得以实现的，跨国传媒公司的电视节目都强调英语和当地语言的混用。就像时代华纳发现的那样，在国际电影竞争中，让当地音乐人以当地语言创作电影歌曲，能够提高华纳兄弟电影公司的电影在亚洲的需求量。又如，美国杂志出版商扩张国外业务的时候，也会自动地调节杂志的内容和语言，以满足目标市场的要求。由此可见，迪士尼的“思想全球化，行动地方化”的战略原则越来越多地被其他跨国传媒集团所采用。

具有影响力的传媒公司越来越倾向于将自己看成全球化的实体。起源于德国的贝塔斯曼（Bertelsmann）为了进入美国市场而兼并了数家美国出版公司，但是1998年，当有人说一家德国公司不应该分别掌握美国图书出版业和音乐市场15%的份额时，首席执行官托马斯·米德尔霍夫（Thomas Middelhoff）说：“我们不是外国公司，我们是国际公司。我是一名拥有德国护照的美国人。”2000年，米德尔霍夫宣布贝塔斯曼不再是一家德国公司，而是“最全球化的传媒公司”。同样，美国在线—时代华纳的杰拉尔德·莱文（Gerald Levin）也宣称：“我们不希望被看作是一家美国公司。我们具有全球化视野①。”

五、传媒企业并购的本质是内容与渠道的不断集中与融合

国际传媒集团并购往往选择传媒业或与传媒业相关的其他行业作为收

① ［美］罗伯特·W. 麦克切斯尼. 全球传媒、新自由主义和帝国主义［M］//载尹鸿主编. 全球化与大众传媒［M］. 北京：清华大学出版社，2002.

购重点，究其本质，就是内容与渠道的不断集中与融合。这是因为媒介生产、传播信息的边际成本几乎为零，将图书、录像、电影、电视、互联网、手机等多种媒介联合起来，统一协调，形成合力，在规模效应的作用下可以大幅提高效率和利润。当传媒公司能够获得更大的市场份额时，首先是公司的管理成本会降低；其次，公司在与供应商的讨价还价中，将处于更加有力的地位；再次，随着市场份额的扩大，对销售市场的控制能力也相应增强，也就能为自己的产品争取一个好价格；最后，对于市场的新进入者，由于并购使市场上现存的公司更加强大，而且市场上的这些“游戏者”能够说服立法部门将政策和法律向有益于它们的方向倾斜，新出现的技术也有利于企业的集中，因此新来者进入市场就变得更困难了，市场的竞争压力相应减小。

（一）互联网、移动媒体的兴起促成渠道的不断集中与融合

进入20世纪90年代以来，“信息高速公路”的兴建和互联网的迅速普及促使国际互联网蓬勃发展，给传统媒体带来了前所未有的契机。一场由互联网引发的扩张从三个层面展开：第一，20世纪90年代中期美国股市对于网络概念的追捧，创造了许多网络公司短期内股价上涨几百倍甚至上千倍的“神话”。为了将自己在资本市场的“概念”优势转化成更为实际的现实优势，网络公司开始收购传统媒体，美国在线、时代华纳的合并正是在这样的背景下发生的。第二，同样是为了抢占战略制高点，大传媒公司纷纷收购在运作和商务方面有创意、有发展潜力的网络公司。第三，大传媒公司纷纷创办自己的网络业务，如新闻集团与《纽约时报》合作的The Street. com，贝塔斯曼推出了大规模的传媒商务网站BOL. com，迪士尼2001年成立了致力于网络游戏和电子游戏的迪士尼互动公司[①]。相应的，出现了传统媒介和电信公司的合并浪潮，同时每一次合并都有互联网和计算机公司加入。例如，以计算机软件起家的微软公司（Microsoft），正在试图占领有线网络和传统媒介的市场。美国在线、美国电话电报公司和西班

① 孙镜. 传媒业集中化趋势的经济学分析[J]. 中国传媒报告，2005(2).

牙电信本身都已成为传媒运营者。全球传媒系统正处在与电信和计算机行业融合的过程中，以组合成一个综合性的全球传播系统，在这个系统的任何部分都将由6到12家超级公司主宰一切①。在欧洲，法国传媒集团维旺迪（Vivendi）并购环球电信公司（Universal），不但产生了世界第三大传媒巨头，也标志着传媒业与电信集团重组，也就产生了所谓的三网融合，即电视网络、互联网和电话网络的融合。正是在这种融合之中，数字技术抹平了传媒、通信和计算机技术之间的界限，从而使任何一家公司有可能在高度竞争的市场条件下进入另一个以传统的观点看来毫不相关的市场。可以说，互联网是掀起数字化时代，传媒、通信和计算机企业之间始料未及的兼并浪潮的基本条件和促成因素。

二十年前，通信业的各个业务领域之间的划分还非常明晰，移动通信、有线电视、卫星通信、互联网服务等各项业务大多由专营公司分别负责。现在，各个业务领域正在互相渗透，网络也正在走向融合。

（二）对内容匮乏的恐惧成为诸多兼并融合的关键原因

目前美国最大的25家媒介集团，都是囊括了广播、电视、有线电视、卫星广播电视、报纸、杂志、出版、电影、唱片、电话、互联网、体育、零售、广告等众多产业在内的超级信息传播集团。

这里我们对维亚康姆如何围绕“内容为王”这个核心进行跨媒体综合发展做一个分析。维亚康姆老板雷石东1954年继承了一个家族电影院线——国家娱乐公司，在长期的院线经营中，维亚康姆发现娱乐传媒业“内容为王”这一重要原则，由此，他确立了以内容产业为主业的发展战略。为了实现这个目标，他提出了内容产业发展的A、B、C三部曲：A——Acquire（收购），即购买和开发最优质的内容；B——Brand（品牌），即对内容进行品牌建设；C——Copyright（版权），即对所创造的品牌内容进行版权管理与经营。围绕这样一个战略，他在1987年收购了维亚

① [美]罗伯特·W.麦克切斯尼.全球传媒、新自由主义和帝国主义[M]//尹鸿主编.全球化与大众化[M].北京：清华大学出版社，2002.

康姆公司，1994 年收购了专事电影制作的派拉蒙影业公司，1999 年，以 350 亿美元收购哥伦比亚广播公司。由此，维亚康姆拥有如下资产：哥伦比亚广播公司（其附属台超过 200 家，美国最大的 5 家电视网之一）、MTV 音乐电视网（在美国拥有的订户超过7900 万个家庭，覆盖了全球 140 个国家和地区的 3.84 亿个家庭）、Nickelodeon 儿童电视频道（拥有超过 8100 万个美国家庭订户）、无线广播公司（拥有 180 多家广播电台，美国最大的无线电广播公司和户外广告公司之一）、布洛克巴斯特录影带出租连锁店（其在美国有 4141 家自有品牌的经销店和 830 家特许经营的经销店；在国外有 1951 家自有的经销店和454 家特许经营的经销店）以及著名出版社之一的西蒙和舒斯特 Simon & Schuster 出版公司。我们进一步分析，发现这些资产实则由两大板块构成：内容制作与提供、内容传输渠道。维亚康姆在电视、电影的制作提供能力在世界大型传媒集团中出类拔萃，在打造出超强的内容提供能力的同时，维亚康姆建起了与之相适应的传输渠道。这样，我们就发现，表面上看，维亚康姆和别的集团一样，都是跨媒体、跨行业的综合性传媒集团，实际上它是有着自己的拓展逻辑的，它的所有拓展都围绕“内容为王”这个核心进行。

传媒业除了存在规模经济外，还存在“多样性经济”的特征，就是尽可能地以多种传媒的方式实现一次投资多次利用，这也是促进传媒业合并形成多媒体集团的重要动机，如通过通讯社一次的检索、收集材料、生产，而以多种传媒产品的形式出现，并且在不同的媒介平台使用。除了内容、素材可以多次使用、多次销售之外，在传媒生产、传媒管理和传媒经营领域的人才也是非常稀有的，通过传媒企业的合并，这些人才也能够充分发挥作用。这就是对发行窗口的有效利用。简言之，多样性经济就是同一内容产品通过传媒业的不同行业分销渠道进行销售，以迅速递减的变动成本在多个市场使用产品收入最大化①。

① 孙镜. 传媒业集中化趋势的经济学分析[J]. 中国传媒报告,2005(2).

第二节
传媒企业并购运作形式

传媒企业并购可以分为如下三种基本运作形式：①资产收购；②股票收购；③兼并。

一、资产收购交易

在资产收购式并购中，收购方用现金、票据或者其他资产购买全部或实质上全部的目标公司的资产。以资产收购形式进行交易的主要优点是收购公司可以确定它将收购的资产和承担的负债，可以选择避开某些已知的负担，如环境负担、税收负担、悬而未决或者可能发生的诉讼以及一些令人不快的合同责任。

然而，以资产购买的方式进行交易也有很多缺点。第一是收购公司必须确认正被收购的每一笔资产，并为资产的所有权转让准备必需的文书。如果有很多笔资产，所有权转让的过程是一项昂贵且费时的工作。第二个缺点是目标公司可能持有未经第三方同意或政府批准不能转让的一些有价值的契约、执照和许可证。有些情况下，第三方由于正试图终止合同关系不同意，而在另一些情况下，第三方可能同意，但必须为这项许可支付一定的价格补偿。这样，如果资产较多，且资产结构和合同关系复杂时，这种收购方式就不太适合。第三个缺点，从税收角度来看，资产收购中，目标企业需要缴纳所得税，虽然从美国的税法来看，资产收购有许多的税收优惠，但在中国，这一优势将不复存在。因为中国的税法在这方面涉及较少，资产收购还没有规定优惠政策，对于目标企业来讲，还必须缴纳利得税。

二、股票收购交易

在股票收购交易中，收购公司以现金、票据或其他资产从目标公司的股东手中购买全部或者至少大多数公开卖出的股票。

通过股票收购来并购通常有两种操作手法，即一步交易法和两步交易法。一步交易法就是并购双方在一步中完成了所有股权的交接，而两步交易法是分两个步骤收购股权。其中两步交易法在国有企业合并中运用得相当普遍。第一步是通过公开招标取得控制权，第二步是兼并，少数股权被买断。收购公司在向目标公司的控股股东协议购得多数股份后，在目标公司的股东大会上对合并批准就有了发言权。两步法相对速度较快，减少了收购过程中不确定性因素出现的可能性。

股票收购交易的优点是它相对简单，速度更快，通常就是在一笔交易里卖方股东把股票转让给收购公司。与资产收购交易不同的是，它不包括具体资产的转让或者具体负债的承担。目标公司、资产与负债保持完整无缺，因为目标公司作为一个整体不受其股东出售股票的影响。同时，还可以规避目标公司债务协议中的禁止性规定，因此这个收购行为的完成不需要取得债权人的同意。股票收购交易的主要缺点在于将承担目标公司所有披露和未披露的负债，存在潜在的风险，但不是无限风险。同时目标公司可能也会采取防御性的措施阻止收购的完成，如目标公司章程中有投票表决条款等。因为股权收购并不像资产收购取得全部的资产，所以说在股权收购完成之后，通常会有一部分的少数股东的存在。

三、兼并

兼并是一个正式的法律程序，通过这个法律程序目标公司的所有资产和负债将自动转移到继续存在的公司。它的优点和股票收购相似，不涉及具体资产的转移和具体负债的承担。相反，目标公司所有的资产和负债经过法律上的操作自动地转移到续存的公司。第二个优点是兼并公司一步就可以获得目标公司的完全控制权，一劳永逸，无须考虑收购完成后少数股东带来的阻挠和困扰。

兼并形式的主要缺点在于，与股票收购相似，收购公司承担目标公司所有的负债，包括未披露的和交易时未知的负债。兼并交易后所有目标公司的资产和负债直接由收购公司承担。因此，兼并发生后续存的公司承担目标公司所有债务的无限责任，而股票收购交易后收购公司的责任以其对目标公司股票的投资为限；第二个缺点是必须给予目标公司不赞成兼并交易的股东们估价权，持反对意见的股东将获取现金以放弃其股权，兼并在弹性上有些障碍，而且并购成本将具有不可测性；第三个缺点是可能需要第三方许可来转让目标公司的某些权利，包括合同、许可证以及监管方的批准。

总体来说，一般股权收购程序更加简单，成本更低，更受青睐。但是如果需要使双方在并购后的关系更为紧密，合作更为协调，或者有进一步的打算，兼并也是其战略考虑。

第三节
传媒企业并购程序

传媒企业并购的过程可以分为三个阶段：并购准备阶段、并购交易阶段和并购整合管理阶段。实施并购的媒体，为了达到并购目的，都必须对并购双方的战略进行分析、评估、重新定位与调整，选择适合媒介发展的总体战略，以实现媒介总体战略的转移。

一、传媒企业并购的战略准备

首先在传媒企业并购决策过程中，必须对以下问题作出审慎的回答：

（1）传媒企业并购行为是否与媒介发展战略相一致？任何传媒企业在其产生、发展的过程中，都会有中期、长期的战略。而并购作为媒介发展的手段，并不是原有的传媒企业发展战略的主要内容，这时就必须考虑并购行为能否成为原有媒介发展战略的补充和修正。

（2）并购媒介到底要什么？传媒企业并购行为的产生，几乎都会受到社会的关注与舆论的青睐，媒介本身的知名度也大大提高，这些效应常常会诱使一些媒介为此而匆忙上阵，甚至把并购的手段当成目的，最终必然吞下一颗苦涩的果实。美国迪士尼董事长在决定是否并购全美广播网的董事局会议上曾连问三声："我们是为利益而战，还是为荣誉而战？"这或许也应当是国内媒体在并购决策时自问的心声。

（3）主业与多元化经营问题。一些传媒企业为追求规模的增大、地域上的扩张，不仅在本行业大量并购，而且进入别的行业，不少传媒企业提出发展自己的几大支柱产业，并认为这可以使经营风险分散，有利于自身的稳定发展。但遗憾的是，许多多元化并购并没有收到预期效果。对于并购媒介来说，稳定且有相当优势的主营业务是并购的前提。如果主营业务不佳，并购意味着要进入新领域。如果对新领域的信息掌握不完全以及缺乏相应的核心竞争力，进入的风险就往往较高。加之并购后不可能在新业务领域迅速取得较高的回报来减少新领域的高风险，所以并购之初格外需要稳定的主业保障和雄厚的实力支持。

二、对并购目标进行调查分析

并购媒介在做好战略准备的基础上，还要对目标媒介进行充分的调查分析。对于传媒并购来说，这是必不可少的一个环节，是并购决策实施与否的最主要依据。同时由于传媒行业的特殊性，并购前的调查分析环节也比其他行业的并购调查更具挑战性，调查的内容及难点在于：

（一）品牌价值分析

传媒品品牌与传统企业的商品品牌相比，有着很多行业特性所带来的独特性，它是通过大众传播手段建立起来的，形成容易却难以维护，如一两次的节目或内容的落差就可能导致品牌贬值。

（二）市场分析

由于传媒业的行业环境动态性非常强，环境的变化经常会导致传媒企业所占领的市场快速扩张或者萎缩，不确定因素较高。

（三）产品和服务分析

对媒介产品和相关服务的优势及其劣势、产品所处的生命周期阶段以及支持具体产品和服务的营销策略等因素进行评估，传媒业的营销实际上着重推广的首先是一种消费体验，而不是具体某件产品。

（四）顾客分析

受众与广告主是传媒企业同时需要服务的顾客，而受众又在这个循环中起到原动力的作用，为了实现“覆盖面扩大—广告价格提高—利润增长”这样的良性循环，了解受众的特征和消费传媒产品的习惯是非常重要的。

（五）从业人员分析

传媒企业中从业人员的使用价值是很难确定的，因为他们的产品无论是数量还是质量都是难以估算的，同时，不同环境下价值观的变化也给调查分析造成了一定的难度。

（六）管理功能和管理程序

技能和能力不仅存在于目标媒介的员工身上，还存在于媒介内部不同职能组织的管理结构和管理程序上。通过对目标媒介管理功能和程序的调查和分析，需要判断出哪些是能够移植到新的媒介组织中的优秀管理能力，以及独特的流程能够支持并购后媒介战略成长的程度。

[案例分析]

迪士尼对皮克斯动画、漫威工作室和卢卡斯电影公司的收购

2006年、2009年和2012年，迪士尼分别以74亿美元、42亿美元和41亿美元收购了皮克斯动画、漫威工作室和卢卡斯电影公司。迪士尼对这三个传媒资产的收购，是在对产业环境、自身发展战略、并购目标深思熟虑后的抉择。

皮克斯由著名的苹果创始人乔布斯联合卢卡斯电脑动画工作室的埃德和约翰共同创立。1995年，由皮克斯制作的全球第一部全电脑动画长片《玩具总动员》上映，全球票房达到3.6亿美元。2003年和2004年制作的《海底总动员》与《超人总动员》也是动画电影的里程碑式的作品。2006年，迪斯尼以74亿美元换股形式获得皮克斯40%的股份成为最大股东后，

《玩具总动员3》成为第一部全球票房超过10亿美元的动画电影。

漫威是美国两大漫画巨头之一。早期，漫威的电影版权主要授权给第三方，1996年成立子公司从事影视创作。由于迪斯尼几乎所有业务都与动画内容密切相关，而蜘蛛侠等超人英雄形象又与米老鼠等童卡通形象形成一定的竞争关系，收购漫威不但能抵消这种威胁，还能将漫威拥有的5000多个漫画角色来扩充无形资产，为未来获得大量长期增长和价值创造更多机会。

卢卡斯是占据了美国科幻影史上王牌地位的影业公司。1977年，《星球大战1》上映，全球票房高达7.7亿美元。卢卡斯影业以此在此后的几十年培养了大批的“星战迷”。1977—2012年，星战系列诞生35年的制作总投入约4亿美元，而全球票房收入达到44亿美元，衍生品收入超过200亿美元。收购卢卡斯也有助于迪斯尼在科幻领域的拓展，丰富其在影视类型方面的布局。

点评：迪斯尼对皮克斯动画、漫威工作室和卢卡斯电影公司的收购，贯穿着一个理念：收购那些既有优秀的内容，又有富有创造力的人才的公司，以此强化、拓展迪斯尼的内容创造方面的核心竞争力。

三、对并购目标的资产评估

当并购目标确定之后，就进入相应的资产评估阶段。由于传媒企业的特殊性，在评估过程中往往会面对种种不确定性的强大挑战，其中难度最大的环节是对无形资产的评估。非传媒企业也会遇到类似商誉、公司、产品品牌价值之类的难题，但对它们估值的正确与否，也仅仅是对收购方成本的高低产生一些次要的作用，收购方考虑更多的可能是研发、生产、销售渠道方面的利益得失。但是在传媒企业中，大量的资产都是以无形资产或类似于无形资产的形式表现出来的，如原材料或半成品——尚未完成和投入市场的素材或者创意，也很难用传统意义上的会计方式加以估值、记录。同时，由于传媒产品的生命周期远远超过其他行业产品，而且可以基本上不受限制地重复使用，因此减值这一常用的会计方法实际上对传媒库存并不适用。同一产品时隔多个财务周期之后经重复使用产生新价值的特点，以及不同文化氛围、不同价值观念下相同产品所产生的价值变化的流动性，决定了库存这一非传媒企业中常见的有形资产概念，在传媒企业中严重地向无形资产的概念倾斜，从而加剧了对这一概念下价值评估的难度与复杂性。同样，对于传媒企业拥有的版权的价值评估，也不可能简单地沿袭单一的产品专利权在非传媒产业中的应用经验，而版权也正是传媒企业无形资产的重要组成部分之一。

因此，传媒企业收购者应该特别关注标准财务报表以及从财务报表中得到的有关方面的比率。通常购买者会将这项工作委托给会计师和银行投资家，但是传媒并购中购买方公司的高层管理人员会密切关注上述问题。财务专家与非财务方面的专家，包括传媒发展战略专家、传媒企业经营专家之间的沟通交流对于决定购买者的投资前景会是有价值的借鉴。有效的审计不仅局限于数字表面，关键在于公司数字的质量。购买者还需要采纳知名审计事务所对公司内部控制程度评价的意见。

对并购目标的资产评估，很难有完全客观的标准。尤其像传媒业这种行业，一家企业中往往有大量的无形资产，如传媒品牌、版权资源、企业中的优秀人力资源等。而这些无形资产的运营和激活与收购者的经营能力、整合能力密切相关。如果收购者的经营能力、整合能力高，即使收购时价格偏高，也可以通过高水平的经营、整合获得更高收益，覆盖当年的收购成本。如果收购者的经营能力、整合能力不足，即使收购时价格公允，收购后也无法顺利整合、取得预期收益，这笔收购的价格也属高昂。

2007 年，默多克以 50 多亿美元的价格收购了世界顶级财经媒介机构道琼斯公司及《华尔街日报》，当时有不少人都认为买价太高，对默多克能否扭转《华尔街日报》的颓势抱怀疑态度。默多克通过积极有效的整合，对《华尔街日报》进行整顿改造，一年多以后，《华尔街日报》重现生机，广告量大幅上升。

四、对并购后新媒介的重新分析定位

媒介在并购中对总战略的重新定位和调整，必须依据媒介目前运行状况，并在分析媒介内外环境变化以及媒介竞争力的情况下进行调整。

（一）媒介内外因素变化可以采用 SWOT 分析法

SWOT 分析法，就是在对媒介自身的优势和劣势、外部环境的机会和威胁的动态分析中，确定相应的发展战略。媒介内部条件分析可采取优劣势分析法，即 SW 分析法。媒介的优势是支撑媒介获得增长和成功的长处，媒介劣势则是媒介应该改进的不足之处。通过对媒介存在的优劣因素的分析，可以使并购后媒介有的放矢地调整战略目标，采取扬长避短的战略方针和战术，寻找到挖掘内部潜力的方向。媒介外部环境的变化可采用机会与威胁分析法，即 OT 分析法。机会指环境条件变化给媒介带来的有利影响，威胁指环境条件变化给媒介带来的不利影响。

（二）主要竞争力量分析可以采用波特的五种竞争力量分析模型进行分析

波特把影响行业竞争结构及竞争强度的主要因素分为五类，分别是“新加入者的威胁”“购买者（客户）的议价力量”“取代品（或服务）的威胁”“供货商的议价力量”，及“现有竞争者之对抗态势”。通过对五种竞争力量的分析可以确定传媒企业在行业中的竞争地位，并购后的新媒介据此可进行战略选择。

五、依据分析结果确定新媒介发展战略

媒介通过 SWOT 分析、竞争力量分析，可以认清媒介自身在本行业的竞争地位、发展机遇和资源优势，并以此为基础进行战略定位、制定战略目标和方案。媒介在市场中的竞争地位分为：市场领先者、挑战者、追随者、补缺者。它们分别处于统治地位、有利地位、防守地位、虚弱地位。处于不同竞争地位的媒介可选择的最佳发展战略是不同的。

（一）市场领先者战略

市场领先者战略有三方面重点：第一，继续采取进攻战略，使竞争对手穷于应付，从而保持自身的竞争优势，巩固自己在行业中的领先地位；第二，采取坚守战略，保护现有市场地位，从而保证媒介获得丰厚的利润；第三，采取竞争骚扰与对抗战略，对行业中竞争对手的竞争活动采取积极严厉的反击行动，使得这些媒介不敢或不愿轻举妄动。

（二）市场挑战者战略

市场挑战者战略有以下几种选择：第一，集中兵力正面指向对手发起攻势；第二，要辨认对手的薄弱环节，利用避实就虚的战术来侧翼进攻；第三，从几个角度同时对对手发起进攻，使对手疏于防范；第四，避开正面竞争，攻击较容易进入的市场以扩大自己的资源基础；第五，通过游击进攻扰乱对手，最终获得永久据点。

（三）市场追随者战略

市场追随者战略可以分为三类：第一，紧紧追随。即追随者在尽可能多的细分市场和营销组合领域中模仿领先者；第二，保持一段距离。追随者保持某些距离，在一般价格水平和分销上追随领先者，但又在主要市场和主要产品上创新；第三，有选择性地追随。有些方面紧跟领先者，但有时又走自己的路。

（四）市场补缺者战略

市场补缺者战略是通过专业化为那些被大媒介忽略或放弃的市场进行有效的服务，包括市场补缺基点的寻找和专业化的生产。

总之，并购媒介首先要分析它是否通过并购改变了它的市场地位，占有了更多的市场份额。它可能由追随者壮大为有挑战力量的挑战者，它也可能通过市场份额的变化跻身于行业的领导者。那么，它就要在战略协同中根据市场地位的变化，相应调整自身的发展战略。

[案例分析]

加拿大汤姆森集团在并购中不断调整发展战略

汤姆森集团最初是加拿大的一家报业公司，总部在多伦多，它通过并购，在加拿大、美国拥有上百家报纸、期刊。后来，通过在英国的并购，汤姆森发展成为全球化的传媒集团，业务涉及报业、电视业、石油勘探业和旅游业。到了20世纪90年代，汤姆森集团决定重点发展专业出版和信息服务业，退出报业、旅游业、石油勘探业。这十年是汤姆森并购、剥离最为频繁的时代，为了实现“做自己最擅长的”经营策略，占比重最大的旅游业和报纸业务被汤姆森在1995年舍弃。1998年，汤姆森集团完成了70笔并购交易，总交易额达到8. 3亿美元，同时，集团还剥离掉了30家非核心企业，总交易额为4. 1亿美元。经过这番运作后，汤姆森在20世纪末形成了法律法规、教育、金融、科技四块业务并驾齐驱的业务结构，在这些方面处于世界领先地位。[4]

2007年汤姆森学习集团增长乏力，当年5月，汤姆森集团以77.5亿美元将汤姆森学习集团出售；此外还将Prometric以4.35亿美元出售给美国教育考试服务中心。同时，汤姆森集团以87亿英镑股票加现金方式收购路透集团，打造全球最大的财经信息及数据服务商汤姆森—路透公司。

点评：传媒企业资产并购与出售，都是其企业战略的体现：或者是加强某个既定战略，或者是服务于发展战略的重大调整。发展战略与并购活动是互为作用的：发展战略指导并购活动，并购及并购后的整合过程也会反作用于发展战略的制定和实施。也就是说，企业通过并购、剥离以后形成新的业务结构，企业在新的业务运行中也会反思、评估新业务结构的合理与否、盈利现状与前景等，进而做出决断。

第四节
并购后的整合

正如一些学者所言，虽然购买合并能迅速帮助一个媒体帝国扩大其版图，但不恰当的并购却极可能让自己背上一个沉重的包袱。并购之后，若不进行有效合理的整合，使并购媒介和被并购媒介在战略、经营、文化等各方面更好地交融，那么这个并购就是失败的。毕竟做大不等于做强，传媒企业在并购完成后，必然会面临种种问题与挑战，包括媒介战略整合、组织管理整合、财务制度整合、人力资源整合、媒介文化整合……只有这些方面都得到良好的处理，才能将并购的战略意义发挥到极致。

一、并购整合的概念

“整合”是一个合成词，“整”即调整、整顿之意，“合”即组合、协同之意。整合即是调整组合、整顿协同之意。整合既可以产生出新的事物，又可以是原事物的发展和完善。

企业并购整合（Integration）则是指当并购企业获得目标企业的资产所有权、股权或经营控制权之后进行的战略、经营、财务、组织人事和企业文化等企业各方面要素的整体的、系统性的安排，从而使并购后的企业按照一定的并购目标、方针和战略组织运营。

企业并购不是将两家企业简单地叠加在一起，也不是将一家企业的生产要素简单地注入另一家企业就大功告成，而是将原来两个不同的运作体系和流程有机地结合成一个运作体系和流程——这正是企业并购整合所要做的工作，这也是整个并购过程中最艰难、最关键的阶段。

企业并购整合的任务就是为了使并购行为结束后的新生组织能够更好地发挥机能和作用。如果整合成功，不但使原有各方的资源保留下来，如有关的人力资源、客户资源、供应商合作伙伴，而且能实现协同效用；如果整合不成功，则会导致大批资源的流失，如高级管理人才的出走，客户背弃等，给企业的经营和发展造成巨大的障碍。

二、并购整合的内容

传媒企业并购之后，马上会面临一些亟待解决的现实问题：部门重叠，多头指挥，责任不清晰；各方的财务制度独立，无法集中控制成本和成本核算；各方的业务流程独立，无法发挥整体力量，无法体现整合的优势；营销服务体系重叠，资源浪费，无法以同一形象面对用户；各方的人事制度不同，影响商务活动和业务活动；组织结构的体系无法满足并购后媒介的业务发展的需要……这些关系如果处理不好，将会严重阻碍并购后新媒介的发展，乃至最终导致并购行为的失败。事实上，经过并购重组后的传媒企业需要整合的工作非常纷繁复杂，下面按照媒介战略整合、组织管理整合、财务体系整合、人力资源整合、媒介文化整合五大部分来进行分析论述：

（一）媒介战略整合

市场和环境是不断变化的，战略必须保持不断地演进，才能为媒介创造和保持竞争优势。并购后传媒企业的基本战略导向需要重新设计和确立，媒介战略也就要随之加以相应的调整和整合。通过并购，所产生的是一个与原来各相互独立的组织都不相同的新的实体，这个新的媒介将建立和拥有一个新的不同于以往的战略位置。因此并购后的管理不仅应进行组织的整合，还应考虑新媒介的定位和发展，重新评价原来的战略和新媒介面临的不同环境，进而确立新的媒介战略。

（1）必须将媒介的战略意图转变成包括目标媒介在内的所有组织成员共享的组织愿景；

（2）必须重新设计和完善新媒介的战略计划过程。并购后的战略计划过程需要来自原有不同组织成员的共同参与，只有这样才能客观地、充分地评价目标媒介的各项业务所面临的内外部情况，在此基础上才可能为新的媒介制定出更有效的能引导其成功走向未来的发展战略和经营战略；

（3）新媒介的战略必须得到有效的执行，就是要统一并购双方组织的基本战略导向在目标媒介中执行公司层次的战略。

（二）组织管理整合

并购后媒介的发展战略制定后，最高层的经营管理人员必须尽快设计适应新的发展战略所需要的组织结构，并使组织拥有实施战略所需要的技术能力、管理能力和竞争能力。组织体系的整合包括组织结构的整合和管理制度的整合。事实上，组织整合是确定媒介发展战略之后需要解决的首要任务，组织整合的目标就是形成有序统一的组织结构和管理制度体系，以尽快实现新媒介的经营稳定。

（1）组织结构的整合必须在传媒企业的发展战略的指导下进行。即“组织结构跟随着战略”。因此，随着传媒企业并购后传媒企业拟定了新的发展战略，其组织结构就必须做出相应的重组。

（2）对媒介进行组织结构的整合，需要完成以下几个方面的工作：一是确定实施新战略的关键活动领域；二是确定各关键活动领域间的相互关系；三是将各关键活动领域模块化；四是根据模块化的活动领域，划分各单元组织；五是给各组织单元配备合适的人员，进行任命和授权，并确定各单元的权力与职责；六是给各组织单元制定详尽的业务流程、管理制度和绩效考核制度；七是各组织单元开始运作；八是协调各组织单元活动间的相互关系。

（3）组织整合的过程中，要注意原来不同媒介之间的职能协同和匹配。即如何将原各媒介的优势互补、功能匹配的不同配件组装在一起，在整体上发挥“1 +1 >2”的放大作用。

（三）财务体系整合

从财务的角度而言，传媒企业并购行为的发生在很大程度上是由并购方获取被并购方可用资产的目的引起，或者是被并购方为了摆脱经营困境、调整财务结构或减轻负债的目的引起的，而传媒集团化本质上就是把不同经营体制的传媒企业融合在一起。由于每家传媒企业的财务资源、财务制度以及财务管理方式的差异，传媒企业并购过程中必然会在财务管理上进行一系列的整合，通过建立新的财务会计体系，求得实现并购行为的利益最大化。

1. 财务资源的整合

传媒企业资源可以分为有形资源和无形资源，因此，并购后的资源整合，就应从有形资源和无形资源两个方面入手。而在传媒并购所涉及的无形资产中，公司的商誉和品牌是最珍贵和最容易折损的。此外，传媒企业的无形资源还包括知识产权、传媒内容、人才储备等，它们一样是稀缺的，都代表了传媒企业为创造一定的经济价值而必须付出的投入。

2. 财务制度的整合

并购双方在实现了财务资源的整合后，接下来的重点便是财务管理制度的整合，只有人员、机构、制度三方面的整合工作都做好，才能为并购媒介对被并购媒介实施有效的财务控制奠定基础。一般来说，传媒企业财务管理制度的内容很丰富，因而整合的内容也是庞杂的，具体包括：产权和资本金管理制度、企业资产管理制度、投资融资管理制度、收益分配制度等。

3. 财务组织的整合

财务组织机构的设置应该满足精简、高效的要求，防止岗位重叠、人浮于事，避免人力、物力的浪费和低效率的工作环境。只有形成一个既能调动各部门和员工的主动性和创造性，又能够实施统一指挥和有效控制的财务组织系统，才能使并购后传媒企业的各项经济资源得到合理配备和充分利用。

（四）人力资源整合

传媒企业的人力资本管理非常重要，因为高素质、经验丰富的人力资源可以为传媒企业创造价值，甚至随着公司的发展，员工的个人商誉可以转化为公司商誉。基于这个特点，在传媒企业的常规经营中，针对企业员工的内部营销对于传媒企业的运营非常关键，而当传媒企业发生并购的时候，如何使并购双方员工适应整合后的企业文化，就是并购后的传媒企业所面临的重要的人力资源整合的问题了。人力资源管理的任务就是努力培育和开发人力资源，扩大人力资源的储备，有效地组织、配置和激励人力资源，促进人力资本、组织资本和社会资本的积累、发展和有效运用，增进媒介的效率，赢得和保持媒介的市场竞争优势。

在并购整合过程中的人力资源管理任务主要有可以几点：第一，防止或尽量减少人力资源的流失；第二，消除或缓解并购给双方人员带来的心理冲击和压力以及由此产生的消极作用；第三，避免和尽量减少并购双方的冲突，增进双方的了解、信任和协作；第四，平衡双方组织中的监督、约束和激励政策，充分发挥人力资源的潜力。

[案例分析]

盛大并购有方整合失利

1999 年陈天桥在上海创办了上海盛大网络发展有限公司，2001 年，陈天桥以 30 万美元买下韩国网络游戏《传奇》在中国的独家代理权，经过两年运营，盛大稳坐中国游戏产业头把交椅。

2004 年，陈天桥开始进行网络迪斯尼的战略布局，计划以网络游戏为基础，打造传媒产业上下游一体化产业链，为此他在网络文学、游戏研发与游戏平台运营、视频网站等领域进行了一系列并购。

2004 年，盛大以 200 万元收购了网络文学第一网站起点中文网，此后又陆续收购了红袖添香网、小说阅读网、榕树下等网站，与起点中文网联合构建了盛大文学。2011年，按营收来算，盛大文学拥有中国在线文学市场72.1%的份额。按用户使用时间计算，盛大文学占据中国在线文学市场57.7%的份额。盛大文学旗下起点中文网是中国最大的原创文学网站，按营收计算，占据中国在线文学市场43.8%的份额。盛大还投资在线对战游戏平台运营商上海浩方，收购棋牌休闲游戏开发运营商杭州边锋，获得游戏开发商韩国Actoz公司控股权，盛大收购视频网站酷6。至此，网络迪斯尼的布局趋于完整。整个盛大系，由游戏开发（盛大游戏）、游戏运营（盛大在线）、原创文学（盛大文学）、视频分享（华友世纪）、影视制作（盛大影视）、游戏主题旅游（盛大旅游）、版权分销（盛世骄阳）、无线分销（从华友世纪分拆出来并入盛大母公司）等游戏相关业务构成。

但盛大长于投资并购，短于整合运营。就在陈天桥的网络迪斯尼格局基本成型的时候，盛大出现高管不断流失的问题，2010年以来，盛大游戏CEO李瑜、酷6创始人李善友、盛大游戏总裁凌海、盛大游戏副总裁左玉龙、盛大游戏副总裁陈浩健、华影盛视总裁龙丹妮、酷6网联合创始人韩坤、酷6网CTO赵亮、盛大边锋总裁许朝军、盛大科技CFO陈伟文、盛大游戏董事长兼CEO谭群钊、盛大文学总裁兼起点中文网CEO吴文辉、盛大游戏CEO张向东、盛大文学CEO侯小强等因各种原因离开盛大。

2014年，盛大集团将其游戏资产和文学及资产陆续出售，放弃此前的网络迪斯尼战略，转型成为投资公司。

点评：从盛大的战略眼光看，盛大在当初收购游戏资产、网络文学资产、视频网站资产时绝对属于当时的高瞻远瞩者，所收购的资产如起点中文网、边锋等无论在当初还是现在都是同行的翘楚。盛大的短板在于并购后的整合能力欠缺，包括战略整合、组织管理整合以及人力资源整合等方面都出现了问题，导致最终盛大退出网络娱乐业。

（五）媒介文化整合

媒介文化通常被看作媒介管理的灵魂，任何一家传媒企业在其历史的演进过程中都会形成自己独特的文化，传媒企业并购及其整合过程中的大量冲突常常就源自文化的差异。因此，媒介的领导层应该充分重视并购中的文化整合，并有意识地塑造一种合适的媒介文化模式。

媒介文化整合的含义主要有以下四个方面：第一，不同的媒介文化可以通过某种方式互相吸收和同化；第二，一种优势媒介文化会以各种形式向其他媒介或其他文化共同体传播扩散；第三，当媒介内出现激烈的文化冲突甚至文化危机时，可以通过媒介变革来重建和统一媒介文化；第四，媒介文化不仅趋于内部各个层次的、局部范围内的整合，而且趋于媒介整体范围内的一体化。同时媒介内部也存在具有差别的多种“亚文化”，如部门文化，这种媒介文化的内部差异通常与媒介不同职能机构、媒介内各部门所处的环境有关。要使这些亚文化做到协调一致，共同服务于媒介的文化目标，就需要内部的文化整合。

传媒企业并购将两种具有不同文化特质的媒介联系在一起，需要它们相互协调和配合，以充分挖掘现有的资源潜力，实现“1＋1＞2”的协同效应。并购后的文化整合就是要以原有的优势媒介文化为基础，通过异质文化间的相互接触、交流、吸收、渗透，达到整体的融合，以实现互相促进、共同发展。

［案例分析］

默多克通过收购整合巩固核心竞争力

默多克从20世纪50年代初开始，通过不断的传媒资产的收购、整合，到21世纪初，将新闻集团由最初的澳洲报业集团打造成为一个超大型的传媒帝国，成为当时世界规模最大、国际化程度最高、覆盖媒体最全面的综合性传媒公司之一。默多克能如此高速度、高效率、大规模地在世界各国攻城略地，源于他早期经营报业起就形成的核心竞争力，然后将这种核心竞争力通过全面的整合，不断复制到新收购的传媒资产中，实现了新闻集团的稳步发展。

从20世纪50年代到80年代，默多克的收购活动从澳洲起步，逐步扩展到英国，将英国当时已经走下坡路的《世界新闻周刊》《太阳报》《泰晤士报》收购后，对这些报纸的编辑方针、经营战略、人力资源等进行全方位调整，使原本处于衰退势头的报纸走上默多克为它们量身打造的新轨道。通过报业这一主业的战略拓展，默多克形成了购买资产—整顿改造—扩大规模—获取利润良性循环的模式。

此后，默多克又在美国电视业、电影业领域使用同样手法开疆拓土，都获得了很大成功。新闻集团的成功，就是默多克将早期报业经营对市场的敏锐把握和大胆的经营策略凝练为该集团的核心竞争力，并将这种核心竞争力在不同国家、不同媒体、不同行业进行有序拓展的结果。

点评：传媒业中品牌、版权、优秀人才等无形资产占据重要地位，传媒业并购后必须对这些资产进行有效整合，使其潜力得到充分激活。默多克从20世纪50年代接手父亲留下来的报纸产业开始，就培育出传统媒体的经营管理能力，并将这种能力运用到并购后的传媒资产整合中，使新闻集团由澳洲走向了世界。

三、并购整合的实施

（一）重塑媒介一体化战略导向

并购双方在并购前各自都有独立的媒介个性和战略导向，要成功实现并购整合，基本战略导向的一体化是基础。没有基本战略导向的整合，媒介的人事、结构、文化、系统和流程等的整合都会是无源之水、无本之木。而发展新的一体化的基本战略导向必须克服来自并购双方原有的基本战略导向形成的障碍。

同时，回避组织原有的参照结构也是困难的，因为它们到整合开始之前，一直在为组织的成员提供行为导向，所以通常情况下，并购者往往倾向于行使其作为购买者的权力，强制推行自己的主张，这种做法将会因为旧有模式的不适应而对新传媒企业的发展产生阻碍作用。因此，要实现并购的潜在价值，并购者必须尊重和严肃对待目标公司的战略认知，同时必须有意识地学习并对自身已有战略进行变革。

总之，媒介的个性和基本战略导向是不断演进的。并购整合的首要任务是建立一体化的个性和基本战略导向。作为一个起点，一体化的媒介个性和基本战略导向将构成对人事、结构、文化、流程、系统等进行整合的基础和依据，但是把对这些领域的整合截然分开是不可能的，它们是交织在一起进行的。只有在其他领域的整合得以顺利进行时，一体化的战略导向和新的媒介个性才能真正建立起来，而这一过程是通过跨企业文化的组织学习来完成的。

（二）建立媒介扁平化组织结构

战略的实施在很大程度上依赖一个健全的媒介内部组织机构和高素质的管理人员，设计组织结构的原则要围绕着并购后媒介调整了的战略进行。美国著名的战略管理专家钱德勒通过对美国一些大公司研究，提出了“结构服从战略”的结论。他指出：公司战略的改变会导致公司组织结构的改变。并购企业战略整合对组织结构的影响一般体现在两个层面上：一是不同的战略要求开展不同的业务和管理部门的设计；二是战略重点的改变会引起组织业务活动重心的转移和核心职能的改变，从而使各部门、各职务在组织中的相对位置发生变化，相应地要求对各管理职务以及部门之间的关系做出调整。对于并购后的传媒企业来说，它所采用和实施的战略影响着媒介的组织形式。随着媒介规模、市场覆盖率和产品范围的不断扩大，其产品与服务、市场与顾客的战略组合会更加多样化，组织形式也会变得越来越复杂。

因此，媒介组织结构的设计，必须考虑媒介所处环境、媒介的经营战略与目标、技术和规模等因素的影响，同时兼顾效益目标、分工协作、统一指挥、权责对等、合理管理幅度与层次以及集权与分权原则。随着时代的变化，我国的传媒企业正在尝试用市场和非层级制组织形式代替层级制，扁平化、小型化、网络化、弹性化和团队化等趋势日益明显，这是与传媒业内容生产和传播的本质特性密切相关的。对于传媒业来说，内容和素材是稀缺资源，优秀的创作人才更是“可遇而不可求”的，因此传媒业的内容生产部门更多地依赖于内容、技术和创意，而较少地受到地域、等级、人数的限制，同时传媒并购后的组织整合使管理层级更加精简、集中，使以内容生产和传播为核心的扁平化组织结构更加适合传媒企业的发展需求。在这种新的组织结构的构建实施过程中，第一要确定实现新战略目标的关键活动；第二要理顺各种活动之间的相互关系；第三要确定关键活动模块；第四要做好职能划分工作；第五要明确职权关系。

（三）整合媒介资产，完善财务体系

在传媒并购后，财务整合是一项基础性整合，对于并购后设置的新媒体，只有财务管理的方式统一，财务运作体系健全，并购的战略意图才能有效贯彻，并购方才能对被并购方进行有效管理，并购的实际效果才能被准确反映。整合媒介资产，建立完善的财务体系的实施过程具体有以下几个方面：一是通过有效配置集团内外部所有可利用的资源，获得集团各部门的协同效应，为决策提供依据；二是进行税务管理，充分利用国家有关行业的税收优惠政策；三是建立财务风险的防范机制。传媒企业并购的目标是通过核心能力的提升和竞争优势的强化创造更多的新增价值。因此，在财务整合过程中，传媒企业也必须紧紧围绕这一目标，以风险控制和财务管理流程的优化为主要内容，通过财务整合力求在并购过程中实现经营活动上的统一管理，在投资、融资活动上统一规划，最大限度地实现并购整合的协同效应。

另外，传媒企业的并购工作还要接受严格的审计，接受相应的社会监督，做到公正、透明。在这方面上市和不上市的传媒企业略有差异：没有上市的传媒企业，财务部门的报表主要接受股东大会的监督，股东如果对财务报表有异议可以邀请审计部门对财务工作进行调查、审核；上市传媒企业的财务部门，还要把经审计的财务报表（主要是季度报表和年度报表）报送给证监会。同时，股东大会也应该具有相应的约束力。

（四）整合人力资源，重建业务团队

传媒企业并购涉及并购双方人员的职位、职业生涯等问题，尤其是对被并购媒介的员工来说，这一点表现更加突出，并购造成的人力资源心理状态直接影响人力资源效能的发挥，影响团队协作。管理者应该清楚和正视并购对员工带来的心理冲击，并知道员工的真正期望，才能及时采取有效措施避免或减少并购带来的人力成本，要加强以下两个方面的工作。

1. 努力缓解员工压力

产生员工心理压力的主要原因是有关未来的大量不确定性并由此带来的不安全感，那么如何缓解这种压力呢？第一要为员工树立明确的目标，尽可能避免由于目标的不明确而导致的人力资源内耗；第二要尽快明确员工的工作岗位和工作职责，使每一位员工重新明确业绩考核标准；第三是帮助员工进行自我评估，包括个人面临的机会和风险、原来所在部门在新媒体企业中的战略意义、并购给原公司带来的业务机会及个人职业的前景等；第四是加强沟通，提高管理层在员工心目中的信任度。

2. 有效激励，全力留住优秀人才

在缓解并购造成的心理压力和增加信任的同时，对媒介员工进行有效的激励，可以恢复和增强组织的创新能力和发展能力。一是要确立更高的组织目标；二是多采取肯定态度；三是培养员工的认同感；四是采取实质性的激励措施。

对于管理者来说，稳定了员工工作心态之后的首要任务是根据新媒体企业发展战略需要以及内容资源、人力资源现状，以最经济的方式重新组建业务团队，这其中一个主要任务是对被并购媒体人力资源的重新评估和识别，并在此基础上，确立新的团队领导、新的团队成员、新的工作方式、新的制度约束、新的权利基础。业务团队重建的实施过程包括以下几个阶段：

（1）团队形成，建立组织预期阶段。在这一阶段，团队必须形成符合团队资源实际情况预期的目标，主要任务包括：团队结构形成和成员职务

定位；团队价值确定和满足成员自我价值实现；处理个别成员心理困惑和建立团队凝聚力。

（2）角色定位，确立组织规则阶段。第一阶段只是建立起松散的团队，而团队的有效运作需要制度与规则保证，这是有效团队稳定运作的前提和基础，主要任务包括：成员角色协商与角色定位；明确界定全责，确立报告关系；团队的规则确立与规范制定。

（3）建立信任，开始团队工作阶段。在这一阶段中，主要任务是建立团队成员的自信心和相互信任的合作关系，包括：重塑新的行为模式；建立公平有效的激励机制；实现组织内部价值多元化管理。

（五）创造富有活力的媒介文化

每一个媒介都有自己独特的文化，传媒企业并购后，并购双方的媒介文化有可能发生冲突，管理者要根据不同的情况，采取不同的对策。当媒介实施的战略引起媒介组织结构、管理人员、经营过程等发生重大变化，而媒介现有的媒介文化能够适应战略变化时，媒介战略的实施就处于非常有利的地位。媒介高层管理人员的职责是运用媒介文化支持战略的实施，当媒介实施的战略需要对组织结构和经营活动作出重大调整，而这种调整所要求的媒介文化与媒介现行的文化不一致时，就应该考虑改变媒介文化，以适应媒介战略实施的要求。需要做到以下几点：

（1）重视双方文化。缓解文化冲突首先需要了解双方各自的历史、风格以及声誉。很多明智的领导者在一开始就非常关注双方的文化差异，从而能够预先制止或有效减弱文化冲突的发生。

（2）明晰双方的文化。在双方之间加强信息交流和接触有利于修正原来对彼此的误解和偏见，帮助员工更透彻地理解对方的各个方面，包括历史、产品、风格等，填充有可能产生流言蜚语的空隙。

（3）促进相互适应。在明晰双方文化之后，进一步的工作是在合并后的公司范围内向双方的管理者和普通员工传授关于另一方文化的知识。讨论双方的内容产品及服务、变革管理系统能够促进相互的尊重和理解。随着媒介跨国并购的不断发生，文化冲突也随之增加了一个层次，进一步凸显沟通和彼此尊重文化禁忌的重要性。民族文化差异体现在很多细节上，如果不能认识并在决策和行为中考虑这些细节，可能会妨碍并购后传媒企业决策的顺利实施。人类学家将所有这些类似的行为归类为“文化适应”，他们指出，来自媒介文化现代化或者移民所引发的冲突和剧变远远不如外来主导文化的强加或替代所带来的影响大。

[案例分析]

从美国在线—时代华纳并购失败看整合的关键作用

据《财富》杂志统计，美国在线和时代华纳在2001年正式合并后，新公司在“财富500强”的排名中从第271位迅速跃升至第37位，但美国在线—时代华纳公司在截至2002年3月3日的财政年度里出现了542.2亿美元的大幅亏损，创下了美国历史上季度亏损的最高纪录。2008年5月21日时代华纳公司宣布，将剥离旗下有线电视业务——时代华纳有线公司，后者将向时代华纳一次性支付92.5亿美元现金，为完成此次交易，时代华纳有线公司共需斥资109亿美元。时代华纳有线公司是美国第二大有线电视运营商，拥有约1330万用户，仅次于Comcast公司。时代华纳首席执行官杰夫·比克斯说，拆分将使时代华纳和时代华纳有线都获得更大自由。时代华纳将利用这笔收入进行并购、分红或投资于余下的电影、电视、互联网及出版业务。

美国在线是网络媒体的代表，时代华纳则是传统媒体的典范。新老合并本想强上加强，可是合并之后，两套管理班子观念不同，经营方式有异，许多方面不时发生冲突和矛盾，以致公司高层人物频频变动。而高层地一再变动，也导致经营战略上缺乏连续性，导致业务之间无法实现很好地连续和联合，业务竞争力也因此大打折扣。所以，在时代华纳面前所摆着的主要问题，还是怎样把传统的传媒业务和网络新经济整合到一起，以及应对由此产生的文化冲突。对于任何媒体并购整合过程，首先是经营管理形式上的合并，然后是对媒体资源的整合，最终达到文化上的融合。时代华纳合并之后，并没有看到资源整合的迹象，传统的华纳公司和新媒体的代表依然各行其是，各自为营。

1. 经营策略整合不力

公司合并后，美国在线急欲利用增强的财力和名气在全球开花，摊子铺得太大，步子迈得太急。2000 年欧洲业务亏损 6 亿美元，2002 年亏损减少了，但也达到了 2 亿美元。美国在线还想将网络、电视、电话服务一体化，但这些有的是技术不过关，有的是政府有限制，有的是市场需求不旺盛，结果因投入太多而损失巨大。为了保持盈利，美国在线将看家的拨号上网服务月费从 21.95 美元提高到 23.90 美元；没能适时抓住机会发展宽带技术，本想收购的美国电报电话宽带网被别人抢了头筹；自身推出的 DSL 高速上网服务比别人慢了半拍，技术、名气也没有过人之处。这样，在网络用户增势减缓的情况下，美国在线部分老用户被宽带网吸引走了，部分新用户被竞争对手抢了去，过去依赖的“用户生命线”出现了险情。虽说美国在线目前仍有 3500 万全球用户，但两年前的红火光景已经不再。

2. 业务资源整合不力

合并前的时代华纳公司是全球最大的媒体公司，而美国在线则是全球最大的网络公司。两者合并时曾为互联网用户描述了一个美妙的前景——电脑、电视、音乐、杂志以及电影等媒体都可以通过网络平台为用户共享。但是合并之后，在业务方面，两家公司仍基本上表现为合并前的状态，极少有互相渗透的业务。由于受到网络带宽、传输等技术方面的限制，美国在线即使有了像时代华纳这样强大的内容资源也难以将其转化为高额的收入。时代华纳的内容没有通过美国在线的网络服务出售给消费者，并建立成功的盈利模式。被誉为全球经济重组格局下的战略并购的这次合并，并没有成为缔造新经济的战略并购。

3. 组织管理整合不力

并购是为了提高资本运作效率，而管理则是实现目标的手段。美国在线是现代媒体的代表，时代华纳是传统媒体的老将，两家企业的经营方式与企业文化存在较大差异。再加上集团管理层缺乏跨行业管理及整合的经验，双方一直存在隔阂与冲突。合并之初，美国在线的股东持有新集团的股权，其管理人员在新集团中占据了主导位置，就好像美国在线吞并了时代华纳。时代华纳的员工痛恨美国在线的同事，美国在线的人开始时还能反唇相讥，但随着美国在线亏损越来越大，他们也越来越抬不起头来。2002 年 5 月 16 日上任的 CEO 帕森斯已经开始着手对美国在线—时代华纳进行资源重组，他重新调整了公司的结构，把公司分为两大事业群：一是媒体和通讯集团，旗下包括美国在线、时代公司以及时代华纳有线公司、时代华纳图书出版公司以及互动视频公司；二是娱乐和广播集团，旗下包括华纳兄弟、特纳广播网、华纳唱片等。这种按照媒体属性归类管理的尝试，曾起到了一定的积极作用，但这些作用的影响力非常有限。

4. 人力资源整合不力

由于组织管理上存在大量内耗和摩擦，美国在线—时代华纳的管理层一直貌合神离，处于不稳定的游离状态。从 2002 年 7 月，以美国在线首席执行官皮特曼辞职为标志，集团元气大伤，业务结构随之调整为媒体传播和娱乐广播两部分。美国在线实际上成为集团下属的媒体传播分部下的一家子公司。在这种情况下，许多皮特曼的老部下纷纷离任，美国在线的很多中高层管理人员也因为觉得没前途而辞职。时代华纳公司是一家保守、拘谨的传统媒体，相比之下，美国在线的管理模式开放而充满活力，是新技术新经济的典范。合并后的公司规模急剧扩大，管理的复杂性也随之提高，然而新公司未能随着外部环境的变化，及时调整企业的决策机制、组织结构，管理方式，也没有将两家公司的管理融为一体，而是听任两种不同管理模式各自为政，结果两家公司的员工没有相互合作，公司内部的猜忌气氛很重。美国在线—时代华纳 2003 年 1 月 12 日宣布，斯蒂夫・凯斯已决定辞去公司董事长的职务。以此为分水岭，美国在线、时代华纳的世纪并购实际已成败局。

5. 企业文化整合不力

美国在线和时代华纳是跨文化的大型合并，是新旧媒体的联姻。美国在线是新媒体的代表，是一家年轻的互联网公司，其企业文化更注重以用户接入服务为导向，以快速抢占市场为第一目标，特点是操作灵活、决策迅速，善于创新、敢于冒险。而作为传统企业的时代华纳在长期的发展过程中积累了深厚的传统媒体的文化底蕴，有着受人拥护的诚信之道以及准确把握市场需求的能力，善于从经验中吸取教训，不断地推出新产品，其热忱的创新精神使其诚信之道得以延伸。时代华纳的员工认为网络并不是一个新世界，而只是一个新市场，如果开发得好，可以为现有的媒体业务增加收入。但现实是，美国在线拖累了整个公司的业绩，却仍占据着公司的主导地位，甚至连公司名称上美国在线也放在前面，这让华纳的老员工多少觉得有些心有不甘。而美国在线一方的员工却认为，时代华纳有线电视、电影公司、音乐集团等创造的产品，只是先进的、迅猛发展的网络的“传统饲料”而已。两种冲突的观念以对峙的形式表现出来。时代华纳的员工看不惯美国在线的同事放荡不羁的 IT 作风，美国在线的员工也瞧不起时代华纳的同事的刻板保守。两大阵营的对立和控制权的争夺，严重影响了集团内部决策，使集团难以进行及时有效的经营策略和业务模式的调整、业务整合以及文化融合，这又使业绩进一步恶化，加剧了对立，进一步增加了调整、整合以及融合的难度，如此恶性循环。最终，世界上最大的并购案成为世界上最大的并购失败案。

点评：美国在线和时代华纳属于新媒体与传统媒体的并购，这两家企业在发展战略、经营管理模式、企业文化等方面存在巨大差距，整合难度很大。再加上两家企业的体量也很大，最终造成了并购整合的失败。

第六章　传媒企业资产剥离、分立、分拆上市

改革开放以来，中国传媒业通过不断摸索、变革，进入媒体融合、协同发展阶段。随着我国社会主义市场经济体制的不断成熟发展，资本这个市场经济的重要元素已经逐渐渗透到中国媒介行业，作用日益凸显。资本的重要特征是嗅觉敏锐，当它青睐于某个行业时，大多昭示着这个行业正在或者即将高速增长。① 在中国即将进入高收入国家水平的最近几年里，传媒产业特别是与互联网相关的娱乐传媒业，已经成为资本聚焦的对象，也成为飞速发展行业。

传媒产业是一个具有较高的资本门槛和规模效应的行业，从国内外经验来看，传媒业发展已普遍趋向于大资本、大融合的跨媒介集团模式，因此，兼并和收购成为各国媒介发展壮大的首选战略之一。其实，有扩张必然有紧缩，在 20 世纪 70 年代，一位美国学者曾预言，在经历 60 年代的大规模兼并与收购风潮之后，从 70 年代开始将进入一个可以称之为剥离和分立的年代。西方国家企业发展的事实证实了这位学者的预言。发达国家的媒介企业在进行了一轮兼并和收购之后，已逐渐开始战略变革，追求以规模经济为主的专业化方向发展。

从世界各国的实践来看，资本运营实际上是企业产权主体为适应变化着的市场环境而采取的一个持续的动态的调整过程。所以，传媒产业在不断发展的同时，也应根据市场和自身的实际情况，适时调整和变革企业的战略。对不具备竞争优势，盈利能力低下的资产进行剥离、分立和分拆，只有这样才能使企业轻装上阵，将主要精力和资源集中用于发展核心业务，提高核心竞争力，降低和减少风险，及早实现其战略转型和变革，提高企业的运行效率，实现资源的优化配置，使企业得到可持续发展。

① 李光斗．品牌是资本运作的核心[J]．经营者，2008(5):53.

第一节

传媒企业资产剥离

一、传媒资产剥离的定义

资产剥离的理论探讨在中国已经有十多年的历史，目前已日趋成熟，越来越多的企业也正在成功地应用这一资本运作手段完善公司的资本结构和优化公司的资产质量。资产剥离已经成为企业回归核心、加强核心竞争力、继续发展的一种重要方式。

（一）资产剥离

国外学术界对资产剥离的定义主要有两种：一种是从狭义角度，认为资产剥离是企业将其一部分资产出售给外部第三方，并取得现金及有价证券的行为。这里的资产剥离实际就是指资产出售。另一种广义的资产剥离定义则除了包括上述资产出售形式外，还包括分立、分拆上市、管理层收购及员工持股计划等。

由于资产剥离在我国发展较晚，管理层收购、员工持股计划等形式在我国还处于起步阶段，运用仍不够广泛，因此人们对“资产剥离”一词的理解与国外广义的资产剥离定义有较大差异，而与资产出售的定义比较类似，这也是本节所述的媒介资产剥离的基本含义，但结合我国传媒企业的特殊性质，还包括将可经营性的资产剥离出来单独进行企业化运作。

一般来说，我国的“资产剥离”是指企业将其所拥有的资产、产品线、经营部门、子公司出售给第三方，以获取现金或股票或现金与股票混合形式的回报的一种商业行为。[①] 由于公司的资产包括实物资产、无形资产（商誉、土地、专利技术或其使用权）、金融资产（股票、债券等），因此，公司资产剥离的形式又有两种：一是出售股权和债权；二是出售实物资产和无形资产。

（二）传媒资产剥离

所谓传媒资产剥离，就是传媒企业从战略的高度，根据企业外部环境状况、内部资源和能力和同业竞争的程度，围绕核心竞争力的构建和价值创造的目标，对企业经营中的弱势资产或损害企业整体价值的部分资产予以剥离，或者将经营性资产剥离出来进行专业运作，使企业在适应不断演进的企业内外环境的同时，具备把握未来市场（产业）创新的能力，并将企业的资源和能力用于尚处于发展中的主营核心业务和价值创造方面，借此提高企业经营管理效率，降低企业风险，建立企业持续成长优势。

这里有必要解释一些公司战略管理的常用词汇。1990 年，普拉哈拉德（C. K. Prahalad）和加里·哈默尔（Gary Hamel）在《哈佛商业评论》发表了《公司的核心竞争力》一文，第一次正式提出了核心竞争力的概念，并解释了这一定义的要点：核心竞争力的载体是企业整体，而不是企业的某个业务部门、某个行业领域；核心竞争力是从企业过去的成长过程中累积而产生的，而不是通过市场交易可获得的；关键在于协调和有机结合，而不是某种可分散的技能和技术；存在形态基本上是结构性的、隐形的，而非要素性的、显性的。企业进行资产剥离的过程其实也是形成核心竞争力的过程，这一过程从宏观角度来说可以说是企业的归核战略。所谓归核战略，是企业集中资源培育其核心能力，大力发展核心主业，把主业做

① 罗良忠，朱荣林．论我国企业收缩性资本运营的必要性[J]．吉首大学学报（社会科学版），2002(23－1)．

大、做精、做强的一种发展战略。①

例如，世界上最大的传媒集团之一维旺迪在其发展过程中，进行了大刀阔斧的改革，剥离掉了出版业、电影业、环境业、美国的有线和卫星电视产业，几乎放弃了互联网产业，并且出售了维旺迪国际电信在海外的大部分业务，形成了现在的集团业务构架——音乐、游戏、Canal + 集团和电信。其每一部分业务都由一个核心集团领导整合，产业架构更加清晰。这样，总部就可以减少信息传递和管理障碍，更容易对市场做出快速的、正确的决定，减少了集团产生规模不经济的可能。另外，实施资产剥离精简了该集团的业务，减少了集团债务和运营成本，为其厘清产业价值链，整合价值链上的联结点铺平了道路。

20 世纪 90 年代中期以来，我国新闻媒体的资本运作有了突破性的进展，许多传媒企业进行企业化、集团化改革，组建媒体集团，重新整合媒体资源，形成媒体规模优势，传媒业开始融入资本市场，传媒组织开始与证券市场结合筹资融资，吸纳社会资金为自身的经营和发展服务。当时传媒企业就是将可经营性资产剥离出来进行整合，成立隶属于新闻媒体并由国有资产控股的股份制子公司，然后申请直接上市，如东方明珠、电广传媒、歌华有线。

传媒资产剥离是传媒重组的重要方式之一，是收缩性资本运营的一种方式，是提高资产存量效率、实现资产要素流动的有效形式。同样，传媒资产剥离与扩张性的并购交易密切相关，许多资产剥离发生在并购交易后，但资产剥离不是并购交易的简单逆过程。从表面上看资产剥离是企业规模的收缩，实质上却是收缩后更大幅度、更高效率的扩张。

二、传媒资产剥离的类型

战略管理学的相关理论对资产剥离如何分类，出于不同角度进行了众多的阐述，本书结合传媒企业的特性简要概述以下几种。

---

① 张金海，梅明丽．世界十大传媒集团产业发展报告[M]．武汉：武汉大学出版社，2007，95.

（一）按照传媒进行资产剥离的原因分类

按照传媒进行资产剥离的原因可分为自愿性资产剥离和非自愿性资产剥离。

所谓自愿性资产剥离就是传媒企业管理层主动地将公司内部部分资产如生产线、业务部门或厂房等卖给第三方。自愿性资产剥离代表的是两种性质不同的现金流量的交换——出售资产的传媒企业放弃了拟出售资产在未来所能产生的不确定的现金流量以交换购买者所提供的较确定的现金流量，如现金或银行票据等。

例如，培生集团之所以在21世纪初形成教育培训商、信息提供商和大众图书出版商“三足鼎立”的版图，并且能够成为当今教育出版的领航者，就是其在发展的过程中根据发展战略的调整进行了自愿性的资产剥离。1998年，将旗下经营着杜莎夫人蜡像馆（Madame Tussaud's）和奥尔顿塔（Alton Towers）公园这两大著名旅游景点的杜莎集团（Tussauds Group）以3.52亿英镑的价格出售给一家由Charter House Development Capital管理的私人股权投资公司；2002年，将旗下欧洲最大的广电集团之一RTL集团的22%股份以15亿欧元的价格出售给贝塔斯曼集团等，从而使自己专注于发展教育和出版事业；2005年，将旗下雷克勒托斯集团（Recoletos）的股份出售给西班牙投资公司Retos Cartera；2007年，将旗下的培生电视剥离。通过这种整合，培生集团作为一个整体，不但成为国际传媒业的巨头，其旗下的培生教育、金融时报和企鹅这三大集团，还成为各自出版领域的佼佼者。同时也可以看出，培生集团确实是在并购和整合的过程中，扩大了自己的规模，增强了自己的实力。

而非自愿性资产剥离是指由于违背了政府的相关政策或者反垄断法而引发，在政府或法律的压力下被迫出售资产。非自愿性的资产剥离是企业被动的行为，虽然市场也会对此做出相应反应，但是这种剥离是企业无法控制的，本章不做详细阐述。例如，维亚康姆原属哥伦比亚广播公司，1971年联邦通讯委员会（FCC）做出裁决：禁止三大电视网（哥伦比亚广播公司、全国广播公司、美国广播公司）通过联合供稿（又译辛迪加）方式出售节目，维亚康姆就此脱离了哥伦比亚广播公司，成为独立上市的公司。

（二）按照企业剥离资产的内容分类

按照企业剥离资产的内容可分为经营性资产的剥离和非经营性资产的剥离。

传媒企业将优质的经营性资产剥离出来，加以整合，注册成隶属于媒介管理部门或由国有资产控股的、具有独立法人资格的股份制子公司进行运营，时机适当时再申请上市，公开募集资金实行真正的资本运营。这种情况比较典型的就是 1994 年上市的东方明珠、1997 年上市的中视股份和 1999 年上市的电广传媒。

三、传媒资产剥离的动因及意义

（一）传媒资产剥离的动因

传媒企业出于不同的动机，对其资产进行剥离。从目前国际和国内的情况来看，大致是出于如下几方面的动机。

1. 外部环境

（1）满足经营环境改变的需要。

任何一家企业都是在一个动态的环境中经营的，经济发展和技术进步是经济环境变化的主要原因。一家企业为了适应经营环境的变化，其经营方向和战略目标也要随之做出调整和改变，而剥离则是实现这一改变的有效手段。一家公司也可以采用剥离的方式从一个竞争激烈的市场中退出来。比如，一家企业最近在一些产品的市场上遇到了强大的竞争，就目前该公司各方面的实力而言，很难在竞争中取胜，因此，该企业决定从这些市场上退出，并将这些业务部门等资产出售给一家较大的、有较强融资能力的企业，从而避免了企业在竞争中可能造成的损失。

（2）政府根据相关法律法规政策强制企业剥离一部分资产或业务。

有时政府为了避免大型企业在某行业的并购形成市场垄断，并且希望市场呈现出具有竞争力的正常发展态势，不得不根据《反垄断法》等相关的条文强制性地要求企业剥离一部分业务部门等资产。

2. 内部资源与能力

（1）满足传媒企业的现金需求，改变其财务状况，应对财务危机，提高企业的盈利能力。有时传媒企业需要大量现金来满足主营业务或减少债务负担的需要，而通过借贷和发行股票的方式来筹集资金可能会面临一系列的障碍，此时通过出售公司部分非核心或非相关业务的方式来筹集所需的资金，则不失为一种有效的选择。企业在出现财务问题的时候，为了避免破产清算，也必然会想到资产剥离这一方式，通过充实公司的现金流来缓解危机。

（2）战略调整的需要，纠正之前的战略错误，甩掉经营亏损业务的包袱，回归主业。通常企业的战略重点会随着外界的环境而有所变化，前期的多元化经营可能并不适合日后的发展，或者存在利润水平低或正在产生亏损以及达不到初期利润增长预期的子公司或部门，出于这样的考虑，必须进行战略转移，将部分不适合公司长期发展的业务剥离出去。

（3）进行资产的优化，改善资产的利用效率，并分散降低其风险。当企业的部分资产变为不良资产，不能为其带来利润时，这部分资产将会被剥离出去，以挽回部分投资，利用收回现金来盘活这部分资产。企业又可以通过收回的资金去寻找新的有价值的投资项目。

（4）改变企业的市场形象，提高企业股票的市场价值。一般来说，市场并不总是能够正确地认识和评价一家企业的市场价值，特别是对一些集团公司来说，由于实行多元化经营，其业务范围往往涉及广泛的领域，使得市场投资者以及证券分析人员对其所涉及的负责业务可能无法做到正确的理解和接受，因此可能会低估其股票的市场价值。将一些不适应企业战略发展的资产剥离掉，可以使企业的核心业务和资产得到良性发展和优化配置，在市场中树立了良好企业形象的同时，从而提高企业股票的市场价值。

以上分别介绍了经常导致企业做出剥离决策的几个动因，其中既有经济方面的原因，也有组织、经营和政府方面的原因。事实上，一家企业做出剥离部分资产或业务的决策，很少仅是由于某一单个原因引起的，通常都要涉及相互关联的多个因素，这些因素可能是同时存在，也可能是相继发生的，因此，企业管理层在做出剥离决策时，应该综合考虑这些因素。

（二）传媒资产剥离的意义

传媒企业的战略决策是其经营活动成败的关键，由于观念转变程度的不同，不同传媒企业的内部体制和结构各异，许多可经营性资产并未受到传媒企业的重视和利用，也未纳入传媒经营管理范畴，多年来可经营性资产如何进入市场运作被忽视，许多可经营性资产的市场空间和市场机遇因缺乏经营意识而丧失。

总体来说，传媒资产剥离对于企业的经营和管理具有重要的意义。

首先，有利于传媒企业的战略目标更好地实现。一定时期内企业经营环境的变化使得其战略也要做出适当的调整，当某部分资产与其长期发展战略不符时，企业选择剥离这部分资产，以保持其核心业务能力。

其次，有利于降低传媒企业的经营风险。企业在一定时期内的盲目扩张必然为其带来更高的风险性，通过资产剥离，把那些风险性很大的资产分离出去，能使企业轻装上阵，消除负的协同效应，降低企业运营中的风险，同时企业规模的缩小也有利于其迅速地适应整个市场的发展。

最后，有利于增加传媒企业的收益和企业资产的流动性。现阶段实行了资产剥离的国内企业所选择剥离掉的几乎都是经营不善的那部分资产，这部分资产的流动性和盈利能力很差，通过剥离可以迅速地变为可流动的资产，增强了资产的流动性。同时，出售的资产本身也能为企业带来很高的收益，优质资产的剥离能为企业带来更加丰厚的利润。

[案例分析]

麦格劳—希尔公司通过资产剥离实现归核化战略

麦格劳—希尔公司发展到21世纪初是一个涵盖教育出版及服务、金融及商业信息服务、财经新闻三大板块的传媒集团。但互联网的冲击造成

《商业周刊》经营困难，使麦格劳—希尔在1999年首先将财经新闻板块——《商业周刊》舍弃，以200万~500万美元现金、同时承担《商业周刊》的所有债务的价格将该资产出售给金融资讯巨头彭博集团。

同样由于数字化冲击，2011年9月，麦格劳—希尔宣布将把教育业务从金融服务中剥离，以期提升股东回报率。麦格劳—希尔原来的计划是不改变股东所有权，将教育业务剥离出来成立以教育为主业的子公司。但多方努力后感觉集团仍然无力提升教育业务的业绩，最终决定全部出售该资产。2012年11月，麦格劳—希尔公司宣布以25亿美元的价格将其教育出版业务出售给私募股权公司阿波罗全球管理公司。交易完成之后公司名称改为麦格劳—希尔金融，专注于金融资讯服务，其资产包括标准普尔、财务分析工具Capital IQ、商品市场信息供应商Platts。

点评：发达国家传媒业已经进入高度发达状态，市场竞争激烈。近20年来，大量传统媒体公司通过资产剥离，将资源集中在某一个或少数几个领域，实施归核化战略。麦格劳—希尔公司上述做法就是这一趋势的表现。

目前，国内很多企业都争相走多元化经营道路，试图扩大总资产规模。多元化经营虽然可以分散风险，但这本身也是有风险的——这就是“避免风险”带来的风险。[①] 多元化发挥分散风险功能的前提是行业领先，要求多元化分类中的每个类别都要在同行业中名列前茅。多元化成功的根本取决于企业总部的关联管理能力，对企业进行有效的控制。因为资金的分散和管理的混乱，如果每个类别不占先，一旦发生危机，倒闭的趋势就会如同多米诺骨牌。过度多元化和无关联多元化的市场行为，容易造成企业决策延迟和内部沟通效率低下的现象。为确保投资收益并减少风险，需要对不相干的多元化资产和业务进行校正重组剥离来重新形成主业的优势，从纯粹的“规模企业”转变为有核心竞争力的“优势企业”。

---

① 世界十大传媒集团产业发展报告。

四、传媒资产剥离存在的问题及其对策

由于我国的市场经济和传媒资本市场的运营都仍处于发展阶段，在当前我国媒介企业的资产剥离活动中还存在弊端和不足。其存在的问题主要表现在：资本市场功能还有待进一步完善；传媒企业上市时中介机构功能有待规范；传媒企业在资产剥离过程中甚至上市中存在虚假操作行为；传媒企业资产剥离活动中短期行为突出；我国传媒企业资产剥离行为中关联交易比重较高等。

针对上述问题，我国相关领导机构和部门也正在着力制定政策和采取有力措施。结合传媒产业发展的程度，要积极改善传媒资产剥离活动的外部环境，如进一步注重产权市场的建设，明晰传媒企业的产权问题，建立完善的法律制度保障，进一步加强资产评估事务所、会计师事务所等中介机构对传媒产业的了解、研究和指导。同时，也要加强传媒企业内部的建设，如在重视企业并购扩张的同时也要重视资产剥离，提高资产剥离的主动性与及时性，资产剥离应以培养企业的核心竞争力为重点，重视剥离后的资源重组与整合，避免同业竞争与规范关联交易等。

根据我国大部分媒介组织当前转企改制的实际情况，在进行资产重组和建立企业之前，要深入调查研究，按照“归属清晰、权责明确、保护严格、流转顺畅”的现代产权制度要求，确立企业主营业务和核心资产，将其他经营性或非经营性资产进行剥离，同时也要寻找良好的合作伙伴，明晰投资比例。在此基础上，按现代企业制度进行管理和经营运作，经营公司的人事、财务机构要进一步规范完善；要在经营主业的前提下，进行适度的资本运作，在与主业相关的领域寻找新的经营项目，开拓新的业务，加快产业发展，延伸产业链；采取有力措施，探索企业发展的新路子。国内外的资产剥离实践都表明，基于核心业务、突出主业的资产剥离都能取得较好的预期，并使企业获得实质性的发展。

第二节
传媒分立

在市场经济条件下，企业所面临的市场环境瞬息万变。当企业所处的市场环境发生变化时，企业必须迅速作出反应，使企业的规模适应市场环境的变化，其中企业分立会给予企业极大的机动性，使企业能够根据市场的变化迅速调整自身的规模，从而保持经营活力，使企业能在瞬息万变的市场环境下继续生存。传媒企业也不例外。同时，从某种程度上说，传媒分立也是广义上的传媒资产剥离方式之一。

[案例分析]

一分为二的王国：维亚康姆 + CBS

维亚康姆集团是雷石东通过历次兼并形成的传媒集团，经过多年发展，雷石东意识到媒介集团的发展并不在于一味地求大，而在于资源的优化配置，于是 2005 年 6 月 14 日，维亚康姆董事会全体通过一项决议，同意把公司分立（分拆）为两个部分，一部分由 MTV 电视网主席汤姆·费雷斯通（Tom Freston）掌管，仍旧称 Viacom 公司（以下称新维亚康姆），包括 MTV 音乐网、BET、派拉蒙电影公司、派拉蒙娱乐以及音乐网。另一部分由现任 CBS 主席莱斯利·穆恩伍斯（Leslie Moonves）负责，包括 CBS

和 UPN 广播网、39 个电视台以及电视产品生产部门（包括 CBS 派拉蒙和 King World 电视制作公司、Showtime 和 CSTV）、CBS 广播公司、CBS 户外、西蒙和舒斯特出版公司以及派拉蒙主题公园。

2005 年 12 月 31 日，根据已有的协议，前维亚康姆分立（分拆）为两家单独上市的公司——新维亚康姆和 CBS。前维亚康姆的股票，普通 A 股票和普通 B 股票每股自动转成 0.5 股的新维亚康姆和 0.5 股的 CBS。到 2007 年 3 月 31 日，持有新维亚康姆大量普通 A 股的国家娱乐公司仍然拥有维亚康姆近 73% 的投票权。[①] 雷石东的两家新公司的控制权并没有发生变化，因此分立（分拆）针对投资市场的运作手段之一，对于雷石东的庞大娱乐梦想来说，新的维亚康姆和 CBS 仍然是他手中的内容王国两个见识的基础。参见表 6－1、表 6－2。

表 6－1　新维亚康姆股权结构

持有者	股票名称	持股数	特权股	百分比
Sumner M. Redstone 雷石东	Class A common stock	46829454	—	72.30%
	Class B common stock	40099894	4981855	6.10%
NAIRI/NAI 国家娱乐公司	Class A common stock	46829414 *	—	72.30%
	Class B common stock	39809527 *	—	6.00%
Mario J. Gabelli Gabelli Asset Management Inc	Class A common stock	4851223	—	7.38%

注：其他为少于 1% 的股票持有者。* 是指所有的持股权为 NAT（国家娱乐公司）所有，而雷石东是 NAI 的控股者，因此拥有所有股权。此外，雷石东个人直接持有少数股权，如普通 A 股 40 股

表 6－2　CBS 股权结构

持有者	股票名称	持股数	百分比
Sumner M. Redstone 雷石东	Class A common stock	46 829 454	76.40%
	Class B common stock	40099894	5.90%
NAIRI/NAI 国家娱乐公司	Class A common stock	46829414 *	76.40%
	Class B common stock	39809527 *	5.50%

① 数据来源：www.viaconm.com，2007 年 4 月浏览。

续表

持有者	股票名称	持股数	百分比
Mario J. Gabelli Gabelli Asset Management Inc	Class A common stock	4851223	7.9%

注：其他为少于1%的股票持有者。* 是指所有的持股权为NAT（国家娱乐公司）所有，而雷石东是NAI的控股者，因此拥有所有股权。此外，雷石东个人直接持有少数股权，如普通A股40股

一家公司股票的走势会对公司管理层的决策影响最大。维亚康姆这次的分立（分拆）计划也不例外，其最终目的是希望分家的公司能够更好地满足不同投资者对不同资产的需求，从而扭转其一路下滑的股票价格。2000年5月，维亚康姆收购美国哥伦比亚广播公司后其股价曾达到创纪录的55美元，但从此以后却持续下滑到目前的35美元左右。①

整个金融市场都对这次分家密切关注，对维亚康姆公司分家后的前景呈现不同展望。当时有分析家指出，分家后，任何一家新公司的力量都受到影响，除了竞争力之外，还有可能会"引狼入室"，引来竞争对手的恶意收购。美国杂志《福布斯》于3月29日公布了"2007年全球上市公司2000强"排行榜。该杂志根据公司的销售收入、市值、总资产和利润四项指标综合打分，评选出引领各自行业的全球顶尖企业列表。其中，CBS和维亚康姆分列第274位和第352位。② 而在2006年排名中，两者位次分别是第611位和第353位。③ 可以看出，分家之后两家公司的经营不仅没有受到影响，而且实现了一定的良性增长，见表6-3。

表6-3　CBS与新维亚康姆2007年全球上市公司2000强排名

单位：10亿美元

2007年排名	2006年排名	公司名称	国家	行业	销售收入	利润	总资产	市值
274	611	CBS	美国	媒体	14.32	1.66	43.51	23.73
352	353	Viacom	美国	媒体	11.47	1.59	21.8	27.3

① 逆潮而行——维亚康姆的分家计划引来传媒业反思[J].华盛顿观察,2005.

② The World's 2,000 Largest Public Companies 2007.

③ The World's 2,000 Largest Public Companies 2006.

点评：维亚康姆公司分拆从后来的结果看是成功的。之所以分拆成功，是因为公司高层对产业环境、公司资产状况、资本市场对本公司的期许等都做了充分细致的分析研究，并制定了详实的实施方案。

一、传媒分立的定义

（一）公司分立

分立是指一家企业依照有关法律、法规的规定，分立为两家或两家以上的企业的法律行为。公司分立指的是一家母公司将其在某子公司中所拥有的股份，按母公司股东在母公司中的持股比例分配给现有母公司的股东，从而在法律上和组织上将子公司从母公司的经营中分离出去，形成一家与母公司有着相同股东和持股结构的新公司。公司分立是在原有公司基础上的“一分为二”或“一分为多”，它与公司合并恰好是反向操作，既不是“转投资”设立子公司或参股公司的行为，也不是为拓展经营而设立分公司的行为。原公司与分立后的公司之间，既无公司内部的总公司与分公司的管理关系，也不是企业集团中成员相互间控股或参股的关系，而是彼此完全独立的法人关系。

在美国，公司分立通常的操作方式为：先由被分立公司（母公司）以其独立经营的事业部门的资产出资设立一家新公司（子公司），母公司取得该子公司的股份后，再以财产股利分配的方式，将其持有的子公司的全部股份按母公司股东的持股比例分配给母公司股东，分立后母公司所有股东按其在母公司的持有比例同时持有母公司（被分立公司）和子公司（新设公司）的股份。这种分立会形成一家与母公司有着相同股东和持股结构的新公司。

本节案例中涉及上市公司的分立情形，也是本节着重阐述的内容。所谓上市公司分立，通常是指对上市公司资产和负债进行分割，将原来的一家上市公司分立形成两家上市公司并分别独立上市的行为，公司原股东从原来持有一家上市公司的股份变成持有新的两家上市公司的股份。

上市公司分立是境外成熟市场的资本运作手段，在美国和香港等成熟市场，均有健全的分立制度和成功的操作案例。如 2015 年 6 月，美国最大的报业集团——甘内特报业集团（Gannett）一分为二，一个是以广播电视、数字业务为核心业务的新集团，名为“TEGNA”，另外一个仍然称为“甘内特”，业务仍然以报业为主，两家公司同时在纽约证交所上市。

由于分立在本质上属于公司的收缩战略，是大型多元化经营的上市公司出于改变公司战略、退出经营不善的业务、减少风险、放弃以前收购中不想要的业务、避免与客户冲突等原因而实施的行为。而未上市公司进行分立也是为其日后的发展壮大做提前准备，所以本节着重对上市公司的分立进行阐述。

（二）传媒上市公司分立

传媒上市公司分立的概念实际上就是结合传媒产业或是该行业的特性而进行的资本运作，它与上市公司分立的概念基本上是一致的。

二、传媒分立的形式和程序

（一）传媒分立的形式

公司分立以原有公司法人资格是否消灭为标准，可分为新设分立和派生分立两种。

1. 新设分立

新设分立，又称解散分立。指传媒企业将其全部财产分割，解散原企业，并分别归入两家或两家以上新企业中的行为。在新设分立中，原媒介企业的财产按照各个新成立的企业的性质、宗旨、业务范围进行重新分配组合。同时原企业解散，债权、债务由新设立的企业分别承受。新设分立，是以原有企业的法人资格消灭为前提，成立新企业。

2. 派生分立

派生分立，又称存续分立。是指传媒企业将一部分财产或营业依法分出，成立两家或两家以上企业的行为。在存续分立中，原传媒企业继续存在，原企业的债权债务可由原企业与新企业分别承担，也可按协议由原企业独立承担。新企业取得法人资格，原企业也继续保留法人资格。

（二）传媒分立的程序

一般而言，企业分立的程序为下列几个步骤：

首先，公司董事会拟订公司分立方案。在拟订公司分立方案的过程中，应当对分立原因和目的、分立后各公司在整个集团公司中的地位以及分立后公司章程注明，其中尤其要妥善处理财产及债务分割问题。

其次，公司召开股东大会讨论关于分立方案的决议。在股东会决议通过方案时，公司债务的分割要做出明确的规定。董事会编制公司财务及财产文件，公司分立时应当进行财产分割。为妥善处理财产分割，要编制资产负债表及财产清单。经股东会授权后，应当由董事会负责实施。

最后是通过政府主管机关的批准和履行债权人保护程序。债权入保护程序主要涉及分立公告及债务清偿程序：第一，在分立决议做出后的10日内，将分立决议通知债权人，并于30日内在报纸上至少公告3次；第二，债权人自接到通知书之日起30日内，未接到通知书的自第一次公告之日起90日内，有权要求公司清偿债务或者提供相应的担保。不清偿债务或者不提供相应担保的，公司不得分立。

三、传媒上市公司分立的动因和意义

（一）传媒上市公司分立的动因

传媒上市公司进行分立的动因，除了适应外部环境的变化外，主要原因还在于改善公司内部环境，增强内部能力、配置内部资源。比如，经营多元化业务的综合性公司分立成几家上市公司，可以提高财务报表的透明度，有利于资本市场对不同业务的分别估值；分立出去的公司的价值将被提高，这有助于新公司独立地从资本市场以更高的价格进行融资，更便捷地进行资本运作；同时，公司分立是规模扩大、业务线过长的公司缩短经营管理通道、纯化管理思路、提高管理效率的有效手段之一；此外，公司分立后，管理人员能够更好地集中于子公司相对较少的业务，子公司的管理人员报酬的高低将可直接与该子公司的股票价格相联系，而不是与母公司的股票价格相联系，从而对它们可以起到更有效的激励作用；最后，有利于公司更好地适应和利用有关法规和税收筹划。

（二）传媒上市公司分立的意义

总体来说，上市公司分立对我国资本市场的发展具有重要意义。主要表现为：

其一，提高上市公司质量，为资本市场投资者创造更高价值。公司分立是公司资产重组和公司治理结构再造的一种手段。公司分立有利于公司及其管理层聚焦经营，改善经营绩效，有利于投资者发掘公司不同业务的不同价值，并对不同业务提供不同的金融支持，这有利于提高资本市场在资源配置方面的效率。分立出的上市公司将容易获得发展壮大，上市公司的整体质量将可以提高，从而为公众投资者创造更大价值。

其二，保护股票市场社会公众投资者的利益。与公司分拆（将部分资产剥离）相比，公司分立还能让股东保留其在原上市公司和新设上市公司的股份。因此，公司分立后不论原公司和新设公司如何发展，原股东都能分享其增长和收益。

其三，有利于将优质上市资源保留在股票市场中。如果采用公司分立方式将上市公司的优质资产分立为另外一家上市公司，并且新的上市公司可以在市场上进行再融资，可以预见大量欲分拆并在海外上市的企业将会选择留在国内。原因有三：一是公司分立本身就是一家上市公司再造的过程，分立与上市是一步完成的，公司分立比分拆后再上市的审批程序和操作流程要简单得多；二是公司分立以后，公司可以以二级市场价格为参照进行再融资，这比分拆后再 IPO 上市的发行价格将更高；三是公司分立更容易获得社会公众股股东的认同，不太会招致他们的反感。公司分立的实行有利于降低分拆子公司到境外上市的冲动，从长远来看有利于国内资本市场的发展。

传媒上市公司分立的经济意义是，解放和促进生产力的发展，有利于降低上市公司多元业务之间的负面协同效应，有利于解决历史遗留问题，提高公司治理的效力。上市公司分立应当切实保护投资者特别是公众投资者的合法权益，应当具备《证券法》规定的上市条件，有利于消除负面制约并获得更好发展，等等。

第三节 传媒分拆上市

虽然当前整体上市已成为上市公司并购重组活动的潮流，但与整体上市相对应，分拆上市作为公司并购重组的重要手段，一样可以提高上市公司质量。我们应当利用资产分离和公司分立等方式，实现多元业务的上市公司的分拆，以达到各方股东和整个资本市场的多赢。

一、传媒分拆上市的定义

（一）分拆上市

分拆上市，又称部分上市，从某种程度上可以说是与整体上市相对的，有广义和狭义之分，广义的分拆上市是指已上市公司或未上市的集团公司将部分业务或某家全资子公司从母公司独立出来单独上市；狭义的分拆，又可称为股权切离，是指已上市的公司将其部分业务或全资子公司独立出来，另行公开招股上市。分拆上市后，原母公司的股东虽然在持股比例和绝对持股数量上没有任何变化，但是可以按照持股比例享有被投资企业的净利润分成，而且最重要的是，子公司分拆上市成功后，母公司将获得超额的投资收益。

分拆上市是一种特殊的 IPO，通常具有以下特点：

（1）母公司为上市公司，分拆出部分资产后成立子公司，并将子公司也推行上市，但母子公司的股票交易市场可以不同，实际上，多数时候子公司会选择在创业板上市。例如，中国分拆上市第一股同仁堂就是通过将同仁堂股份公司旗下的中药提炼厂、进出口公司和科研中心等优质资产进行剥离，组成同仁堂科技公司，实现在香港创业板上市。

（2）子公司上市后，母公司的持股比例虽然有所下降，但仍处于控股地位。

分拆上市与资产剥离的主要区别体现在母公司出让股权的比例上。在资产剥离中，母公司出让了其对子公司的全部权利，而在分拆上市中母公司只出让了部分权益，仍保留控股地位。在西方成熟资本市场，分拆上市是司空见惯的行为。股权切离是获取低成本资金的一个极好的途径。当分拆出来的业务被埋没在母公司中，而市场对这种新模式追捧的时候，公司会采取股权切离的方式。这种方式不但能产生大量的资金，而且被切离出来的资产增加了股东的价值。

分拆上市属于资本收缩范畴，将一个法人分拆为两个独立法人，是吸收合并的逆操作。它既能像公司分立那样使分支机构独立，又能以“部分IPO”（首次公开发行）的方式从资本市场募集资金。分拆上市也是公司紧缩技术中最早被国内公司所运用的资本运作手段。

（二）传媒分拆上市

传媒分拆上市，在较长一段时间里，主要是指国有传媒企业在基于采编与经营两分开的基础上把广告、发行、印刷、信息、节目传输及其网络增值服务、出版等可经营性资产剥离出来成立具有独立法人地位的新公司，通过包装改造再上市。在2007年之前，我国已经上市的传媒概念股，如博瑞传播、赛迪传媒、北青传媒、华闻传媒、粤传媒、新华传媒等传媒概念上市公司均只有媒体经营性资产，其核心的采编业务资产被排除在外，是典型的分拆上市。这些上市公司凭借行业优越性和业务的独占性，普遍表现出了较好的成长性。2007年后，由于政策不断完善，国有传媒企业整体上市成为普遍现象。

如今传媒公司分拆上市更多是基于传媒企业自身发展战略的考虑，这种资本运作方式大量存在于新兴的互联网行业，但传统的传媒行业也不乏此种操作方式。

2004 年 3 月 10 日，香港创业板第一家上市公司 TOM 集团将其子公司 TOM 在线进行分拆，在中国香港创业板和美国 NASDAQ 同时上市。这一资本运作成为香港创业板首例在两个市场同时上市的企业。这种行为在内地和香港上市公司中产生了较强的反响。这是典型的股权切离，意思就是母公司通过公开市场发行子公司的股票而使子公司上市的过程。这个过程中，子公司成为新的法人实体，但母公司人仍然对子公司保有高度的控制权。

目前，海外分拆上市成为互联网公司上市的新潮流。我国境内互联网公司申请海外上市，其涉及网络内容服务（ICP）的相关业务和资产有一定限制。例如，海外上市的新浪公司拆分其房地产网络业务，与易居旗下的克尔瑞公司合并成 CRIC，后者将为合资公司运营提供专业房产信息数据以及相关的互联网产品，其中并不包括国内 ICP 业务及资产，上市后筹资也不参与国内相关 ICP 资产的经营。国内资产中只有为 ICP 业务提供设备及技术服务的部分与北美、中国台湾和中国香港地区的网站业务一起上市。网易与新浪的操作方式一样，其在国内的 ICP 部分并未包装上，上市的网易是注册于美国特拉华州的一家软件开发公司。

（三）传媒分拆上市的实现形式

目前，境内第一代企业通过多年多元化发展，有的企业已创建了多个“潜在盈利点”，并在某一两个细分领域建立了核心优势。因此，这些企业急需借助“分拆上市”这个融资渠道，踏上高速成长的“快车道”，以突出其核心业务价值，并吸纳更多的资金，促进其他主营业务并行，并加快发展。

1. 适合分拆的公司类型

有两种类型的公司适合进行分拆：一种是从事多元化经营的集团型上

市公司的分拆，其拥有多项成熟主业，为了配合战略调整，将经营模式从多元化向专业化转变，从而通过业务分拆，使主业更加鲜明，也有利于公司在二级市场的估值。对于一些有实力的传媒企业，就可以考虑将旗下的产业分拆上市或到国外发行股票，在提高企业知名度的同时，还有利于企业国际化战略的实施。

另一种是拥有完整下属业务的上市公司，希望分拆下属公司上市，以便对下属公司进行有效激励，使分拆出来的业务在获得资本助力后，加快发展速度。同时也存在对拥有重大项目而急需资金投入的项目型公司实施的分拆以及对已上市公司的分拆和未上市公司的分拆。

2. 分拆的两种形式

企业分拆以两种形式进行：第一种形式是公司以其部门财产和业务另设一家新的公司，原公司存续，此为存续分拆，资产剥离、股权切离以及企业分立中的纯粹分立、并股都属于存续分拆的范畴；第二种形式是公司全部财产分别纳入两家以上的新设公司，原公司解散，此为新设分拆。如果分拆出去的子公司要公开上市，在分拆的基准日，原上市公司的股票除权后继续进行交易，除权价格依据子公司的流通情况而定，而分拆出去的子公司可安排当期上市交易，也可安排暂缓交易。

（四）分拆上市的影响因素

分拆上市作为企业融资的一种方式，在实际运用中，主要考虑到以下影响因素。

1. 公司的规模和业务

一般来说，资产规模较小，主营业务突出的企业不适合采取分拆上市的形式，否则容易造成企业产业链割裂、融资规模小等问题。规模巨大、各资产之间关联度不大的企业适宜采取分拆上市的形式。

2. 拟上市资产的资产质量情况

拟上市的资产必须质量良好，盈利能力具有可持续性。例如，最近三个会计年度连续盈利；业务和盈利来源相对稳定，不存在严重依赖于控股股东、实际控制人的情形；现有主营业务或投资方向能够可持续发展，经营模式和投资计划稳健，主要产品或服务的市场前景良好，行业经营环境和市场需求不存在现实或可预见的重大不利变化等条件。

3. 上市子公司资产独立性、完整性问题

2006 年证监会发布的《上市公司证券发行管理办法》规定："上市公司与控股股东或实际控制人的人员、资产、财务分开，机构、业务独立，能够自主经营管理。"上市公司的资产必须与母公司保持独立和完整，以避免大量的关联交易。

4. 融资规模的问题

分拆上市就涉及融资规模的问题。这就需要充分考虑公司项目所需资金、未来资金需要、未来盈利能力等各方面的问题，确定合理的融资规模，以实现融资规模的最大化和资金使用的最优化。

二、传媒企业分拆上市的原因和战略意义

（一）传媒企业之所以可以选择分拆上市或者必须分拆上市具有现实性和必然性的原因

第一，传媒企业分拆上市的客观条件日趋成熟。从全球范围看，当一国人均 GDP 达到 800 美元时，该国的经济结构就将面临一次大的调整，我国在 1998 年已达到这一结构调整的指标，传媒产业的实际水平要高于全国的平均水平。从产业结构变迁的角度看，传媒产业开始成为国民经济发展新的推动力，全国性的产业升级也为传媒产业上市实体的投资提供了多元化的选择，这奠定了分拆上市的产业基础。

第二，传媒企业存在分拆上市的内在动因。无论是上市的传媒企业还是未上市的传媒企业普遍存在规模性或者多元化经营的扩张冲动。但管理效率假说表明，在规模扩张和多元化经营的过程中存在一定的负协同效应，存在一个报酬递减的临界点。实体分拆将是解决上述问题的有效途径，通过对母公司和子公司的重新定位，在确定母公司和子公司各自比较

优势的基础上，可以使它们更加集中于自身的优势项目，从而为公司创造出更大的价值。

(二) 传媒企业分拆上市的战略意义

目前我国大部分传媒企业都倾向选择剥离一部分资产组建公司进行资本运作，即分拆上市，那分拆上市对企业到底有什么样的战略性意义呢?

1. 拓宽融资渠道

分拆上市的诱人之处，首先在于其对融资渠道的拓宽功能。由于分拆上市具有“一种资产、两次使用”的效果，因而被许多上市公司用于再融资的工具，这对融资渠道单一的中国大陆上市公司来说尤为吸引。

分拆上市可以从两个途径满足企业的融资需求：一方面，从母公司角度看，通过分拆出让股权可以获得大量 IPO 现金；另一方面，从分拆子公司角度看，分拆上市为子公司打开了从资本市场直接融资的渠道，从而可以更好地满足其项目投资需求；如果发行收益被留存在子公司，用于新项目投资或升级现有项目，会产生正面的市场反应，也在一定程度上解决了子公司的融资问题。

例如，中华网络科技公司（China. com Inc.）（CDC 公司）作为中国第一只网络股，于 1999 年 7 月在纳斯达克成功上市，这次融资达 8600 万美元。2000 年 1 月，CDC 公司再次发行新股，又从纳斯达克募得令人惊讶的 3 亿美元；2000 年 3 月，CDC 公司又将其旗下香港网国际网络公司分拆上市，募得 13 亿港元即 1. 7 亿美元，以至于 CDC 公司在鼎盛时期一度拥有 5. 6 亿美元的现金。再如，TOM 在线在分拆后上市过程中，共发行 ADS 11，25 万股，每股定价 15. 51 美元，总融资额达到 1. 6 亿美元，使它的现金储备和竞争者不相上下，并为日后的收购兼并打下了基础。

2. 实现股东价值最大化

分拆上市后，证券市场的价值发现功能将使母公司迅速获得超额资本利得和投资收益，带来业绩突变，使公司价值增值。这正是 1999 年、2000 年许多公司热衷于网络投资的主要动力，它们都憧憬通过分拆网络公司上市，取得资本利得改写上市公司的业绩。近年来，西方金融经济学家开始注意到成熟资本市场分拆上市的溢价效应。Miles 和 Woolri（2002）对1981—1994 年 185 起股权分拆进行了统计分析，发现在母子公司处于不同行业的 153 起分拆中，母公司股票在公告分拆时平均获得 2.1% 的溢价（在 1% 置信区间上显著）；而母子公司处于同一行业的 32 起分拆中，母公司平均获得 0.99% 的溢价。分拆不仅带动母公司股价上扬，还会使股东获得更大回报。更重要的是，分拆上市的子公司的价值大都得到了股票市场的充分肯定，不仅远超过其账面值，甚至出现了子公司市值在短期内超过母公司市值的现象。

3. 明晰核心业务和投资概念，实现业务的专业化管理和发展

由于西方的分拆都发生在多元化公司身上，当公司业务越来越广泛时，往往会存在盈利水平及前景高于企业平均水平的战略业务单位，使其潜在价值不能被市场所充分体现。业务清晰的公司则容易被市场认同。这就是为什么综合性公司市盈率通常会低于专业性公司的重要原因。于是近年来，西方资本市场越来越注重专注于某一个行业，协同效应是附带条件，不是主因。在竞争日趋激烈的市场中，那些专注于一个行业的企业被投资人认可，有多种经营尤其是相互之间没有紧密联系的企业被投资人抛售。因此，西方的资本市场出现了归核化的热潮，上市公司力图通过资产剥离的手段使公司的产业战略和企业资源更加集中在一个行业，从而使产品和服务以及管理更加专业，从而吸引投资者。

以进入 21 世纪后新兴的互联网为例，其作为一种新型传播方式，受众群体和传统媒体有很大的区别，而且互联网已经成为一个独立的行业存在。多元化的传媒集团中传统媒体和网络媒体并没有紧密的联系，客户和资源的共享性并不明显。因此，在其网络媒体的经营中，可以采取分拆互联网，让该业务独立运行，从资金和管理层都集中投入到这部分业务，效果会好于分散投入。

[案例分析]

浙报传媒将传统的报纸业务出售给控股股东

浙报传媒是2011年在上海证券交易所上市的省级报业集团，上市以来，不断改革创新，取得了丰硕成果。2018年，浙报传媒的控股股东浙报传媒控股集团有限公司连续两年获得“全国文化企业30强”称号，为国内唯一入选的报业集团。

浙报传媒最初以传统平面媒体为主，但从2012年起，浙报传媒就开始向数字化方向转型，确定了“3+1”发展方向，搭建新闻传媒平台、互动娱乐平台、影视平台和文化产业战略投资平台，“影视文化”和“互动娱乐”被提升至了和“新闻传媒”平行的位置。2013年1月，浙报传媒以34.9亿元收购了两家游戏公司——杭州边锋和上海浩方。杭州边锋、上海浩方自2013年5月起纳入浙报传媒合并范围，至当年12月底7个月的净利润就达到了1.91亿元，占归属于上市公司股东净利润总额的46.45%。经过5年的转型探索，浙报传媒获得了较好的业绩，2014年，浙报传媒实现营业收入30.66亿元，同比增长27%；归属于上市公司股东的净利润5.17亿元，同比增长26%。2015年，浙报传媒营业收入达到34.58亿元，净利润6.1亿元，同比增长17.92%。2016年中报显示，营业收入14.82亿元；归属于上市公司股东的净利润3.05亿元，比上年增长7.77%。在这些增长中，“互动娱乐”的贡献占据了重要地位。

2017年2月，浙报传媒向控股股东浙报控股出售包括《浙江日报》《钱江晚报》在内的新闻传媒类资产，预估值为19.9671亿元。本次出售的资产2015年营业收入为23亿元，占浙报传媒2015年度营业收入的67.45%，也就是说，浙报传媒砍掉贡献了近7成营业收入的业务。交易完成后，浙报传媒的主营业务将转变为数字娱乐产业及大数据相关业务。

点评：浙报传媒将传统的报纸业务出售给控股股东，有如下考虑：

1. 传统的报纸业务有较强的舆论引导功能和文化功能，出售给控股股东更有利于实现其社会效益。

2. 数字娱乐产业及大数据相关业务与传统的报纸业务在经营模式、管理模式上有较大差异，放到一家上市公司中难以实现突出各自的特点和优势。

3. 资本市场中，上市公司有较大的盈利压力。将上市企业发展方向聚焦在前景较好的数字娱乐产业及大数据相关业务上，更容易获得投资者认可。

4. 创造资本市场和产品市场的联动效应

在资本市场分拆上市及其配套的推介路演活动容易引起公众和传媒的极大关注，可以起到先声夺人的作用，从而大大提高企业的知名度。许多跨国公司往往通过分拆其国内业务到海外上市或将其在当地控制的业务就地分拆上市，加深海外市场对其业务和产品的了解与认同，迅速建立品牌效应。

5. 有利于引入新的合作伙伴，分散投资风险

一些公司在整体资产上对合作伙伴缺乏吸引力，但个别业务单位则因其增长潜力而可望吸引合作伙伴。因此一些上市公司为引入理想的合作伙伴，就会将对方感兴趣的业务单位分拆出来，吸引新股东加盟，从而为公司扩展业务注入新的血液和活力。

分拆上市使本身置于公司内部的业务单位成为公众公司，业务发展风险由母公司和新的合作伙伴、公众投资者共同承担。从目前全球资本市场分拆上市的发展趋势看，一个重要特点就是已上市公司越来越倾向于对其以风险投资形式参与的高成长项目进行分拆上市。这在高科技业务的发展中表现得尤为突出，因为这些业务在研究、开发、发展的每一个阶段都面临很大风险。

6. 拓宽资产经营的运作空间

分拆上市使上市母公司与分拆上市子公司在资产的转让、注入及融资活动等方面更为灵活，有助于公司在两个资本市场之间或同一资本市场两个市场主体之间的资本运作实现对接，大大拓展了资产经营活动的空间。此外，上市母公司还可利用分拆上市子公司的股份在没有现金流出的情况下，通过换股方式购并其他公司的业务。

7. 企业退出投资的重要战略

由于分拆上市往往伴随着控股权的稀释，因此也被许多企业用于逐步退出非核心业务的重要战略。在通过资产拍卖或协议转让等方式退出有关业务的情况下，业务单位的价值往往会被低估，有时甚至低于其净资产价值。而分拆上市则可使企业通过股权出让以市场认可的价值套现，而且由于上市资产具有较强的流动性，企业更可在退出的时间上抢得先机。

另外，分拆上市也使一些上市公司调整上市地成为可能。通常，上市公司在一地上市后由于退市成本高昂，很难根据自己的战略需要调整上市地，而通过分拆上市则可以部分、甚至全部达成这一目标。

三、传媒企业分拆上市在我国的发展和问题

（一）分拆上市在我国的发展

第一阶段：1990—1993 年，分拆上市处于初步发展阶段。

由于在我国证券市场发展之初，为了加快证券市场的发展，扩大证券市场规模，提高公司上市的筹资力度，一些企业在进行股份制改制和上市时，采取了全部资产上市的模式，即将整个企业改组上市，甚至将多家公司组合成一个集团来上市。这些整体上市的个股虽然在上市之初可以募集更多的资产，但却损害了这些上市公司的发展潜力和后劲，如不良资产多，公司人员多，负担重；总资产大净资产小，负债比率高，净资产收益率低以及管理水平落后；等等。部分上市公司因其子公司经营不善或投资失误影响其上市公司整体经营业绩，使上市公司丧失配股权和进一步进行资本经营的能力。同时，《公司法》尚未颁布实施，许多公司采取定向募集设立股份公司，造成了上市公司资产质量很差，主业不突出，内部股公众化等问题，分拆上市逐步进入监管层和上市公司的视野。

第二阶段：1994—1997 年，分拆上市的快速发展阶段。

1994 年 6 月国家体改委停止审批定向募集股份公司。1994 年 7 月 1 日施行的《公司法》对私募予以否定，取消了定向募集方式，设立股份公司只限于发起设立，或发起人认购部分股份后，其余部分向社会公开募集设立。由于受市场容量和市场成熟度影响，监管部门在各个省市实行上市额度制，每个省每年只有几个上市的指标，这就造成了许多企业为了达到上市目标，纷纷剥离出最优质的资产组成股份公司，实现分拆上市。监管层以及当时的市场环境促使分拆上市模式快速发展。

第三阶段：1998—2004 年，分拆上市模式成为主流模式。

随着《证券法》的颁布实施，证券市场功能定位的重大转变，由成立初期的“试验”定位转变为“为国企脱困提供融资服务”。1998 年九届人大一次会议通过的《政府工作报告》明确指出，发行股票“向大中型国有企业倾斜”。管理层在市场功能定位、制度建设、监管体制建设以及机构投资者队伍建设等方面均采取了重大措施，促使我国证券市场进入跳跃式发展时期，进入以融资为主的融资阶段。企业为了实现融资规模最大化，纷纷采取分拆上市的方式，剥离出优质资产进行包装，以获得融资和再融资的资格。分拆上市成为当时的主流模式。

分拆上市让境内企业多了一条资本融资通道，而 A 股主板公司分拆子公司到创业板上市，在境内外已有先例。早在 2000 年，联想集团就实施了有史以来最大规模的战略调整，对其核心业务进行分拆，分别成立新的“联想集团”和“神州数码”，分拆后的神州数码，2001 年 6 月在香港成功上市。随后又有托普软件、TCL 集团（000100）、新疆天业（600075）、海王生物（000078）、同仁堂（600085）等 8 家公司，将控股子公司分拆出来，登陆香港创业板市场。在美国上市的中国知名 IT 企业，如巨人网络、完美时空、网易、九城等，都有意将旗下业务分拆出来单独上市。

第四阶段：2004 年至今，分拆上市逐步走向规范。

随着证券市场的进一步发展，由于在市场定位、制度建设、监管体制等方面存在一些偏差，尤其是强调融资、重指数调控，使分拆上市隐藏的系列重大问题逐渐暴露出来，如违规操作、造假做假、操纵股价、信息不对称、非法关联交易、过度投机等，严重影响了证券市场的健康发展。分拆上市也逐渐为广大投资者所诟病。

从2004年开始，管理层开始规范、整顿市场，重点是进行基础性制度建设、解决重大历史问题，全面实施股权分置改革、保荐制度，完善市场功能，注重投资环境建设。这从根本上遏制了集团公司采取分拆上市恶意圈钱的冲动，使其逐渐回归到注重公司资产质量的健康的发展道路上，分拆上市逐渐走向规范。

［案例分析］

腾讯将阅文集团分拆独立上市

腾讯集团是我国目前市值最高的互联网公司。腾讯1998年从即时通信软件QQ起家，2003年开始介入网络游戏行业，2013年介入网络文学，2015年3月，腾讯文学与盛大文学整合为阅文集团。2015年9月，腾讯成立全资子公司腾讯影业，至此，腾讯影业与腾讯游戏、腾讯动漫、阅文集团共同组成腾讯互娱泛娱乐业务矩阵全部建立，形成一个协同、开放、共融共生的泛娱乐新生态。

2016年，按在线阅读收入计，我国网络文学市场形成了五大阵营，分别是阅文集团、掌阅、中文在线、百度文学及阿里文学，市场份额分别为43.2%、14.9%、6.6%、1.8%及1.4%。百度排名显示，2016年中国搜索率最高的TOP10网络文学作品中，9部来自阅文内容库。其中，不乏用户耳熟能详的《鬼吹灯》《琅琊榜》等作品。百度搜索指数表明，2016年最受关注的前10部小说中，有9部来自阅文集团的平台。截至2016年12月31日，阅文集团作家数量占中国网络文学作家总数的88.3%；仅2016年一年，阅文集团就共计发放稿酬近10亿篇，旗下作家年分成稿酬达100万元以上者超百人。

为了使阅文集团获得更好的发展前景，腾讯决定将阅文集团分拆独立上市。

2017 年 11 月 8 日，阅文集团在港交所上市，开盘价 90 港元，较 55 港元的发行价涨幅达到 63.6%，市值突破 800 亿港元。开盘后不到半小时，阅文集团股价破 100 港元，涨幅超 80%。

文化类公司在内地和香港的资本市场价值普遍偏低，多数公司市值在 100 亿元人民币左右。阅文集团上市以前，A 股市场市值突破 200 亿元的文化类公司只有 3 家，分别为掌握电影院等重资产的万达电影，其市值为 611 亿元；其次是传统影视公司光线传媒与华谊兄弟，市值分别为 315 亿元与 242 亿元；在港股文化类公司中，阿里影业市值也仅为 320 亿港元。截至 2018 年 8 月 9 日，阅文集团总市值为 620.44 亿港元。从以上情况看，阅文集团的市值是很可观的，阅文上市是成功的。

2018 年 3 月 19 日，阅文集团发布截至 2017 年 12 月 31 日全年业绩。财报显示，2017 年营收约为 40.95 亿元人民币，同比增长 60.2%。2017 年全年净利约为 5.56 亿元人民币，同比增长 1416%。

点评：阅文集团的核心资产是盛大文学。盛大文学曾经在 2011 年至 2012 年两度向纽交所申请上市，但由于种种原因未能如愿。2013 年 7 月，高盛、淡马锡等知名投资机构共投入 1.1 亿美元，购买盛大文学 20% 股权，盛大文学此轮估值不到 6 亿美元。2015 年 1 月，腾讯斥资 50 亿元人民币收购盛大文学后与腾讯文学合并，成立阅文集团。经过两年的整合，2016 年底首次扭亏为盈。艾瑞咨询 2016 年发布《2016 年中国独角兽企业估值榜》，根据该榜单，阅文集团估值 20 亿美元，阅文集团 CEO 吴文辉认为阅文价值被严重低估。而从 2017 年 11 月上市后的表现可以看出，经过腾讯的整合，阅文集团的经营潜力被充分激活，资本市场对阅文给予了充分肯定，上市时的市值是艾瑞咨询估值的 6 倍多。

（二）传媒业分拆上市情况和问题

风险投资近年来迅猛的发展势头已成为众多中小型的高科技公司成长的助推器，国内外多层次资本市场的发展为企业分拆上市提供了发展的条件。

从目前监管层给出的条件看，分拆上市条件较为严格，需要同时满足六个条件才能有可能获得放行：一是上市公司公开募集资金未投向发行人业务；二是上市公司最近3年盈利，业务经营正常；三是上市公司与发行人不存在同业竞争，且出具未来不竞争承诺，上市公司及发行人的股东或实际控制人与发行人之间，不存在严重关联交易；四是发行人净利润占上市公司净利润不超过50%；五是发行人净资产占上市公司净资产不超过30%；六是上市公司及下属企业董、监、高及亲属持有发行人发行前的股份不超过10%。要充分满足上述六个条件，对一些看好分拆上市的境内的企业来说，并不是一件很简单的事。

综观国内外公司分拆上市的表现后，虽然分拆上市为企业的发展和壮大带来了生机，但是也存在不可忽视的弊端和问题。

首先，分拆出来的都是优良资产，受到当时上市的追捧。一旦把优良资产分拆出来，母公司的价值会受到损失，从而影响母公司的股东的利益。在没有了优良资产的母公司今后如何重新赢得股东和投资人的青睐和信心，的确是一个挑战。

其次，公司应该准备应对股权切离交易所产生的复杂性以及相应的成本。很多公司间（母子公司之间、子公司和公司其他部门等）的协议，如公司资产的转移、市场开发方面的协作以及在技术方面的共享等，需要被每个董事会审核一遍。这是非常消耗时间的。在分拆过程中的价值认定也是一个很关键的环节，主要包括母公司以往的资金投入和人力投入，如何公正地评估这些价值非常重要。尤其是品牌资源，隶属于TOM集团旗下的TOM在线在分拆过程中集中讨论的重点就是TOM的品牌。最后达成协议，只有TOM集团拥有超过51%以上的股份，TOM在线可以继续使用。如果股份低于51%，需要商议。

再次，由于规模效应的消失，子公司需要面对很多的重复的管理费用开支。这会增加子公司的财务负担。股权切离的公开市场发行导致的直接成本要大于公司分立。

最后，持有少量的子公司股权会导致子公司面临被接管的可能，同时也会引发少数股东和母公司之间的利益冲突。一个常遇到的矛盾是如何规范母公司和子公司之间在同行业之间的竞合关系。如果两家公司的业务有重合的业务或同时竞争一个资源的时候，难免产生撞车的现象。TOM 在线上市的时候制定了非常严格的避免同业竞争的条款，这个条款约束双方不能进入对方的市场。例如，TOM 在线不能从事出版和杂志发行，TOM 集团不能在中国境内从事互联网商业活动。香港联交所对于同业竞争的问题非常重视，为此 TOM 制定了详细的规定满足联交所的要求。

[案例分析]

清晰频道（Clear Channel）——扩张与分拆坚守核心主业

清晰频道是一个多样化的传媒集团，以广播和户外广告为其主要业务。目前，清晰频道传媒集团的总部坐落于美国的圣安东尼奥市。清晰频道从一个濒临破产的小电台发展为今天国际著名的传媒集团这一过程中从未停止过扩张的脚步。

扩张是企业发展的必然。兼并或收购其他企业、进入新的业务领域、进入新的市场、增加现有市场中的所占份额都是企业扩张行为的不同表现。扩张战略实施的目的在于增强企业实力，提升企业的核心竞争力。对发展中的企业来说，如果扩张是一种常态和良性运转的必然现象，那么分拆则是另一种发展策略。企业采取分拆策略的原因有很多，总体来说分为被动和主动两个层面，如被动的情况受政策约束或反垄断条例等要求必须进行业务和集团的分拆。但大多数情况下，企业的分拆是以有利于企业核心业务的发展和整个集团资源的优化组合为基本出发点的。通常企业将其分拆策略归入“瘦身计划”，清晰频道同样也有过“瘦身”经历，其中，集团对娱乐业的分拆值得关注。

2000年，清晰频道收购了全球最大的现场娱乐公司——SFX公司，这一收购使清晰频道成为现场娱乐行业的领导者，也为集团增添了新的利润来源。其后的几年里，娱乐业务的收入逐年增加，在集团收入来源中所占的比重甚至超过户外广告业，成为集团的第二大利润来源。然而，此次清晰频道不但收购了SFX公司总价值33亿美元的股票，还负责承担了SFX的11亿美元的债务。在收购之初，就有专家对此次收购持保留意见，“这个交易让人吃惊，清晰频道并没有得到一笔可以高速成长的生意；它除了可以带来一些买卖上的优势联合外别无其他；清晰频道在冒很大的风险进行收购”①。2005年第一季度，清晰频道的娱乐表演公司第一季度收入下跌59%，这暴露出集团该业务领域的不适应性和集团内部实质整合难以实现等问题。清晰频道于同年8月宣布将对娱乐部门进行整体分拆，分拆于2005年12月21日之前全部完成，同时被分拆的还有集团的体育代理业务。分拆后的清晰频道娱乐成为一家单独的上市公司，并更名为Live Nation（LYN），拥有自己独立的董事会，不再属于清晰频道传媒集团；清晰频道也不保有对清晰频道娱乐的所有者权益。

此次分拆是清晰频道发展中涉及金融和范围最广的一次分拆，Live Nation娱乐公司的成立也意味着清晰频道传媒集团完全退出娱乐和体育代理领域。以下是清晰频道集团对这一分拆的自我评价：①此举使清晰频道和Live Nation能够有更多的自主权去解决它们以隶属关系运作过程中产生的管理和组织方面的问题；②能够通过分拆解决集团的内在冲突，这种冲突表现为艺术家与推销商的冲突；③通过分拆还能简化和降低清晰频道和Live Nation的管理负担和风险；④将使清晰频道和Live Nation资本运作的效率和效力都得到提升；⑤将使得清晰频道和Live Nation公平补偿（Equity－Based Compensation）的效率和效力提高。②

① 信息来源：《Clear Channel buys SFX》http://money.cnn.com/2000/02/29/bizbuzzsfx/，2006年5月20日。

② 数据来源：Clear Channel annual report－2005，2006年8月26日。

从这一评价来看，此次分拆对清晰频道和Live Nation来说，是一项双赢的战略决策。而从清晰频道的发展战略角度来看，此举大大减轻了集团和运作负担，降低了日常支出，也使集团能够更加专注于广播业务和户外广告业务的经营上来，以使清晰频道能继续保持这两个行业的领导地位和产业增值的实现。由此可见，无论是采取扩张还是分拆策略，企业的出发点都是以增强主业和企业实力为目的的。

点评：从该案例中我们可以得到以下几点启示：

1. 作为母公司，应当注意资产的均衡配置。一方面，母公司在将部分优质资产分离出去的同时，应该为自己保留一定的核心资产，以维持足够的核心竞争力；另一方面，应当在如何强化自己的“孵化器”功能上狠下功夫，使自己“孵化”的速度大于分拆的速度，力争使母公司在未来的整个企业体系中发展成为一个资本运营和技术创新中心。

2. 分拆上市应注意取得股东和债权人的支持。公司董事会在作出分拆决定之前，必须征询股东大会通过。与此同时，还应就此事件通知债权人，以避免不必要的法律纠纷。

3. 将母公司的优质资产分拆出去，有可能造成二级市场的股价波动，而且，分拆部分的资产质量与二级市场的股价波动呈正相关。因此，应当在法律上对高层管理人和相关的中介机构就公司分拆时的保密及内部交易问题做出严格的规定。

4. 分拆上市要注意解决关联交易问题。母公司营救分拆后可能存在的关联交易做出判断，并就如何减少和规范关联交易对分拆子公司的业务作做必要的调整。

5. 在分拆时应对优秀的管理团队采取有效的激励措施。这种激励不仅包括新分拆公司源于自身的技术或产品优势而展现出的广阔发展前景和巨大成长空间，还应当包括对员工的股票期权奖励。

6. 分拆上市的目的，既要确定母公司今后的经营发展战略，又应保持母公司对分拆子公司的足够影响力，目的则在于确保母子公司之间建立起和谐而又稳定的使用关系。

7. 分拆时是作为一种新的资本运营方式，使企业面临许多新情况、新问题，亟待探索和解决。因此，需要多请教各方面的专家学者，经常保持与各有关政府部门的联系和沟通，掌握运作的规则和流程，以尽量减少和规避分拆上市过程中的风险。

第七章　传媒无形资本运营

第一节
传媒无形资本运营：当今传媒发展和扩张的重中之重

在本章内容系统阐述之前，我们先来看一个案例。

[案例分析]

孩之宝无形资本运营

1984年，美国孩之宝（Hasbro）公司与日本TAKARA公司达成协议，使用它们的专利和形象来研发美版的变形玩具。为了配合玩具的销售，孩之宝与美国动漫巨头MARVEL公司合作开发与全新机器人系列相关的漫画产品和动画片。20个世纪90年代，美国动画片《变形金刚》在中国各个电视台以免费方式播出，培育了一大批“变形金刚迷”，其衍生品在中国市场上获得了6亿元的收益；2007年暑期档，由孩之宝公司投资的电影《变形金刚》凭借历史积累的品牌优势再度来袭，在中国内地电影市场上创下2.7亿元的票房纪录；2009年暑期档，《变形金刚2》更是横扫内地票房，以4亿元的纪录刷新了由进口大片《泰坦尼克号》保持了11年的票房神话。电影的票房大热进一步带动了变形金刚系列衍生品的销售，据估算其衍生品收入短期内即轻松过亿，并且将持续热销下去。影视作品与衍生品互为推手，共同缔造了变形金刚的“吸金王”神话，而玩具公司

“孩之宝”也凭借《变形金刚》系列的上映再度唤起人们对其庞大游戏玩具帝国的关注，公司本身的品牌价值也得到了很大提升。

而孩之宝公司及其旗下系列产品群的发展和崛起，本身就是传媒无形资产运作的一个经典案例。该公司是美国最著名也是历史最悠久的玩具公司之一，1935年推出了一款以房地产尔虞我诈为主题的游戏——地产大亨(Monopoly)，成为后来一款风靡全球的经营策略类游戏。进入20世纪40年代后，“孩之宝”调整了发展战略，开始进军玩具市场，并于1947年推出了世界上首款TONKA卡车。50年代“孩之宝”适时推出了一个它们最为经典的玩具形象——“土豆（Potato Head）先生”，破天荒地在电视上发布广告，颠覆了整个玩具界的营销观念，这给它们带来了极大的成功。1964年，“孩之宝”推出了全球首款公仔——“特种部队”，以“美国大兵”为原型的人偶，一经推出即让无数男孩子疯魔，这就是后来的“特种部队”系列雏形，也是“孩之宝”的王牌产品之一。紧接而来的20世纪70年代算是一个相对沉寂和稳定的巩固期。1982年开始，“孩之宝”将“特种部队”制作成动画广告推出宣传，取得了意想不到的销售佳绩，其趁热打铁开始制作“特种部队”的电视动画系列，一时间将“特种部队”的玩具系列与动画系列打造成了一个不朽的经典，直接影响到后来的“变形金刚”诞生。1983年，另款一传奇玩具品牌诞生，这就是小马宝莉(My Little Pony)。世界各地的小女孩很快就通过孩之宝产品系列、动画电视连续剧和长片，发现了小马宝莉的魅力。待到1984年开始推出“变形金刚”后，“孩之宝”依托这几个主力品牌带来的巨大影响力，从玩具到漫画再到动画席卷全球，即使种族、肤色、国籍、年龄、性别不同，但在“孩之宝”面前，人们都成了它们旗下玩具的狂热粉丝。来到20世纪90年代，“孩之宝”几近成为行业领袖。一边进行着几项重大收购，一边进行着开发新产品新技术的工作，而这个玩具帝国也在继续进行着扩张。1995年，凭借着巨大的资源优势，“孩之宝”成功进入电视游戏市场，并开发了多款以旗下玩具为主题的游戏。1998年又推出了——菲比（Furby)，一个可爱而又富有个性的动画宠物，许多孩子在假期里恳求父母买给他们玩。菲比同样吸引成年人，刚推出时商店销售供不应求，3年时间销售了4000多万个菲比玩具。进入21世纪，在孩之宝公司的强势品牌感召力之下，其旗下的《变形金刚》《特种部队》《占卜板》《大富翁》《糖果乐园》等多种经典游戏或玩偶不断被改编成形式各异的影视作品，与玩具销售互相促进，公司已经发展成为涵盖经营玩具、游戏、图书、慈善业、儿童医疗，影视等多平台大型集团，并同迪斯尼等建立了紧密的合作关系。

点评："孩之宝"之所以能获得巨额收益，正是对其无形资本：地产大亨、特种部队和糖果乐园等大IP（知识产权）通过影视媒体、授权经营、出版和现场娱乐活动等领域进行高效运营的结果。

类似的例子不胜枚举。美国孩之宝公司凭借什么在历次交易谈判中获得如此强硬的话语权与综合收益权？显然，它所倚赖的最为核心的要素，便是这些传媒娱乐产品在长期媒介传播和经营运作过程中所积累的无形资产。

现代传媒是产业化方式生产精神文化产品为使命的行业，无形资本原本就是传媒产业的核心价值之一；而以现代信息技术为核心的高新技术的快速发展和扩散，使一些基于工业经济时代大规模生产分工的产业边界逐渐模糊或消融，并在原有的产业边界处融合发展成新的产业业态，这正是学术界所说的"产业融合"。传媒产业与娱乐业、电信业、互联网、消费电子业之间的融合是最具代表性的产业融合。在这一产业融合过程中，传媒产业与其他产业之间要经历一个从技术融合到产品融合，到业务融合，再到市场融合的过程。同时，当前我国传媒经营市场由于金融资本、知识资本、人力资本和社会资本等资本形式的综合渗透，虚拟经济因其具有明显的融资杠杆效应和价值增值功能在媒体经营层面的影响也越来越大。

基于以上综合原因，有效的传媒无形资本运营成为传媒发展和扩张的重中之重，同时也是传媒产品在不同市场中实现多次增值的有效工具。传媒业态创新与金融创新的交叉渗透成为大势所趋，并且越来越呈现出制度化、科学化的特点。

[案例分析]

《宝莲灯前传》版权质押

2007年10月31日，北京天星际影视文化传播公司以其电视剧《宝莲灯前传》的版权作为质押，与交通银行北京分行签署了首笔文化创意中小企业版权质押贷款合同，成为文化创意企业获得银行版权质押贷款的第一单——600万元。该项目由北京森海信用担保有限公司担保，北京天星际影视文化传播公司和北京森海信用担保有限公司也就该项目签有协议：如果该项目出现意外，天星际无法还款，森海在承担还款责任的情况下将把《宝莲灯前传》的部分版权归属森海名下，并且承接继续经营的责任。

点评：这一单贷款项目之所以能够顺利推进，前提是《宝莲灯》此前在央视8套黄金时段曾创下的9.1%的高收视纪录所积累的收视忠诚和为投资者带来的信心。

在当前方兴未艾的金融创新浪潮推动下，可以预见，未来几年我国将会出现一个传媒无形资本运营的高峰，传媒产业的技术创新、管理创新、业态创新与金融创新一起成为推动产业跨越式发展的重要力量。

第二节
传媒无形资本与无形资本运营的含义

一、传媒无形资本

会计学上将资产分为四类，即流动资产、固定资产、无形资产及其他资产。无形资产（Intangible Assets 或 Immaterial Assets）是指由特定主体控制的，不具有实物形态，对生产经营长期发挥作用且能带来经济利益和影响力的资源。其中，主要包括专利权、专有技术、商标权、著作权、土地使用权、特许权和商誉。①

大众传媒业拥有的无形资产主要包括以下门类。

（一）特许经营权

在我国，政府对大众传媒业准入实行审批特许制度，未经许可不得开展相关业务。传媒业在这一领域享有特许经营权，在经营合作中仅以特许经营权就拥有关键性资源优势，并获得保值增值。虽然国家禁止买卖刊号、书号等各种传媒业许可证，但不禁止经营合作。因此，很多传媒机构以特许经营权吸收了巨额社会投资，壮大了传媒机构实力，进而在市场经

① 财政部印发的自 2001 年 9 月开始执行的《资产评估准则——无形资产》。

营中提升了品牌、商誉等无形资产。

（二）名称、商标、品牌

传媒机构的名称通常在主管部门登记并获得唯一性保护。近年来，一些传媒结构在工商行政管理部门登记后取得企业法人资格，受有关法律的保护。传媒在网络上的名称，称之为域名，它是传媒在互联网这个电子空间上的标志。传媒名称、商标、域名具有占有权、排他权、转让权。1996年上海《小主人》报对其无形资产价值进行了评估，确认其商标和名号的无形资产价值为6988万元。2000年7月中国报业协会和北京北方亚事无形资产评估所宣布，哈尔滨日报报业集团的无形资产评估额为39.2亿元人民币。

（三）著作权

著作权即版权，是由于作者对文学、艺术和科学作品的创作，而依法产生的权利。那么著作权的获得，需要对作品进行传播和使用。传媒业的主打产品是内容，在对作品的传播和使用，一方面可以满足大众精神文化生活的需求；另一方面也给作者带来名誉和物质利益，就是给作者和传媒机构带来精神和财产利益。它也是传媒业拥有的权利类（知识产权类）无形资产，也是传媒其他无形资产生成、积累、拓展的基础。报纸所作的新闻报道横向看是新闻，纵向看是针对不同领域积累的重要资源，新闻信息网络及数据库也是报业无形资产的一种。

[案例分析]

网络热门IP爆炒

这里所说的网络热门IP是指有大量粉丝基础的网络原创文学作品。网络文学从20世纪90年代发轫，长期以来被主流社会漠视。但随着网络文学作品水平的提高，随着阅读网络文学的“70后”“80后”“90后”逐渐成为社会主流和文艺欣赏主体，网络文学的影视、游戏改编潜力逐渐显现。从 2011 年开始，就有根据同名网络小说的电视剧《甄嬛传》《步步惊心》热播，而 2013 年赵薇导演的由网络小说改编的电影《致我们终将逝去的青春》获得 7.2 亿元票房后，网络热门 IP 爆炒高潮终于到来，这股热潮在 2015 年至 2016 年达到巅峰。据统计，2014 年，小说 IP 改编作品有 20 部左右；2015 年，有 40 多部 IP 改编剧；而 2016 年，已公布的就有 108 部大 IP 改编剧。2016 年初，《中国 IP 改编手游研究报告》指出，IP 手游在 2015 年的表现非常突出，从 2014 与 2015 年 iOS 畅销榜前 10 名看，IP 游戏数量从 3 款增加为 8 款。2015 年 iOS 畅销榜前 100 名中，IP 游戏占据了 49 款。此外，62%的玩家期待 IP 改编游戏，网络小说、动漫、电影、PC 端游等相关题材位居前列。

正是在这股热潮下，IP 的价格暴涨，从几年前十几万暴涨到几百万、几千万，《藏地密码》的影视版权价格甚至被爆炒到上亿英镑。

也正是因为看到热门 IP 的价值，被称为“中国 IP 之父”的原盛大文学 CEO 侯小强在 2015 年被成立于 2012 年的中汇影视看中，入职中汇影视，成为中汇影视一致行动人之一、董事、总经理，并以 1 元/股的价格获得了 1000 多万股的股权，持股比例约 19%，是公司的第二大股东。中汇影视看中侯小强的，正是他对网络文学 IP 的熟悉以及对 IP 版权运营的潜力。

点评：中国影视、动漫游戏产业发展到 2010 年，逐渐回归该产业的本源：影视、动漫游戏作品必须有好的故事、人物。中国网络文学从其发轫之日起，就是在中国香港、中国台湾、日本以及西方流行文化（包括小说、影视、动漫游戏等）的影响下发展起来的，有着很强的流行文化基因，十分适宜于进一步的影视、动漫游戏开发改编。同时，网络文学的作者和读者高度重合，粉丝效应明显，这些都是热门 IP 在 2011 年至 2016 年逐渐火爆的原因。

（四）传输网络

传媒拥有点线面并行辐射、纵横交错的网络，拥有更加庞大的受众群体，拥有更丰富的人际关系资源，形成了一张无形的人际网络、企业网络。传媒网络可确指部分就是报纸的发行网，电台、电视台的覆盖率，网站的用户群等。它有效地加快了信息资源的整合配置效率，提高了信息传递的效率。从市场的角度来看，传媒网络就是营销渠道，这具有巨大的市场价值和影响力。传媒网络为传媒业积累了无形资产。

成熟的媒体利用自身的网络帮助新生媒体进行广告或发行的代理、其他行业产品的配送等，使网络价值最大化。创刊不久即在社会上引起很大反响的《21 世纪经济报道》的发行，就是嫁接到《南方周末》的发行网络上而在短期内取得成功的。北京青年报的小红帽发行公司，不但配送北京青年报，还回收旧报纸，配送图书音像、饮用水等，发展成为北京市的主要物流公司。

（五）影响力

喻国明教授指出：传媒影响力的本质特征在于它为受众的社会认知、社会判断、社会决策和社会行为所打上的“渠道烙印”。影响力是传媒在长期发展过程中形成的，包括传媒在社会和受众中的信誉度、权威性和公信力。衡量传媒影响力保持的指标分为两类：一是受众之于传媒的行为忠诚度（接触的频率和接触的稳定性等）；二是受众之于传媒的情感忠诚度（人们对于传媒的心理依赖程度、满意与满足程度、传媒在人们心目中的价值分量等）。

影响力是传媒最有价值的内在品质，是传媒在市场竞争中制胜的关键性因素。在影响力下，传媒的社会效益与经济效益可以达到有效结合。从长远发展来看，影响力是传媒最可珍视的资产，是传媒保持持久的竞争活力的不竭之源。

（六）人力资源

经济学界有人提出人力资源是企业最重要的资源，是企业的“第一资源”。在国民经济中，人力资源收益的份额正在迅速超过自然资源和资本资源。传媒机构的名导、名策划、著名主持人以及优秀的经营管理人才是媒体重要的人力资源，也是媒体重要的无形资产。一家传媒类上市公司随公司领导人的更替而涨跌的现象就是明证。

以报业这个特殊行业的无形资产内涵为例，其重要组成部分大体包括：

1. 传播网络。报纸发行量是传播网络的量化指标，体现报纸同读者联系的广度和密度。

2. 报社名称及其标识。依法登记后成为报社的商标，报社拥有商标权。

3. 特许经营权。报社作为党的宣传和舆论监督工具还有特许经营的性质，有特许经营权。若报社与企业合作开发某些技术类产品，如哈报集团哈尔滨电镀表有限公司研制开发了寿命长、负载宽、精度高的 DD－104X 电镀表，则该报社的无形资产中就还包括专业技术甚至特许经营权。

4. 著作权。报纸作为新闻从业人员的劳动成果，报社拥有著作权。

5. 报社人力资源，包括名编辑、名记者等。

6. 报社文化、报纸在长期与外界有关企业、机构形成的良好关系、报社通过签订合同或依靠市场竞争优势取得的契约类无形资产、优越的地理位置、便利的交通、丰富的资源、较好的气候和国家所赋予的政策、税收等领域的优惠和银行账号信誉往来等都属报业无形资产范畴。

在所有无形资产中，知识产权是评价传媒机构的竞争力与创新力的一个最重要的标准。知识产权，包括著作权、商标权、专利权、名称权、形象权等。知识产权包括财产权利和精神权利，它不但能使所有者获得人身权利，如名誉权、荣誉权、署名权、商誉等，还能使所有权获得经济利益。

传媒无形资本和有形资本对应，主要强调无形资产的资本特性。随着信息时代和传媒时代的全面到来，企业赖以求存和发展的核心价值已经发生了实质性的变化：从以实物型资产（如土地、矿产、物业、机器设备、存货等）为主，演变为以实物型资产和金融/财务型资产（现金、存款、应收款、信贷、投资、股东权益）为主，进而演变为以金融/财务型资产和无形资产为主。实物型资产和金融/财务型资产依然重要，但在其基础之上的无形资产更为重要①。在西方发达国家，无形资本已成为传媒的核心竞争力之所在，有的企业无形资本的价值甚至数倍于有形资本，成为企业发展方向、升级方位、转变更新的主要决定力量。

二、传媒无形资本运营

传媒无形资本运营，是指传媒对自身所拥有的各类无形资产的使用进行运筹和规划，通过融资、对外投资等活动使其合理流动，实现价值的最大增值的活动。无形资本运营是传媒整个经营活动中极其重要的组成部分。如何整合运用传媒拥有的无形资产，将决定传媒产业化的发达程度。

下面两个案例就是传媒无形资本运营的案例②。

《祝你生日快乐》这首名歌是1893年由美国一位老师谱曲，用于学校课堂问候时唱，后改为生日祝词，时至今日，拥有版权的音乐公司华纳加伯尔每年不用任何投入即坐收2500万元的版税。

由贝塔斯曼亚洲出版公司买断的《国家地理》杂志20种中文出版物内地版权之后，以丛书面目出版，第一本“百年图片”虽定价245元，刚一上市即一购而空，盈利前景极好。

美国从1996年开始，版权产业中的核心产业（软件业、影视业等）的产品出口额，已经超过了农业、机器制造业（飞机制造业、汽车制造业等）的产品出口额。美国知识产权协会把这当作美国已进入“知识经济”发展时期的重要标志。

我国早在1998年传媒业产值就超过烟草业，从2000年起，信息产业也已开始成为第一支柱产业。

在传媒业，无形资本经营比有形资本经营具有更大的运营空间。以有

① 参见张小争:《核心价值演变——无形资产,传媒影响力的结晶》,http://www.sina.com.cn

② 参见张小争:《核心价值演变——无形资产,传媒影响力的结晶》,http://www.sina.com.cn

限的资金，巧做无形资本经营，是传媒业快速成长的途径。无形资本经营是传媒资本运作的高级阶段。高明的资本运作主要是利用无形资本经营，减少有形资本的投入，即以无形资本输出为手段，在更大的空间和范围内实施控股参股，通过无形资本运营代替有形资本投入，实现少投资甚至不投资也能收购企业、合资企业或战略联盟。知识经济的到来，一方面使传媒业无形资本占全部资本的比例越来越大，无形资本日益成为创造财富的主动力；另一方面，由于经济全球化，刺激了世界各地对国际品牌的需求，加速了无形资本在全球的扩张。

三、当代传媒无形资本运营崛起的动因

传媒无形资本运营战略的优劣和运营能力的高低，已经成为决定当代传媒竞争成败的关键。总体而言，当代传媒无形资本运营崛起的动因主要包括以下三个方面。

（一）数字化信息技术革命带来的媒介融合

数字化信息技术革命，也可以定义为用 0 和 1 编码来表达和传输一切信息的一场综合性技术革命。数字化信息技术将文字、图像、音乐、数据和其他信息，以数字形式储存、压缩与更正，通过光纤或无线频谱以光速传输，具有易交换、高容量、高稳定和高清晰等特点。信息技术革命不仅催生了独立的信息产业，而且具有极大的外部性，以信息技术为中心，引发了现代技术领域的巨大变革，形成了新兴技术群。这场革命改变了过去以原子为主的世界，代表着一种新的信息方式、生产方式和生活方式。用数字技术取代了以模拟技术存取、加工、传输信息的方式而带来的信息处理、生产消费和日常生活的革命性变化。1995 年，美国学者尼葛洛庞帝（Nicholas Negroponte）在《数字化生存》一书中，描述了数字技术给人们的生活、工作、教育和娱乐带来的冲击。数字化信息技术革命将人类带入信息社会。

信息技术革命使各行业之间达到一定程度的“融合”，尤其是计算机

业、通信业和信息内容产业的聚合，带动了服务业以及整体经济的稳定增长。信息技术革命通过世界各国的信息基础设施和国际互联网，使距离很远的不同专业生产空间的联系更为紧密，推动了全球化进程，成为新经济发展的重要基础。

数字化信息技术革命对于传播媒介带来的影响是巨大而深刻的。其直接影响包括三个方面：一是传统媒介经历数字化过程而变为新媒介；二是各种不同媒介形式在技术层面的汇流与融合；三是互联网的出现和普及。

在数字时代，无论是何种形态的信息，一经数字技术的处理，都可以整合为同一的数字化信息。经由数字化的转换，所有的传统媒介都可以转型为新媒介，如报纸转型为电子报纸、杂志转型为电子杂志、出版转型为网络出版、广播转型为数字广播、电视转型为数字电视，等等。

数字化之后，高新技术产业的产业边界出现模糊化，过去不同形态的媒介信息的壁垒已被打破，报刊、广播电视、互联网所依赖的技术越来越趋同，以信息技术为中介，以卫星、电缆、计算机技术等为传输手段，数字技术改变了获得数据、视像和语音三种基本信息的时间、空间及成本，各种信息在同一个平台上得到了整合，不同形式的媒介彼此之间的互换性与互联性得到了加强，媒介一体化的趋势日趋明显，这种现象被称为“媒介融合”。

（二）信息化背景下传媒与其他产业的融合

所谓传媒产业，通常是指由从事同类信息传播活动的大众传播媒介机构的集合。由于传媒经济表现出了较为鲜明的二元市场特性，一般来说传媒产业的经济活动必然体现在二重经济过程中，第一重是内容的生产和消费过程，第二重是广告的生产和消费过程（在特定情况下，这一重经济过程的收益可以为零）。作为产业来说，这两重经济过程，是产业发展和成熟的必要条件。

当然，传媒产业并不局限于二重经济过程，在企业发展和产业壮大的过程中，还会同时或交替出现其他经济过程，因提供其他产品或服务而获益。这些产品或服务包括衍生产品、品牌资产、上市、并购扩张等，见表7－1。

表7－1　媒介产业的多重经济过程

经济过程	企业形态	产品或服务	消费者	收益形式
第一重经济过程	筹资	内容	受众	订阅收入
第二重经济过程	筹资	受众群、接触率、广告	广告主、广告代理商	广告费
第三重经济过程	独立	衍生产品	衍生消费者	衍生收益
第四重经济过程	集团	品牌资产	受众、广告主	额外收益
第五重经济过程	多元化投资	上市	投资者	资本
第六重经济过程	多元化投资	并购扩张	其他企业	规模经济、范围经济

正是传媒产业的多重经济过程，为传媒无形资本运作留下了丰富的开拓空间。

在信息化技术的推动下，经济领域内出现了为适应产业增长而发生的原有产业边界逐渐模糊甚至消失，新产业形态出现的现象，我们称之为“产业融合”。

媒介的产业融合主要沿着三个方向发展：一是媒介产业与信息产业的融合；二是媒介产业与文化产业的融合；三是媒介产业和大众消费产业的融合。

在媒介产业与信息产业融合的过程中，通信产业也将产业的触角伸到了内容领域。在电信业的增值业务中，为中间用户提供计费服务、特色服务和广告，为终端用户提供语音服务、消息处理和信息娱乐。

20世纪90年代，随着互联网技术的产生与商业化以及个人电脑的普及等，数字化的力量像“蠕虫洞”的引力，吸入不同的产业。当数字化蠕虫洞吸入娱乐和购物产业等时，新闻、教育、游戏、广告都开始被吸入到引力场，从而不断地促进计算机、通信、办公设备、娱乐、广播、出版、消费电子、金融与保险等服务产业的融合。

媒介产业向文化产业的渗透，如专业的教育频道的出现是向教育产业的渗透，即是以电视传媒的方式承担起远程教育的任务。可以说媒介产业向传统产业的渗透融合体现了经济服务化的趋势，是广播电视业把其他产业的信息资源整合成为媒介产品（服务），把生产和消费、产品和服务紧密地结合起来。

产业融合发生之前，企业的主要竞争对手是产业内部生产同类产品（服务）的其他企业，产业融合发生之后，竞争对手从产业内部扩展到了产业外部。竞争的加剧使传媒机构自有资源与其市场战略目标之间的不平衡加剧，传媒机构难以完全依靠自身的成本、质量、技术、服务等方面的优势来解决经济摩擦和竞争危机。在充满不确定性的传媒市场与产业融合形成的新市场边界中，以合作博弈为基础的竞争成为企业谋求边界扩张和进入新市场的首选战略。传媒机构之间、传媒机构与其他产业的企业之间从单纯的竞争走向既竞争又合作（竞合），并且合作的范围会越来越广泛，实现双赢或多赢的机会也越来越多。

经得起受众选择的媒介品牌必有强大的内容产品的创新与制作为支撑，而这原创内容生产能力正是其他产业的企业所不具备的核心资产。这种核心资产不仅是媒介品牌的物质基础，而且与企业的其他资产不易分解，带有非交易的特性，难以从外部识别或模仿。其他产业的企业在进入传媒产业市场时通过与媒介机构联盟的方式进行合作，能够将模仿由外部转移到内部，从而降低成本。这解释了为什么商业网站在创建之初都急于与知名的纸介质媒体合作，利用其内容生产能力、品牌和读者群等资源来吸引网络用户，在短时间内扩大了网络外部性。当媒介机构进入其他产业市场时，其自身的品牌就起到了一个横向延伸的作用，可以在其他市场中很快获得消费者的认同，从而顺利提供新的产品（服务）。

在这种合作过程中，以无形资本作为资源投入进行利益联结和收益分享成为越来越普遍的现象。

（三）实体经济与虚拟经济在不同层面的渗透与融合①

实体经济是指物质产品、精神产品的生产、销售及提供相关服务的经济活动，不仅包括农业、能源、交通运输、邮电、建筑等物质生产活动，还包括商业、教育、文化、艺术、体育等精神产品的生产和服务，以及正在兴起的会展经济等，都应当属于实体经济的范畴。

对于虚拟经济的研究方兴未艾，但目前对于虚拟经济的定义和涵盖范畴至今尚无定论。有学者对它的定义侧重于金融市场，不仅包括资本市场、货币市场，还包括外汇市场、保险市场等；有学者认为，虚拟经济比金融包括的内容要广，而金融中有一些内容又不属于虚拟经济，如风险投资其实质是知识资本和金融资本（权益资本）的结合，知识资本就是一种虚拟资本，但显然不包括在金融的范畴内。也有学者认为，重组信息空间意义上的虚拟经济，才是新经济意义上的虚拟经济。把信息空间这个框架体系套在国民经济上，就形成了广义虚拟经济（或叫信息化经济）。作为一种创新的经济概念，南开大学教授刘俊民认为："广义的虚拟经济是指物质生产活动和与其有关的一切劳务以外的所有经济活动。"

广义虚拟经济是一种"人本"经济，是立足于价值再造，创造和交换满足人们心理需求的商品经济，是虚拟价值的价值量大大增加的经济。简单地说，现代经济越来越发展成为经营题材和人气的经济体系。现代经济社会重要的结构性变化，就是以物本经济为基础的社会正在转向以人本经济为基础的社会。以广义虚拟经济的视角来定位"新经济"，使人们清晰地看到一个不争的事实，那就是虚拟经济时代已经到来，大量涌入国门的不再是物质产品，而是文化和服务。因此，由物质产品的生产和消费为主要研究对象的经济学体系正遇到前所未有的解释力困窘。当韩国 LG 的电器不再为国人所关注时，韩剧却牵动亿万国人的心，成为一股韩流。中国人的这种心理需求恰恰被韩国人给把握住了，并以此创造了远远超过 LG

---

① 本部分内容参见吴秀生,《从广义虚拟经济看国际现代传媒业 》,见《现代大传播》,转引自 http://cci. cuc. edu. cn/Html/Cyzh/C10/2006 -7/15/20060715095458330. html

电器的影响和财富。类似的例子不胜枚举，建立在心理需求基础上的广义虚拟经济已成为我们这个时代真正的狂飙。由于广义虚拟经济把满足人们心理需求的产品和服务涵盖在内，所以广义虚拟经济在很大程度上涵盖了非物质经济。随着非物质商品的大量涌现，现代社会进入了广义虚拟经济时代。

传媒实体经济市场与虚拟经济市场二者是独立统一的“背离与共生”的关系。一方面传媒虚拟经济市场运作可以在实体的基础上，脱离实体部分，独立进行运作，如通过股市收购兼并以及借用实体的品牌从事虚拟经济模式下的经营活动包括投资地产、研究、咨询、增值服务等；在一定程度上，二者背离得越远传媒虚拟经济运营程度就越高，但如果过度背离就会脱节，产生很多风险和问题，对传媒实体部分会造成不利。另一方面，二者又是绝对统一共生的，传媒业可以通过虚拟经济经营融资和节约成本提高经营效益，但传媒虚拟经济的部分和运作始终都是以实体为基础和支撑的，离开了实体部分，传媒就无法从事虚拟经济的经营，二者是传媒经济市场这个共同体下背离而又共生的两个孪生体。

四、传媒无形资本运营的方式①

由于传媒的权威性和社会信誉，在实际生活中形成了超经济的影响。这使得传媒很容易吸引外来资本的投资与合作，传媒也比较容易找到投资项目与合作对象；传媒的融资渠道比较畅通，有时甚至不需要实物担保；传媒企业使用报业品牌、商标，可以低成本地、快速地获得消费者的信任；传媒企业在与有关行业主管部门打交道时往往可以简便程序，提高效率，甚至可以得到一定程度的税费减免等。这些都是传媒的无形资产带来的巨大效应。

（一）交易式无形资本运营

交易式无形资本的经营是利用无形资产的交易性作为运行基础的。无

① 谢耘耕.传媒资本运营[M].上海:复旦大学出版社,2006.

形资产的交易方式多种多样，从不同角度有不同的分类方法。按无形资产交易的权益分类，可分为无形资产所有权交易和无形资产使用权交易。

无形资产所有权交易，又称无形资产所有权转让。这种交易的特点是转让后，原无形资产所有者不再拥有所有权。

无形资产使用权交易，又称无形资产对外许可使用。无形资产的使用权转让实际只是有偿许可使用，通过许可合同实现，在国际贸易中又称许可证贸易。这种交易的特点是，许可后原无形资产所有者仍拥有所有权。这种方式在传媒无形资产运营中更为多见。

交易式无形资本经营在运作时，具体的操作方法又可细分为吸收式和排放式。前者通过购买专利、专有技术、特许经营权等此类无形资产，借购买所得从事相应的商品的生产和经营来完成整个的经营过程。后者是在无形资产的拥有者因自身受资金、场地、设备等各种客观条件的限制，一时难以充分施展现有无形资产的效益时，通过适时有偿转让或有条件转让无形资产来运作无形资本，以壮大企业的整体实力。

［案例分析］

《喜羊羊与灰太狼》品牌系列的无形资产运作

喜羊羊系列可谓国内文化传媒业无形资本运营的成功个案，交易式无形资本运营在其中扮演了重要角色。下面我们一起解析下其成功密码。

电视先行 完成第一圈传播效应

任何节目实现节目形象的优质化、品牌化都需要通过一个播出周期慢慢实现，喜羊羊系列就是借助电视这样的免费接触媒介连续日播完成第一圈传播效应，树立节目口碑，使形象深入人心。

2005年，《喜羊羊与灰太狼》在杭州少儿频道首播，并创办《动漫火车》栏目，确保《喜羊羊与灰太狼》节目形成固定栏目播出，动画节目天天在同一时间、同一时段在全国同时播出，并以广告为互动。节目构成热播的基础条件。迄今为止，《喜羊羊与灰太狼》已制作播出500余集，每集约15分钟，共约8000分钟。《喜羊羊与灰太狼》陆续在央视少儿频道、北京卡酷、上海炫动卡通、湖南金鹰卡通、深圳宝宝动画剧场等全国近50家电视台热播。其中，在福建少儿频道播出时曾创下了17.3%的最高收视率。

2006年，“喜羊羊与灰太狼”入围“亚洲授权业大奖”；2008年再度参加香港国际授权展引起关注。此外，《喜羊羊与灰太狼》连播3年，在国内赢得各项动漫评选赛中屡获殊荣，先后斩获“学院奖”“金鹰奖”“金龙奖”“金鱼奖”“白玉兰银奖”“卡酷动漫创意大奖”，以及国家动画最高奖项——“优秀国产动画片一等奖”等。这些奖项的获得使喜羊羊系列赢得了更多的公众关注，进一步提升其无形资产价值。

立体联动营销 完成第二圈传播效应

通过电视传播建立起品牌效应和受众亲和力后，《喜羊羊》系列开始推出电影院线系列，包括《喜羊羊之牛气冲天》《喜羊羊虎虎生威》等。《喜羊羊与灰太狼》的原创主题曲——《别看我只是羊》，旋律优美轻快、朗朗上口，深受小朋友的喜爱。“喜羊羊”的“粉丝”还将这首主题曲的歌词改编出很多不同的版本，在网上风靡一时。

《喜羊羊牛气冲天》邀请知名影星范冰冰片、好男儿“兄弟联”的四兄弟为影片配音；邀请人气歌星阿牛为影片填词献唱——《Happy 牛 Year 你最牛》，并且为角色配音。“Happy 牛 Year”成为2009年第一流行恭贺祝福语。此外，还专门成立喜羊羊人偶剧团进行全国巡演，参加各类展会、嘉年华等活动，一方面作为无形资产经营运作的一部分成为重要的创收来源；另一方面也是对动画片进行宣传，创造流行动漫时尚体验。

《喜羊羊之牛气冲天》国庆测试放映后，其电影宣传片在央视少儿频道及全国各少儿频道、地铁车厢视频媒体上投放，“喜羊羊”“灰太狼”巨幅电影海报在全国各影院、商场张贴；在北京、广州、上海的公交车站、地铁车站、公交车身投放喷绘广告。传统纸媒报道更是没有间断。多款喜羊羊、灰太狼的巨型人偶立体雕塑也出现在公众视野，在肯德基连锁店推出套餐换公仔活动和广告张贴。在2009年元月公映前，突然调整公映档期，制造“新闻事件”，强化公众关注度。最终，“喜羊羊与灰太狼”完成了第二圈传播效应，在此期间，其衍生品销售也取得了一定成绩。

2009年初，《喜洋洋牛气冲天》以9000万元的票房登上国产动画电影票房最高纪录王座，法国《欧洲时报》称这是一只“招财羊”。

已经有了观众基础的《喜羊羊与灰太狼》电影版，为了加大衍生品销售力度，甚至在电影台词中都开始为衍生品做广告。片中，当一条毯子出现时，甚至还有一句台词“这是2010年版的喜羊羊飞毯”。

强化节目版权预售及特许经营 促进资本链良性循环

资本链是制约动漫产业的关键因素，国产动画电影据《喜羊羊与灰太狼》投资方之一广东原创动力文化传播有限公司向媒体透露，动画片《喜羊羊与灰太狼》总投资超过2000万元，主要是自主投资。

2006年，《喜羊羊与灰太狼》播出一年后，制作方开始融资计划，主要的融资渠道是预售音像版权、图书版权和产品授权等，授权涉及音像图书、毛绒公仔、玩具礼品、文具服装、食品、日用品，以及QQ、MSN表情、手机桌布、屏保、多媒体等动漫衍生品。据有关报道，自《喜羊羊与灰太狼》影视动漫系列推出以来，伴随其开发的各类衍生品包括总类118种、销量超过1200万册的图书，版权费高达4000多万元；“喜羊羊雪糕”2009年夏天卖出500多万元；玩偶产值超过2000万元；各类印有喜羊羊图案的服装、鞋帽、文具、日用品等，品类烦琐，不胜枚举。

美中不足 衍生品盗版猖獗 品牌特许经营尚处于低端状态

喜羊羊系列尽管在无形资本运作方面取得了巨大成功，但其在版权价值开发和经营方面尚存在一些问题。据估计，市场上喜羊羊的衍生品90%都是翻版，这大大削减了原创公司的收入来源。此外，喜羊羊的品牌扩张脚步太快，而且授权的产品也太多了。与迪士尼公司的米老鼠、维尼小熊品牌系列产品相比，喜羊羊衍生品系列价格相对亲民，但质量一般，品牌的特许经营尚处于低端阶段，在一定程度上影响了品牌形象和价值，目前还无法与迪士尼系列品牌相抗衡。

点评：喜羊羊系列品牌特许运营之所以能取得成功，首先是原创动画得到了观众的喜爱，其次是无形资本运营策略得宜。但喜羊羊系列无形资本运营仍然只是初步成功，还有很大的空间有待进一步发掘。

（二）融资式无形资本运营

无形资产融资，就是运用无形资产的影响力和信誉度，广拓融资渠道，吸引资金。依照现行的法律法规，传媒业利用本身的无形资产融资大有作为。

1. 信用型融资

信用型融资即利用企业财务上的良好信用，在金融市场上取得三个优先，即优先取得银行贷款，优先发行企业债券，优先发行上市股票。

［案例分析］

华谊兄弟 IPO 超募 5.8 亿余元

2009 年 10 月，华谊兄弟公司成功登陆深圳创业板市场，募集资金达 12 亿元，较 6.2 亿元的拟募集资金项目超募 5.8 亿余元，超募比率达 93.61%，通过上市大大提升了公司的资金实力。根据上市公告的资金用途，电影投资将达到年产 6 部，电视剧投资将达到 640 集，大大超出原华谊年投资影视剧的数量，规模效益凸显。华谊还借此发展产业链，拟投资 6 家一流水准的影院，形成编剧、导演、制作、市场营销、院线发行、影院放映等贯穿影视上下游的相对完整的生产链和影视、音乐、经纪人、新媒体等多种业务整合的运营模式，全方位的娱乐王国的雏形渐渐清晰起来，逐步在向涵盖期刊、电影、电视、娱乐等多种业务和产业链的美国时代华纳模式靠拢。

点评：华谊之所以能够在众多业界同人的竞争之中脱颖而出，成为登陆创业板市场的第一家影视传媒公司，其上市的最大“卖点”不仅是贺岁片和冯小刚，更是华谊的品牌与华谊的“三大业务板块联动”和“工业化运作体系”运营和管理模式为投资者带来的信心。“三大业务板块联动”是整合电影、电视、艺人经纪三大业务板块，注重产业链的打造和凸显公司丰富的影视资源的业务模式。“工业化运作体系”是指在三大业务板块联动所形成的产业链的基础上，把国外传媒管理经验与中国的传媒市场特点相结合，通过丰富的实践，提炼出较为先进的管理机制，包括“收益评估 + 预算控制 + 资金回笼”为主线的综合财务管理模块、强调专业分工的“事业部 + 工作室”的弹性运营管理模块以及强调“营销与创作紧密结合”的创作与营销管理模块等。以模块化和标准化的方式再造公司各业务流程和管理模式，保证了整个业务运作体系的规范化和高效率。这种运营及管理机制使华谊公司成为一个规范化、制度化的传媒机构，不仅提升了公司的管理水平，提高了企业的竞争力，更主要的是为中国的影视企业树立了一个范本，对规范中国影视市场、净化市场环境起到了一定的推动作用。

2. 惠利型融资

惠利型融资的运作特点是，全方位地展现企业商业信誉之能量，让合作伙伴在供应价格、货源占有、结算方式等诸多方面给予优惠待遇。比如，深圳的家乐福超市要求供货商必须为其交纳 1000 元的商品上柜费，必须及时保证对它的商品供给，只能 3 个月结算一次货款，这就是惠利型资本经营的杰作。

在传媒领域，由于当前我国特殊的传媒经营语境，各种政策壁垒相对较多，股权融资困难重重，而以无形资产为质押或担保的各种创新融资方式也仍处在成长阶段，以单个项目为中心进行灵活机动的项目融资成为很多中小传媒企业的首选。项目融资不涉及复杂的公司间关系，主要是以资金为纽带实现彼此优势资源的战略对接，为合作双方开拓更为多元化的商业合作空间，是惠利型融资的典型。

3. 引资型融资

它是指企业在资金严重不足，直接、间接融资均显困难的情况下，利用自己独特的技术、专利，借助自身在长期经营中创造之名牌、销售网络及良好声誉，运用无形资产转让、合资经营、合作经营来吸收外来资金，解决自身的资金短缺，壮大自己的资本实力，增强自有资本的造血功能。

比如，利用无形资产吸纳风险投资。拥有新技术的企业，没有最初的创业启动资金，很难将技术迅速转化为商品，通过吸纳风险投资可以解决这个问题。据美国（时代）周刊报道，由于风险投资的参与，科学成果转化为商品的周期已由原来的20年缩短至10年以下。在微软、英特尔、雅虎、网景等世界企业巨星的成功之路上，几乎无一例外地留下了风险投资的足迹。

[案例分析]

保利博纳利用无形资本吸纳风险投资

机会只留给做好准备的人，保利博纳凭借出色的业绩获得资本青睐，是国内第一家获得风投机构投资的影视公司，但从创业到现在，保利博纳的资本之路也是比较曲折的，其引资之路与业务模式的探索与规模扩张密不可分。

保利博纳走的是派拉蒙的路线，首先打通发行渠道，以下游推动上游，再由上游促进下游，投资带发行，扩大片库规模，同时借投资积累制片管理经验，逐步打通电影生产上下游各个环节。

保利博纳核心竞争力是电影发行，从最初的委托代理到顺利获得发行许可证，经过不断积累的保利博纳已经成为最具竞争力的民营发行公司。2003年，保利博纳开始启动电影投资和制作，成为港产合拍片内地最主要的合作伙伴之一，投资制作的影片类型日渐丰富，规模也逐渐扩大。2004年，保利博纳成为第一家获颁电影发行经营许可证的民营公司，也是在这一年，香港电影开始享受国产片待遇，保利博纳凭借口碑成为香港电影在内地最主要的发行平台，也成为拉动内地电影市场全面提升的生力军，并且借助发行优势开始逐步展开投资计划，从《龙虎门》到《伤城》，从

《投名状》到《赤壁》，各种制作规模均有涉及，成功转型为制作、发行一体化的企业。2005 年，保利博纳控股的院线管理公司和广告公司成立，开始向终端市场和市场营销扩张。2008 年，联手英皇和成龙成立演艺经纪公司。至此，保利博纳电影上下游业务已基本完备。

2003 年，当时的博纳文化在发行领域已经小有建树，于冬引入保利文化 400 万元左右的投资，重组形成保利博纳，但控股权只有 49%。2006 年，保利博纳从保利回购股份，成为主要控股方。2007 年，保利博纳获得红杉资本和海纳亚洲两家风投基金青睐，红杉资本中国基金和 SIG 海纳亚洲创投基金对保利博纳进行了数额为 1000 万美元的第一轮投资，投资比例各占 50%。2008 年，与北京银行达成战略合作协议，获得 1 亿元的文化创意企业授信贷款，用于电影项目的制作和发行。2009 年 6 月，在第 12 届上海国际电影节上，保利博纳宣布获得第二轮融资，金额为 1 亿元人民币，投资方包括原股东红杉资本中国基金、SIG 海纳亚洲创投基金，以及新加入的经纬创投中国基金。在获得资本市场的支持后，按照保利博纳总裁于东的想法，保利博纳将加强发行业务、完善产业链，而不仅仅是发行本公司制作的电影，将保利博纳打造成“发行机器”。

点评：保利博纳之所以能够获得风险资本的青睐，是因为保利博纳从电影发行起家，逐步打通电影生产上下游各个环节，在电影业中获得了较好的品牌声誉，成为国内第一家获得风投机构投资的影视公司。

4. 利用无形资产质押贷款

无形资产质押贷款是企业筹资的一条新途径。1995 年 6 月 30 日，我国通过的（担保法）正式把商标专用权、专利权和著作权中的财产权等无形资产列为质押财产。无形资产财产权质押贷款为企业筹资开辟了新途径。

2006 年，香港渣打银行以预售合同融资的方式贷款 1000 万美元支持张艺谋大片《满城尽带黄金甲》的拍摄制作，贷款项目同时引入了一家叫 CineFinance 的保险公司为该项目提供完成担保。

在欧美电影市场上，完成担保已经有了近40年的历史，特别是那些独立制片商制作的电影想要获得银行支持往往都需要这样一个环节。提供完成担保的保险公司要负责拍摄监理，保证被担保的影视作品能够在规定时间和规定预算内完成。如果不能按时完成或者大幅超过预算，投资方有权要求保险公司退回已经投入的全部或部分资金。

香港影视业融资一般是银行和电影基金同时发放，比例是1∶1，银行贷款给电影制作公司时不需要抵押，但要求制作公司有一定的基础，比如电影制作需要1亿元，那制作公司需要有3000万元才可以获得银行的贷款。当然，有预售票房的合约也是拿到银行贷款的砝码。

以渣打银行的融资方案为例，渣打银行为影视项目量身定做的商业融资方案，显示了它考量的几个标准：

（1）预售合同贴现：通常情况下，电影或电视系列节目会预售给发行商，发行商会在预售合同中保证在制作完成并发行后，（不论销售情况如何）都会付给客户一个最低额度。渣打银行可以凭该预售合同进行贷款。

（2）缺口融资：渣打银行有时也可以凭借电影的未出售版权的价值（为资金缺口）提供借贷服务。通常缺口融资的数额不会超过预算的20%。

（3）组合融资：对几部电影打包融资，以降低风险。美国一般是至少6部，一般是针对大型媒体公司，有时也向小型公司提供。

（4）影片版权或产权的证券化。

（5）与电影基金合作。

（6）应收账款融资服务。

（三）传媒扩张式无形资本运营

传媒企业利用品牌效应、技术优势、管理优势、销售网络等无形资产可以盘活有形资产，通过联合、参股、控股、兼并等形式实现资本扩张。利用无形资产进行资本扩张，其最大优势在于成本低、投资省。无形资产的价值是通过市场经营创造出来的，特别是企业成功的兼并、收购是最快捷、最富有经济效益和社会轰动效应的市场交易，将大大提高企业的无形资产价值。

[案例分析][①]

文广新闻集团：有形资产与无形资产之间的互动与转化

上海文广新闻集团注重资源整合，大手笔频出，在短短的几年间，从名不见经传的地方广电企业一跃成为我国仅次于央视的以广电为主的传媒集团，成了中国广电媒体市场资源整合的领先者，其依托文广新闻集团的优势平台，借助机制创新与品牌统摄实现倍增式的扩张是重要原因。

综观文广集团成立之前上海文广系统的六次改革，基本上都可以看作通过机制创新对原有资源进行某种重新整合。文广集团要实现两个重大的战略转变：第一，实现从为播出而制作节目逐步转向为市场制作节目。第二，实现从一个地方广播电视播出机构逐步转变为一个面向全国乃至海外华语世界的内容提供商和内容发行商，关键在于体制变革与机制创新。采取了公司化运作。首先打破台与台之间的分隔，统一资源和人力。集团大刀阔斧地对原来各电视台、广播电台进行了重新定位、组合、包装，实行频道和频率专业化，每一个频率和频道最终都实现公司化运作，通过整合形成了13个频道和12个频率的格局，包括新闻综合、新闻时尚等综合频道和第一财经、体育频道、娱乐时尚等专业性频道，以及上广新闻、上广交通、都市792等知名频率，在节目内容的生产和播出规模上，居全国地方广播电视首位。

通过统一品牌来整合资源，实际上就是使企业有形资产向无形资产转化，实现有形资产的转化增值过程。文广集团的定位是要将集团打造成一个面向全国乃至海外华语世界的内容提供商和内容发行商，所以必然要求以品牌取代地方色彩浓郁的电台、电视台名称，运用统一品牌来整合多种资源，实施资源重组，最终在市场上确立自己的优势地位。文广集团的实施步骤大致是：第一步，名称去地域化。东方卫视的前身是

---

① 参见孟建，刘成付：《中国广电集团发展模式新探——以上海文广新闻传媒集团改革为例的模式分析》

上海卫视；“第一财经”是剥离原上海电视台财经频道和上海东方广播电台财经频道，以公司的名义组建而成的。东方卫视和第一财经品牌一经成型，便成了SMG实施全国战略的先头部队和主力军。第二步，通过建立品牌整合内部资源。以第一财经为例，它囊括了集团内部电视频道、广播频率、报纸甚至网络等在内的多种资讯平台，实现了跨媒体财经讯息的有效整合。其效应是多方面的，首先是人力资源的节省利用，其次是有利于媒体信息内容的整合，再次，统一品牌有利于不同媒体形式形成合力，进行市场推广，最后，“第一财经”形成了1+1+1 >3的复合效果。第三步，通过统一品牌开发品牌延伸业务，并进一步整合外部资源。还是以“第一财经”为例，按SMG总裁黎瑞刚的设想，第一财经将会逐步沿着广播电视、报业、杂志、网站、通信业、出版这些业务进行发展，同时还将进入专业咨询领域，对财经资讯内容进行深度加工和研究，推出财经资讯产品、财经公关产品等。与此同时，通过品牌运作，与相关领域和行业合作，充分利用业外资源，推出新产品和新服务，形成新的经济增长点。

点评：上海文广新闻集团通过机制创新与品牌整合，将集团原有的有形资产有效激活，较好地实现了有形资产与无形资产之间的互动与转化。

（四）传媒投资式无形资本运营

无形资产对外投资，是指媒体将自身所拥有的无形资产作价让渡给其他单位的经济活动。进行无形资产对外投资，既可以组建新企业，也可以在现有多个企业的基础上进行购并，实施资产重组。

无形资产资本化运营是通过市场交易实现的，特别是企业成功的兼并、收购是最快捷、最富有经济效益和社会轰动效应的市场交易，并能大大提高企业的无形资产价值。

上述事实表明，无形资本运营具有相当大的空间，媒体无形资产的升值比起其有形资产的扩张来说，具有速度快、空间大等特点，这就是一些国际著名的媒体其无形资产大于甚至几倍于有形资产的原因。进行无形资产资本化运营，以无形资产输出为手段，减少资金的投入，实现少投资或不投资也能收购企业，一些世界著名的媒体就是依靠其雄厚的无形资产实施对外扩张，从而实现其规模的不断扩大和企业的快速发展。

当然，任何事情都有其相反的一面，传媒的无形资产经营也是如此。传媒的无形资产经营好了，可以获得较好的社会效益和经济效益，为传媒增辉；经营失败了，可能会造成无形资产的减值，影响传媒的形象和声誉。这方面，国内外传媒都有过很多教训。传媒对合作方的选择要十分慎重，要进行严格的考察，要选择具有一定规模和良好信用的企业作为合作对象；对商标、网络资源等无形资产经营，应签订具体的使用协议，明确各自的责任与义务。

五、传媒无形资产的评估①

传媒作为产业来讲，确定它的固定资产相对容易，如桌椅、电脑、电话，顶多加上自己的办公大楼，但如果进入资本领域，或者从进入市场来讲，就很不合算，大量的资产被遮掩了，这就是传媒的无形资产。无形资产的价值评估，是指按照一定的估价标准，采用适当的评估方法，通过分析各种相关因素的影响，计算确定无形资产在某一评估基准日现时价值的工作。资产评估的产生在于资产交易的需要，当资产的权属发生变化，出现了对交换价格的意见不一致，就需要一个尺度来确定所转让物的公允价值，以平衡各方利益。

无形资产的评估方法主要包括成本法、收益法和市场法。进行无形资产评估时，应当根据无形资产的有关情况进行恰当选择。

（一）重置成本法

重置成本法即根据该无形资产形成时所耗费的成本，并考虑其在未来时期内获益能力折现相加得出其价值的计算方法。这种方法比较客观，尽

① 谢耘耕. 传媒资本运营[M]. 上海：复旦大学出版社，2006.

量避免了人们的主观随意性，具体计算类似有形资产评估方法。这一方法适用于专有技术、技术诀窍等。注册资产评估师使用成本法时应当注意下列事项：一是无形资产的重置成本应当包括开发者或持有者的合理收益；二是功能性贬值和经济性贬值。

（二）市场价格法

根据该项无形资产的替代品（当其功效一致、寿命相同时）的市场最低价，作为该项无形资产现时价值的计算方法。这种方法比较能体现无形资产的实际价格，因为在充分的市场条件下经过充分的市场竞争，市场价格一般能反映出商品的真实价格。

（三）收益现值法

根据该项无形资产在未来时期内的收益，将其折现作为该资产价值的一种方法。使用这种方法时需要注意两个因素：一是如何确定折现率。二是如何确定该无形资产的使用寿命。例如，美国规定专利有效期为 17 年，著作权为作者毕生加 50 年。这种方法比较能体现无形资产的意义，只是评估过程中未来收益需要预测，折现率也需要操作人员运用自己的专业知识根据具体情况来确定。因此，该方法的主观性比较强，如果操作人员的职业道德素质不高，就有可能出现人为操纵的情况。收益现值法适用于专利权、商誉等无形资产的评估。

上面的三种方法各有弊端，不同评估方法得出的评估额相差较大。即使几种方法配合使用，仍会有较大误差。因此有人说：“无形资产评估是一种艺术。”这种说法说明了无形资产评估的动态性和随机性。当对同一无形资产使用多种评估方法时，注册资产评估师应当对取得的各种价值结论进行比较，分析可能存在的问题并做相应调整，确定最终的评估价值。

六、传媒无形资产运营中的难点与误区[①]

（一）传媒无形资产评估中的难点

在以传媒无形资产作价进行投资或争取融资时，能够获取多方认同的传媒无形资产评估成为一个焦点和难点问题。

首先，传媒产品的价值实现具有随机性、偶然性和不确定性。例如，一部影视剧作品的版权价值，在从创作到产品变现的不同时点上是相差很远的。在脚本的形成阶段，不确定性最大，各种金融风险和投资风险也最大；已经取得文字版权，进入拍摄制作期，风险相对降低，但仍然面临不能预期完成或预算超支等风险；即使作品已经完成，进入发行阶段，上映或公演的档期不同，其可能实现的票房收入和发行回报也各不相同。例如，每年的贺岁档原本是电影发行创收的黄金档期，很多大制作电影都热衷于选择这一档期进行公映，但 2010 年初，在国外创下良好票房口碑的美国科幻大片《阿凡达》汹汹来袭，导致不少影片为了避其锋芒而被迫调整档期，痛失这一黄金档，相应不可避免地影响到票房收入和版权价值的实现。

其次，在邀请专业评估机构对特定的传媒机构或其传媒产品进行无形资产评估时，由于评估值与评估费用是成正比的，也就是评估值越高，评估师收取的费用就越高，因此，有些评估师会为了提高收入而在评估结果中“注水”，这需要投资者或者银行在评估过程中构建各方协调与约束机制，共同搭建业务操作与风险控制平台，建立相应的风险防范与化解体系，从企业的还款能力角度脚踏实地进行价值测评，

（二）传媒品牌延伸中的风险与误区

品牌延伸是传媒无形资产运作的重要方面。所谓品牌延伸，指企业在新产品投放、新品牌推广、企业合作或并购等过程中，将企业现有的品牌

---

① 谢耘耕. 传媒资本运营[M]. 上海：复旦大学出版社，2006.

资产整体或部分地使用到新产品、新品牌以及其他现有品牌中去的行为，其目的在于最大限度地发挥已有品牌的资产价值。

品牌资产延伸的重要意义在于为企业品牌资产使用提供了多种解决渠道，它可以节约新产品的营销费用，提高市场成功率。品牌资产延伸不仅强调企业应当积极地使用现有品牌资产，还强调品牌资产应当在使用中升值。这也是形成企业品牌组合战略的有效途径。对于大多数企业来说，品牌组合战略的形成并不是建立在一朝一夕的品牌组合战略规划决策基础上的，而是建立在长期动态经营与决策基础上的。由于品牌资产延伸是一个品牌资产的动态管理过程，并且处理的是品牌形态的问题，所以它本身就是企业品牌组合战略形成的优良工具。

但是，品牌资产延伸需要遵循一些基本原则。

首先，战略原则。品牌即战略，品牌资产管理影响到企业的核心竞争力和长远利益，品牌资产延伸则是对品牌资产这一企业核心资源的使用与规划。品牌资产延伸决策的正确与否不仅会影响到品牌资产使用的效果，而且会深刻影响企业的发展战略和市场竞争态势。因此，品牌资产的延伸行为必须纳入企业的战略决策体系，而不是一种获取短期利益的营销战术。

其次，品牌资产数量原则。企业必须拥有一定规模的品牌资产，才能涉及品牌资产延伸。这里存在一个重要的误区：有些企业仅仅拥有注册商标、品牌名称、LOGO 等品牌要素，而这些品牌要素上并没有附着多少品牌资产，在此情况下就奢谈延伸。企业在无品牌资产或弱品牌资产的情况下推出新产品、命名副品牌只不过是企业品牌战略的原始规划而已。这不是说品牌战略的原始规划不重要，而是这种做法并不能算是品牌资产延伸。

再次，资产最大化原则。品牌资产延伸不充分会造成现有品牌资产的闲置以及以往营销费用的浪费，甚至错失市场机遇；而延伸过度则会使新产品、新品牌和营销计划遭受挫折，原品牌的资产价值也可能受到损坏。资产最大化原则要求品牌资产延伸必须确保延伸计划获得成功，原品牌资产得到强化，品牌资产之间的关系得到合理规划。

最后，品牌资产延伸在不合理的使用行为下会导致失败，有时还会造成原有品牌资产的严重腐蚀甚至消失殆尽。加之品牌资产延伸给出的方法是呈梯级分布的，所以企业的品牌资产延伸决策不能凭主观想象确定，任何品牌资产的使用行为都应该经过严格的审核与评估。

[案例分析]

三辰卡通品牌授权经营风险案

2004年11月末，相继有多家媒体披露，曾经火爆一时的北京蓝猫保健品有限公司因为产品不合格并欠下经销商货款而被法院查封。多名来自外地的经销商代表闻讯跑到北京公司总部来寻求说法，但这家公司却早已经是人去楼空。

众多的经销商当初之所以选择了蓝猫保健品，主要是因为“蓝猫”这个卡通品牌在国内的儿童消费者中具有相当的知名度，“蓝猫”品牌的系列儿童产品也在很多领域有成功的范例。“蓝猫”儿童保健品同样得到“蓝猫”品牌持有者湖南三辰卡通企业集团的正式授权。因此在蓝猫保健品出事之后，公众自然也就把目光对准了它的大股东三辰卡通。

而根据三辰卡通法律顾问给媒体的答复，三辰卡通授权给了北京蓝猫保健品有限公司有偿使用“蓝猫”商标，但是北京蓝猫保健并没有及时支付三辰卡通商标使用费用，因此三辰卡通在2004年10月将北京蓝猫保健品有限公司告上了法庭。蓝猫保健出事之后，众多经销商找不到北京蓝猫保健的负责人，因此只好去找三辰卡通，三辰卡通方面却声称自己与此事没有关系。

据蓝猫保健的几名经销商反映，蓝猫保健在2004年初打着“创立中国儿童健康产业第一品牌”的旗号在全国招商，很多人都是出于对“蓝猫”品牌的信赖而选择了经销蓝猫保健产品。但是从4月、5月开始，部分经销商经销的蓝猫保健品却因为没有保健品批号而被当地卫生部门查封，经销商按照合同条款要求退货时却遭到拒绝；因此一名河南经销商将蓝猫保健告上法庭，获得胜诉，但是法院在强制执行时却遇到了人去楼空的场面，只好将北京蓝猫查封。

事件起源要从1999年说起。因为一部《蓝猫淘气3000问》的动画片，湖南三辰影库卡通节目发展有限公司迅速发展壮大。该节目在全国包括香港和台湾地区在内的1020家电视台热播，创造了一个“卡通圈里的奇迹，电视圈里的神话”，蓝猫品牌也由此脱颖而出。之后，三辰卡通企业集团就开始走上了蓝猫品牌的迅速扩张之路，从2001年底三辰卡通开始授权生产蓝猫系列儿童用品，到2004年底虽然才3年的时间，但是根据三辰卡通官方网站自己的统计，就已经拥有了几十家冠名蓝猫的企业，产品也涉及几十个领域，个别领域甚至有好几个“蓝猫”。在2004年底，三辰卡通集团已经拥有蓝猫的代理商180多家，专卖店2600多家。

就在蓝猫品牌和产品迅速扩张之际，已经有不少声音开始质疑蓝猫的做法。研究人士认为，对于蓝猫这种单一品牌，多种产品的延伸策略，虽然成本很低，收益很快，但是风险也很大。蓝猫这种迅速扩张、四面出击的做法，主要还是想通过快速扩张获得丰厚回报，降低了自己的风险和成本，同时也想先在各个领域全面试水，然后抓住几个不错的项目重点投入和发展。这种思路有其道理，但也有其风险。因为企业的超速发展已经为自己埋下了管理风险，比如这样快的扩张速度，在挑选合作伙伴方面也就必然缺乏耐心和细心。像汇源这样的大的合作伙伴还可以放手一试，但像蓝猫保健法人代表这样的个人合作伙伴也随便放行，就必然给自己留下祸患，而像蓝猫保健这样的株连事件如果再发生几次，那么蓝猫的品牌就必然遭受致命打击，甚至可能会一蹶不振。

同时因为涉足过多的领域和产品，三辰集团的精力也被严重分散，企业内部也难以提供适合多种行业的投资和管理人才。各个领域和产品的销售和回款力度都会因此大打折扣，而如果各合作伙伴自己的利益没有保障，那么蓝猫的品牌和商标使用费用也就成了无水之源。

虽然三辰卡通将自己与蓝猫保健划清了界限，并声称自己也是受害者。但是三辰卡通最严重的损失却绝对不是区区一年的品牌租借费，而是蓝猫品牌的信誉度。

点评：三辰卡通在品牌授权经营中过于急功近利，在短时间内拥有了几十家冠名蓝猫的企业、产品涉及几十个领域，最终导致严重的法律风险。

参考文献

[1]曹尔阶．资本是个好东西[M]．北京:中国人民大学出版社,2012.

[2]曹凤岐．资本市场论[M]．北京:北京大学出版社,2002.

[3]陈友忠,刘曼红,廖俊霞．中国创投20年[M]．北京:中国发展出版社, 2011.

[4][美] 戴维·哈丁,萨姆·罗维特．兼并之道:决定公司并购成败的四个关键决策[M]．胡中祥, 胡枫,译．北京:商务印书馆,2006.

[5]董璐．传媒并购新论[M]．上海:复旦大学出版社,2006.

[6]杜枫．钱途——就这样拿到风险投资[M]．北京:北京大学出版社,2009.

[7] [美]弗雷德·R. 戴维．战略管理(第八版) [M]．李克宁,译．北京:经济科学出版社,2001.

[8][英]盖伊·弗雷泽·桑普森．资产的博弈[M]．窦尔翔,李洪涛,窦文章,译．北京:中信出版社,2008.

[9]高振强．全球著名媒体经典案例剖析[M]．北京:中国国际广播出版社,2003.

[10][秘鲁]赫尔南多·德·索托．资本的秘密[M]．王晓冬,译．南京:江苏人民出版社,2001.

[11][美]加里·S. 贝尔克．人力资本[M]．梁小民，译．北京：北京大学出版社，1987.

[12][美]凯文·凯利．新经济 新规则[M]．刘仲涛，康欣叶，侯煜，译．北京：电子工业出版社，2014.

[13]孔欣欣，赵春英．资本运营[M]．北京：商务印书馆 2003.

[14][美]罗伯特·J. 博尔盖塞，保罗·F. 博尔杰塞．并购：从计划到整合[M]．伍旭川，等，译．北京：机械工业出版社，2004.

[15]马金城．跨国并购的效率改进研究[M]．大连：东北财经大学出版社 2006.

[16][美] 迈克尔·E. S. 弗兰克尔．并购原理：收购、剥离和投资[M]]．曹建海，译．大连：东北财经大学出版社，2009.

[17][美]妮娜·蒙克．抢滩传媒的傻子们——解读美国在线—时代华纳并购案[M]．王德伦，译．北京：中信出版社，2005.

[18]兰培．传媒并购与融资：理论·实务·案例[M]．北京：中国社会科学出版社，2008.

[19]吕炜．资本的生产力效率假说[M]．北京：商务印书馆，2005.

[20][美]乔治·J. 施蒂格勒．产业组织与政府管制[M]．潘振民，译．上海：上海人民出版社，上海三联书店，1996.

[21]邵培仁，陈兵．媒介战略管理[M]．上海：复旦大学出版社，2003.

[22]石建勋，陆军荣．中国企业国际资本市场融资：路径、案例与操作方案[M]．北京：机械工业出版社，2006.

[23]史坦国际传媒研究中心、中国传媒论坛学术委员会．中国传媒资本市场运营[M]．广州：南方日报出版社 2010.

[24] [美] 斯图亚特·弗格森．并购整合绩效分析[M]．李亭，译．北京：清华大学出版社，2005.

[25]唐润华．解密国际传媒集团[M]．广东：南方日报出版社，2003.

[26]唐滔．天使投资[M]．杭州：浙江人民出版社，2012.

[27]王明夫．资本经营论[M]．北京：中国人民大学出版社，2004.

[28]王学成. 全球化时代的跨国传媒集团[M]. 北京:社会科学文献出版社,2005.

[29]王为民,郝志军. 企业并购效益与激励:中国企业的研究与案例分析[M]. 北京:知识产权出版社,2009.

[30][美]西奥多·舒尔茨. 论人力资本投资[M]. 吴珠华,译. 北京:北京经济学院出版社,1990.

[31]席彦群、岳松. 企业并购与资源配置——从财务经济角度的分析[M]. 大连:东北财经大学出版社,2001.

[32]邢学军. 财富裂变:10 位海归风险投资翘楚[M]. 北京:中国发展出版社,2007.

[33]徐建华,谭华苓,陈伟. 现代出版业资本运营[M]. 北京:中国传媒大学出版社,2006.

[34]严三九. 中国传媒资本运营研究[M]. 上海:上海文化出版社,2007.

[35]杨大楷,等. 投融资学[M]. 上海:上海财经大学出版社,2006.

[36]杨运杰,谢瑞巧. 知识型企业资本结构研究[M]. 北京:中国经济出版社,2006.

[37]张金海、梅明丽. 世界十大传媒集团产业发展报告[M]. 武汉:武汉大学出版社,2007.

[38]张涌. 市场主导型融资模式研究[M]. 上海:学林出版社,2005.

[39]赵炳贤. 资本运营论[M]. 北京:企业管理出版社,1997.

[40]赵曙光,禹建强,张小争. 中国著名媒体经典案例剖析[M]. 北京:中国国际广播出版社,2002.

[41]赵小兵,周长才,魏新. 中国媒体投资:理论和案例[M]. 上海:复旦大学出版社, 2004.

[42]查立. 给你一个亿[M]. 北京:电子工业出版社,2010.

[43]周寂沫. 货币与经济发展[M]. 北京:中国经济出版社,2007.

[44]周炜. 解读私募股权基金[M]. 北京:机械工业出版社,2008.

后 记

《传媒资本市场和资本运营》一书经过数年写作、修改，终于在2019年8月完稿。由于本书内容涉及金融学、新闻传播学、文化传媒产业，具有交叉融合特质，因此本书写作团队包含了金融学、新闻传播学、文化传媒产业方面的专家。但由于这个课题牵涉的问题复杂，而发展情况又迅速多变，因此，本书一定还存在很多不足，欢迎同行和专家批评指正。

本书的具体分工如下：

第一章　绪论

本章由莫林虎撰写。

第二章　传媒资本市场与投融资

本章由刘康撰写。

第三章　传媒企业上市融资

本章由阳松谷、莫林虎撰写。

第四章　传媒业与风险资本

本章由莫林虎撰写。

第五章　传媒企业并购

本章由王一、莫林虎撰写。

第六章　传媒企业资产剥离、分立、分拆上市

本章由张瑾、莫林虎撰写。

第七章　传媒无形资本运营

本章由陈端撰写。

莫林虎

二〇一九年八月二十七日